デジタル時代のカスタマーサービス戦略

Strategic Customer Service

Managing the Customer Experience to Increase Positive Word of Mouth,
Build Loyalty, and Maximize Profits | 2nd Edition

ジョン・グッドマン | スコット・ブロッツマン［著］

John A. Goodman | Scott M. Broetzmann

畑中伸介 | 米林敏幸 | 井上雅博［訳］

東洋経済新報社

Strategic Customer Service
2nd edition
by John A. Goodman with Scott M. Broetzmann

Copyright© 2019 John A. Goodman
Published by arrangement with HarperCollins Leadership,
a division of HarperCollins Focus, LLC,
through Tuttle-Mori Agency, Inc., Tokyo

日本の読者の皆さまへ

　カスタマーサービスは、もはや顧客からの問合せに対応する「企業の一部門」ではない。マーケティング＆セールス、デザイン＆プロダクション、財務＆アドミニストレーションと並び、企業を支える4つ目の柱として位置づけるべき活動である。

　カスタマーサービスを戦略的に捉え直すとは、競合他社には簡単に真似のできない真の競争力としてサービスを再定義することであり、当然そのプロセスだけでなく、人材、テクノロジー、リーダーシップのあり方も同時に再定義する必要がある。

　今日、あらゆる分野でCX（顧客体験）が重視されるようになってきた。顧客接点におけるデジタル化は間違いなく進むだろう。また、カスタマーサービスに就く人材を取り巻く環境も、デジタル化が進むはずだ。

　そこで、組織リーダーに求められるのは、CXとDX（デジタル・トランスフォーメーション）の統合であり、さらにEX（従業員体験）をそこに加える必要がある。3つの統合を進めたい方々にとって、本書がロードマップとして役立つことを望んでいる。

　新型コロナウイルスによる世界的なパンデミックによって、私たちの日常生活やビジネス環境は大きく変貌し、否応なくデジタル化が進んだ。その結果、新しい生活様式として定着するテクノロジーもあれば、顧客は困りごとを助けてもらう際に、親切に寄り添ってくれるヒューマンなサポートを渇望するかもしれない。同時に、ヒューマンな顧客対応をテクノロジーに置き換えることも可能だ。

　この一見、矛盾したように思える人とテクノロジーの関係性の背景には、人々のコミュニケーション手段が劇的に変化している事実がある。日々のコミュニケーションにおいて、メール、SMS、ソーシャルメディ

ア、そして、絵文字が占める割合が相当増えており、私たちはヒューマンな感覚を伝えることにも、デジタルを頼って生きている。

これからのチャレンジは、人々を熱中させ、夢中にさせる楽しい体験を提供することにおいて、いかにテクノロジーを効果的に活用するかにあるだろう。

2021年4月に私たちが実施したディライト研究調査では、効果的なディライトの48%がデジタルチャネルを通じて行われたものだった。つまりカスタマーサービスは、人かデジタルかという問題ではなく、その二者の融合によって、CXは能動的になり、予知的になり、寄り添ったものになるだろう。

日本は製造業において世界最高レベルの品質を達成してきたリーダーであり、それらによる素晴らしいCXをいくつも世界に紹介した。その背景にはTQM（総合的品質管理）に根差す世界でも類を見ない徹底したマネジメント体制があった。そうした日本企業にとって、私は大きな2つのチャレンジがあると見ている。

1つは、サービス経済へのパラダイムシフトが起きている中で、厳密な仕様書だけでは戦えないということだ。顧客の期待とニーズは多様化し、企業が提供する製品やサービスには柔軟性が求められる。

さらに、テクノロジーと人が重なり合いながら融合する。人がテクノロジーの助けを必要とする場面もあれば、テクノロジーを人がサポートする場面もある。CXで真の成功を手に入れるには、人とプロセスとテクノロジーの調和した融合を作り上げることにあるが、ある顧客の今日のニーズと期待を満たしたとしても、同じ顧客が明日になれば全く別の期待をするかもしれない、という顧客の気まぐれ（矛盾）が生じることを前提にしていなければならない。

2つ目として、顧客が求める情報をわかりやすい形で提供できる高い透明性、嘘偽りのない誠実なマーケティング＆セールス、顧客からの苦情や問合せを解決するカスタマーサービス担当者には十分な裁量と権限が付与され、問題解決において他部門としっかりと連携している状態をつくり出

していくことが、これからの強い企業競争力になるだろう。その結果、顧客の評価が高くなり、彼らが拡散するクチコミによって獲得した顧客ベースを背景に、高い収益率と成長につながるはずだ。

　戦略的カスタマーサービスを一言で言い表せば、「人」「プロセス」「テクノロジー」の統合から、満足度の高いサービスによって顧客のクチコミをベースとした市場をつくり出すことに尽きる。読者の皆さまが本書の各章で紹介した方法論を実践することで、明日のビジネスリーダーとなることを切に願っている。

ジョン・グッドマン

Introduction:
Customer Service vs. Customer Experience

カスタマーサービスから
CXマネジメントへ

▶カスタマーサービスとテクノロジーの統合

　私たちは自分たちの仕事が大好きだ。カスタマーサービスは、私たちCCMC（Customer Care Measurement and Consulting）のパッションそのものだ。カスタマーサービスの調査分析やコンサルティングを生業にし始めたのは、マーク・グレイナーと私が一緒にTARPを設立した1971年にさかのぼる。

　その後、1991年にスコット・ブロッツマンが仲間に加わった。2000年代初期の一時期に、それぞれが別々の道を選んだ時期があったが、CCMCとして再び合流した。結果的に私たちは、「顧客に耳を傾け、能動的に顧客とつながり、顧客に効果的なサービスを提供する」ために企業の支援を続けてきたのである。

　「なぜ大手企業のカスタマーサービスの担当役員に収まらないのか」と聞かれることがある。しかし私は、さまざまな業界を知ること、何が効いて何が効かないか、ある業界で効いたことが他の業界でも役立つことなど、この世界で絶えず学び続ける機会があることに感謝している。クライアントのプロジェクトで実験したいわけではない。実証データを使って、より効果のある取組みへと常に前に進みたいのである。

　では、経営者の多くは何を求めているのだろうか。あるeコマースのスタートアップのCOO（最高執行責任者）兼カスタマーサービス担当役員は、自身が求めているものについて次のように語っている。

「すべての顧客対応が顧客にとってエフォートレス（面倒な手間をかけずに済むこと）であり、プロアクティブ（能動的）かつ低コストで顧客教育を徹底しながら、カスタマーエンゲージメント[1]をつくり出したい」

これが多くの経営者の共通課題だろう。そして、これこそ私自身が精通している分野であり、どうすれば実現できるか、本書を通じて惜しみなく提供したいと考えている。

カスタマーサービスの世界では、カスタマーエンゲージメントと顧客教育については、まだまだアナログで労働集約的なやり方が主流となっている。その一方、テクノロジーの専門家はエフォートレスな顧客対応、ウェブ上でのデジタル認証によるセキュリティ対策などに注目している。

いずれもカスタマーサービスの将来に欠かせない要素だが、別々に取り組んではソリューションとして意味をなさない。有人による顧客対応とテクノロジーを組み合わせ、サービスシステムとして統合化されたものを提供することが不可欠となる。

カスタマーサービス担当者は、過去にさかのぼって顧客対応履歴を追跡して参照すれば、サービス向上に役立つと考えている。一方でテクノロジー側は、同じ案件に関連するすべての対応履歴が可視化でき、分析できると考えている。この両者のアプローチを統合すれば、どの顧客に対してもワンストップ・ショッピングの感覚でサービスを提供できるようになるだろう。

本書は、2009年に著した*Strategic Customer Service*（邦題『グッドマンの法則に見る　苦情をCSに変える「戦略的カスタマーサービス」』）の改訂版となる。前著では、当時、世間が注目し始めたCX（Customer Experience、顧客体験）をマネジメントするという文脈でカスタマーサービスの戦略的役割をまとめた。その後、何が変化して、何が変化しなかったかを整理する目的で執筆したのが本書である。

企業のサービス担当責任者は、技術進化だけでなく、顧客や従業員の多

[1]　顧客の信頼感を醸成するために何か魅力的なものや行為を提供すること。

様化するニーズにも応えなければならない。2009年時点では、消費者向けのサービスを扱う大企業をイメージして書いていたが、今回の改訂版では、法人向けビジネス（BtoB）や、中小規模やスタートアップ企業にも焦点を当てた。取り扱う事例も多様になったが、基本的な原理は変わっていない。

たとえば、法人顧客の行動は、消費者のそれと大きくは変わらない。法人顧客の場合、苦情を申し出る率は消費者の場合と変わらないが、低くなるケースもある。仕事で築いた関係性を壊したくないという気持ちが働いたり、苦情によって問題が解決すると考えないためと思われる。

また、意外に感じるかもしれないが、消費者同様、法人顧客の場合でも契約書の中身を熟読していないことでトラブルに発展するケースが多い。結論からいえば、法人顧客のほうがスピードや利便性に関して多少うるさいかもしれないが、顧客として抱く期待やその行動は、消費者も法人も大きく変わらないといってよいだろう。

この10年間でテクノロジーは劇的な進化を遂げた。ビッグデータ、ビデオストリーミング、移動通信システム（2018年に4Gから5Gに移行し始めた）、AI（人工知能）、音声認識（アマゾンのAlexaやアップルのSiri）などのテクノロジーを活用して企業は先回りして、取引を予測し、配置し、確認できる。さらに顧客の声（VOC: Voice of Customer）もテクノロジーが集めてくれる。[1]

CRM（Customer Relationship Management）についても、クラウド経由でソフトウェア機能を提供するSaaS型が普及し、多額の初期投資を必要としなくなった。社員数が5人でも500人でも、企業の規模に関係なく、最新のテクノロジーを享受できるようになった。

オムニチャネル[2]も流行っているが、これは非常に的を射た考え方だと思う。企業はこれまで有人か無人（セルフサービスなど）のいずれかでサービスを分類してきた。しかし、顧客から求められるサービスは、顧客が自

[2]　ウェブサイトに加えて、メールやスマホアプリなどの多様なチャネルを用いて顧客接点を増やし、企業が包括的・双方向のCXをつくり出す。

己解決できる範囲を徐々に広げると同時に、複雑な問題や疑問が生じた場合は、すぐに人が対応する形へと移りつつある。100％デジタル化されてかまわないと考える顧客もいるが、人に寄り添って対応してもらいたいという顧客もいる。

　市場分析に基づく一般的な顧客タイプ別の分類だけでは、顧客の満足度を向上させることは難しい。たとえば、運用資産額1億円以上の顧客に対して、年2回のランチに招待しようと営業担当者が考えたところで、実際の調査結果を見れば、ほとんどの顧客はランチへの招待をありがたいと思っていないし、やり取りはメールや電話で十分だと考えている。

　課題は、顧客の現在のニーズに沿ったサービスを、コストをかけずに提供することである。アマゾンは商品をスピーディーに配送し、ミスを出さず、顧客の都合に合わせ、有人対応のサービスを極力抑える形で成功した。

　CCMCが2年ごとに実施する「全米消費者不満調査」の最近の結果（2015年と2017年）を見ても、消費者が最も嫌うものとして挙げた痛点（ペインポイント）[3] は、金銭的な損害よりも時間を無駄にすることに関するものが多かった。2) 顧客は金銭よりも時間に価値を感じていることがわかる。

▶本書の構成

　本書では2009年版を大きく見直し、新しいテーマを加えた。顧客接点がアウトソーシングされることが当たり前になり、販売チャネルも大きく変化したため、アウトソーサーやリテーラーとの協業体制でマネジメントすることをテーマに選んだ。その他、カスタマーエンゲージメント、VOCマネジメント、新しいテクノロジー、人材不足を背景に従業員の確保をテーマとして取り上げる。

　まず、第Ⅰ部（第1章、第2章）では、カスタマーサービスの観点から、顧客の期待と行動において生じた変化について取り上げた。ここで先んじ

---

[3]　顧客にとって予期しないトラブルや疑問の総称。

て、何が変化したのか、何が変わらなかったのか整理しておこう。

▶ 変化したこと

- **迅速さや利便性に対する顧客の期待**……顧客の要求度はますます高まり、多様化している。本書では、大企業や中小の法人顧客の事例を加え、特にクチコミを活用して新規顧客を獲得する方法に焦点を当てる。

- **顧客の情報検索や情報収集**……顧客は商品に同梱された説明書を読むよりも、ネット検索、レビューサイト、YouTube動画を活用するようになってきた。

- **ストレスフリーな取引や手続き**……デジタル化が進む中、テクノロジーの活用では面倒な手続き、過剰な情報を極力なくし、簡単でシンプルなストレスフリーの状態が求められる。消費者も法人顧客も、価格が多少高くても、手続きが簡単なほうを選ぶだろう。テクノロジーは直感的に操作できるものが喜ばれるが、必要に応じて有人サポートを用意しなければならない。

- **人材不足**……失業率が年々低下する中で、質の高い従業員を維持するには報酬以上のものが求められる。何よりも従業員に権限を与え、成功体験を持たせることだ。彼らの貢献度を評価し、キャリアアップの見える化が求められている。

- **柔軟性**……カスタマーサービスにおいて、顧客の状況に合わせた柔軟さが求められる。顧客対応の最前線に立つスタッフとテクノロジーの両方が、問題を解決するうえで複数の選択肢を持ち、柔軟に対応する権限が与えられている必要がある。CXを強化するためには、スタッフに裁量を与え、リスクを恐れない組織カルチャーが重要になる。

▶ 変わらないこと

- **応対スタッフへの期待**……顧客は応対スタッフに権限が与えられているものと思っている。顧客の困りごとに共感を示し、対応策を説明し、問題が再発しないように努め、事後フォローを約束することを期

待している。

- **サービスとVOCに必要なプロセス**……本書の2009年版では、顧客の声を集めて活用するVOCマネジメントプロセスのあるべき姿を解説した。その要点は大きく変わっていないが、コミュニケーションチャネルの選択肢が増え、テクノロジーを活用することで、より多くのVOCが取得できるようになった。
- **サービスへの投資対効果**……顧客の苦情や行動は大きく変わっていない。これまでと同様に、サービスへの投資に対するリターン（見返り）には、ロイヤルティ、マージン率、財布内シェア[4]、クチコミによる推奨などがある。

第Ⅱ部（第3章、第4章、第5章）では、カスタマーサービスを実践する基本的な枠組み（サービスデリバリー[5]のためのフレームワーク）、それに必要なテクノロジーと活用事例、さらにリテーラーやアウトソーサーなど、ビジネスパートナーとの関係について扱う。

第3章では、サービスデリバリーのためのフレームワークとして、20の主要なサービスプロセスとそれに必要なテクノロジー、人材のモチベーションと権限委譲を取り上げる。基本的なサービスの機能やプロセスはほとんど変化していないが、マネジメントに活用できるテクノロジーはこの10年間で大きく進化した。カスタマーエンゲージメントを含む高度なサービスは、オンラインコミュニティ、ビデオチャット、AI、音声認識の活用により大きく変化した。

第4章は、サービスデリバリーにおける20のプロセスで活用できるテクノロジーの役割と導入事例を紹介する。進歩的なCIO（最高情報責任者）であれば、カスタマーサービスやマーケティングの幹部が何を求めているのかを積極的に聞き出したいと考えるだろう。逆に、カスタマーサービス

---

[4] 一定期間の顧客の支出内訳における、自社の製品・サービスの占める割合。
[5] コンタクトセンターやサービス店舗など、顧客からのリクエストに応じて情報やサービスを提供する組織の活動。

の責任者は、ウェブサイト、モバイル端末用アプリ、AI、動画などの技術を使って何ができるか、先進事例についてもっと理解するべきである。

　テクノロジーを最大限活かすには、組織内の部門を超えたコラボレーションが求められる。ここでは、カスタマージャーニーマップとストーリーテリングの手法が重要になる。テクノロジーを効果的に活用してカスタマーサービス戦略との整合性を図るうえでも、本書をCIOに渡すべきだろう。

　第5章において、サービスを提供するビジネスパートナーとして、販売を担うリテーラー、顧客接点を担うアウトソーサーなどのパートナーとの連携について、ベストプラクティスを紹介する。

　第Ⅲ部（第6章、第7章、第8章）は、カスタマーサービスへの投資対効果について扱う。企業のCFO（最高財務責任者）を説得するためには、サービスへの投資対効果を数字で示す必要性とその方法をまとめた。投資対効果の基本モデルは、私たちの研究チームが1980年代から90年代に実施した調査などを通じて開発したものだが、その後、クチコミ、カスタマーエンゲージメント、価格感度の分析、企業活動に必要な測定基準へと発展した。

　最近ではクチコミも、ネット上のレビューサイト、オンラインコミュニティなどに広まりつつある。スクレイピングと呼ばれる技術によって、ソーシャルメディア上の投稿を抽出できるようになり、ネット上のクチコミの動きをより正確に測定できるようになった。

　その一方で、クチコミの影響度を測定するには、大量のデータを統合して分析可能な状態にするために複雑な作業が必要となる。CFOもビッグデータに精通するようになり、カスタマーサービスへの投資対効果の実証に対する期待値が高くなっている。

　また、この10年間に顧客アンケート調査を実施する企業が急増した。しかし、調査の実態を見ると、素人っぽい設計や運用にとどまり、現実とかけ離れた調査結果や、改善活動に結びつかない結果に終わってしまっている。これではサービスへの投資を正しく判断することはできない。

第7章と第8章では、VOCとCX調査を取り上げる。前著では、カスタマーサービスという船を導くコンパスとしてVOCを位置づけたが、VOCをめぐるマネジメントは3つの領域で大きく変化した。

　第1に、CXを可視化するデータソースとして、顧客対応のコンタクト履歴やアンケート調査結果だけでなく、顧客との取引や対応時の業務データを活用するようになってきた。第2に、調査の科学的手法も、ネットプロモータースコア（NPS）やカスタマーエフォートスコア（CES）の登場など、定量化の面で著しく変化した。

　この2つの変化には、手放しで喜べない面もある。定量的な指標が新たなデータを提供する半面、短絡的な考え方に陥ってしまうおそれもある。今や多くの企業がデータの洪水に溺れてしまい、データを効果的に活用する分析力が追いつけていない。その一方で、企業内の複数部門、たとえば、カスタマーサービス、カスタマーインサイト[6]、継続的改善チームなどがデータ活用で連携する事例が見られるようになったのは好ましい傾向である。

　第3の変化は、最も難しい課題なのだが、部門横断的な協力体制をつくり上げることだ。部門の枠を超えた協力体制がなければ、VOC活動そのものが続かない。第7章では、顧客アンケートの実施とVOCデータを効果的な施策プロセスに落とし込むアプローチについて扱いたい。

　第Ⅳ部の第9章では、効果的なカスタマーエンゲージメントやカスタマーディライト[7]のつくり方、第10章では、人材をテーマに取り上げた。現在の労働市場は、多くの問題を抱えている。人材をオフショアに求めたくても、グローバル経済全体が不安定な状態に陥ってしまっている。

　私たちは経済的報酬の問題に加えて、従業員が何を求めているかについての最近の調査研究に着目した。従業員への権限委譲を強化し、彼らに自

----

［6］　市場調査、VOC、購買や顧客接点などで得たデータに基づいて顧客行動を理解し、マーケティングやサービス開発に役立てる機能。

［7］　顧客感動。顧客満足を超えて、顧客に喜びや感動を与えること。また、その指標。

信を持たせることを目的とする従業員の評価や報奨制度などに注目した。経営陣や管理者を説得するうえで、また、革新的でリスクを恐れない組織風土を生み出すうえで役立つはずである。

　そして、あなた自身のキャリアについても考えてほしい。カスタマーサービスやCXの担当責任者がどうあるべきか、さらにIT責任者についての考察も加えた。CIOはCX部門とうまく連携することで、本来の役割を果たすと同時に、その責任範囲をカスタマーサービスやその運用を含むより広い対象に拡大することができる。カスタマーサービスとの連携を通じて、キャリアアップに成功したエグゼクティブに共通する成功要因をチェックリストにまとめた。

　最後に、カスタマーサービスの担当責任者が、CX強化においてどのように位置づけられるか、という問いに対して明確な答えを出したい。

　私たちは、カスタマーサービスの担当責任者は従来のサービス業務に加えて、顧客接点から直接的、間接的に取得したVOCを活用する役割を担うべきだと考えている。堅固なCXマネジメントを構築するためには、VOCをフィードバックする役割をカスタマーサービスの担当責任者が担う必要がある。もし企業内にCX部門がなければ、カスタマーサービスが組織全体に対してCXコンサルタントとしての役割も担うべきだろう。

　さらに、カスタマーサービスの担当責任者は、これまでの顧客からの電話とメールへの対応、VOCの取得だけにとどまることなく、それ以外の顧客対応にも積極的に取り組むべきである。

　たとえば、これまで営業部門がなおざりに担当してきたオンボーディングプロセス[8]や、PR部門やマーケティング部門に任されているソーシャルメディアへの対応などである。自社のウェブサイト、特に自社のホームページの設計から管理までを、マーケティング部門と連携して取り組むことも必要だ。従来のカスタマーサービスの領域にとどまらず、CX全体をマネジメントすることが求められている。

---

[8]　製品やサービスの機能や使い方を顧客に理解してもらうための過程。

本書は、スコットと私の2人だけの仕事ではない。CCMCのメンバーとの話し合いを重ね、彼らからの多くのアドバイスをもとに書き上げた。本書で使用したリサーチデータは、デイビッド・ベインハッカー、マーク・グレイナーが担当したプロジェクトのものが多い。本書で使用する図表のデザインや整理は、エリック・ガンサー、ジェニファー・ジョンソン、ヴィッキー・ドランに頼った。私たちの日本におけるパートナーである畑中伸介には、CX戦略におけるグローバルな視点でのデータとアドバイスをもらった。

　また、クライアントからも多くのことをを学び、データもお借りした。米国トヨタ自動車販売のリック・デュフレーヌには、前作の *Customer Experience 3.0*（邦題『顧客体験の教科書』）の「まえがき」を寄せてもらったが、今回も彼の知見に多くを頼った。

　さらに、本書の執筆において助言を得た方たちには、モーエンのジョン・アダモ、ネプチューン・フラッドのジム・アルバート、アフラックのヘザー・エイブリーやジャーモン・ホートン、ナビガント・クレジット・ユニオンのリサ・ダンデノーやエリザ・ラバーン、コムキャストのリン・ホルムグレン、キュリオシティストリームのピーター・ノース、チックフィレのヴィッキー・ソリミオティスらがいる。ブラッド・クリーブランドには、カスタマーセンターの運営に関する彼の深い知見に頼った。

　従業員や顧客とのエンゲージメントについての考えを幅広く集めるうえで著名な専門家の意見も参考にした。チップ・ベルは、本書（英語版）の「まえがき」を寄せてくれたほか、本編においても助言をしてくれた。スティーブ・カーティンからは数多くの事例を紹介してもらい、ベストプラクティスに精通しているジーン・ブリスやジェフ・トイスターからのアドバイスも加えた。

　出版元のハーパーコリンズ・リーダーシップのスタッフにも感謝の意を表したい。シニアエディターのティム・バーガード、細かい編集作業を担当してくれたアマンダ・C・バウチ、エージェントのマイク・スネルの助言にも感謝したい。

　最後に、私の妻アリスの助けがなければ本書は完成しなかった。大量の

草稿を根気よく整理し、編集する作業に何時間も費やしてくれた。スコット曰く、夫の著作を手伝った妻には天国で特別な場所が用意されているはずとのことだ。また、娘のケイトは絶えず励ましてくれたし、わが家の愛犬のドクシーも、私のクセのある文体や文法に何一つ文句をつけなかった。

　何十年も前のことだが、私たちのスタッフがクライアントから言われた言葉がある。「常識的な当たり前のことを売り物にして恥ずかしくないのか？」と。これに「まだこれで十分に食べていけそうなので」と返したスタッフの返事は的を射たものだ。

　この本に書いたことのすべては常識である。私たちはその常識をビジネスの現場で活用できるように整理し直しているにすぎない。では、皆さんの成功を心から祈っている。

Contents

第 2 章 顧客は何を
求めているのか　031

第 Ⅱ 部

カスタマーサービスシステムの構築と運用

第 3 章 戦術と戦略の両面を備えた
カスタマーサービスシステム　063

※本文中の（　）は原書に記載されている注、［　］は翻訳者による注である。

戦略的カスタマーサービスの
フレームワーク

カスタマーサービスを
戦略的に捉える

　ワシントンDCのジョージタウン・ウォーターフロントにある高級イタリアンレストランで、私の妻が友人とディナーをしたときのことだ。彼女はヒラメ料理を注文した。値の張る料理だが、前回食事したときにたいそう気に入ったようだ。

　注文後かなり待たされて前菜が出たようだが、そのときになってウェイターからオーダーミスがあったことを告げられた。厨房にはヒラメではなくスズキが通ってしまっているという。スズキでよろしければすぐにお出しできますが、ヒラメの場合は少しお時間がかかります、とウェイターは詫びながらも、注文ミスのままでも大丈夫かと確認してきたのだ。

　妻は当然、違う料理は食べたくないと答えたものの、ヒラメを待つ間に友人の料理が冷めてしまうのも申し訳ないと考え直したようだ。お店側はお詫びにと無料のデザートを申し出たが、妻も友人もデザートは要らないと断った。

　注文ミスを無料のデザートで埋め合わせようとしたがうまくいかず、さらに悪いことに、ウェイターはヒラメよりも高いスズキの値段をそのまま

勘定に載せてしまったのだ。レストランで起きたオーダーミス、お粗末な顧客対応、そこに請求ミスが加わり、顧客の気持ちを配慮しないお詫びの仕方も相まって、彼女には散々な夕食となったようだ。

この出来事をワシントンDCの別のレストランでの体験と比較したい。私たち夫婦での食事で、事前に予約をしていたインド料理のレストランのラシカに時間どおりに到着したのだが、テーブルセッティングがまだ終わっていなかった。マネジャーのサントス・ボッケ氏は丁重に謝りながら、まず私たちをウェイティングバーに案内し、無料のドリンクと前菜を振る舞ってくれた。

どちらの店も料理は素晴らしく、値段も張るお店として知られている点は共通しているが、最初のイタリアンレストランはサービスが悪いという印象が残り、低い評価、さらにネガティブなクチコミにつながった。2番目のレストランについては、私たちのロイヤルティがさらに強まり、知人に薦めるようになった。

企業の経営者自らが、顧客の1人ひとりに素晴らしいサービスを届けることは難しいので、サービスチームのスタッフや組織風土に頼らざるをえない。CXを強化しようとCX推進部門や特別チームを設けて取り組む企業が増えている一方で、ほとんどの企業はカスタマーサービスの担当者にすべてを任せざるをえないのが現状だ。となれば、サービス担当者の役割は、顧客に素晴らしいサービスや体験を提供し続けることに尽きる。

こうしたことを戦略的視点で捉え直せば、サービスは最小限の予算で運営するコストセンターではなく、むしろ競合他社に対して優位に立つための重要な差別化のポイントであることがわかる。かつ、企業の収益やクチコミ（評判）に強く影響を及ぼし、さらには、価格競争に巻き込まれずに適正なマージン率を守り、値下げをしなくてもビジネスを継続する必須条件でもあるのだ。

企業においてこのような戦略的な捉え方を実践に移すためには、サービスの真の役割を見直し、カスタマーサービスが企業の財務パフォーマンスに及ぼす影響を包括的に捉え直さなければならない。

顧客の期待をマネジメントするうえでテクノロジーをうまく活用して、

顧客に能動的なコミュニケーションやパーソナライズされたサービスを提供して成功している企業もある。たとえば、アマゾン、インテュイット、リフト[1]は、新しいテクノロジーを使って競争力の高いサービスを実現している。つまり、カスタマーサービスの責任者は、まずCIOを味方につけるべきなのだ。

本章の目的の1つは、カスタマーサービスが持つべき戦略的な役割と経営に対するインパクトを理解することにある。そこでまず、カスタマーサービスとそれに対する顧客の反応が、企業に良くも悪くもどのように影響するのかを考えたい。

次に、カスタマーサービスに関して経済的な意思決定を行うための戦略的な議論に移り、企業収益にどのような形で貢献できるのかを考えることにする。

本章ではさらに、カスタマーサービスに関して一般的な議論で使われるキーワードを改めて取り上げ、それぞれの意味を定義したうえで、カスタマーサービス部門が企業の中でいかに戦略的役割を担えるか、あるべき姿としてのモデルを提示する。

そして最後に、カスタマーサービスの戦略立案にあたって取るべきステップを示す。各章の最後には、議論のポイントを整理した「実践のポイント」を加えたので、参考にしていただきたい。

1 ▶ カスタマーサービスが 企業に及ぼす影響

カスタマーサービスが弱いと事業全体に悪影響を及ぼすという見方は、決して間違っていない。しかし、この考えを経営の意思決定プロセスにしっかりと組み込むためには、数字が必要になる。

---

[1] インテュイットは米国に本社を置く世界最大の会計ソフトウェア企業。リフトは2012年に設立され、ライドシェアのアプリで急成長した。

そこで、私たちが過去40年以上にわたって実施した調査研究の実証データの中から、基本的なものを選んで紹介する。初めはバッドニュースから始めて、その後にグッドニュースを届けることとしよう。

▶データが伝えるバッドニュース

▶ほとんどの顧客は苦情を申し立てないだけでなく、企業に悪いインパクトを与える

　消費財を扱う企業、なかでも低価格の商品を扱っている場合、不満のある消費者が苦情を申し出る割合は、わずか5〜15%にとどまる。また、苦情の申し出先は通常、消費者がその商品を購入したお店になってしまうので、メーカー本社にはその声が届きにくい。

　高額商品の場合で、かつトラブルが深刻なものになると、苦情の申し出率は20〜50%に上昇し、その苦情は現場のスタッフに届く。ただし、マネジャーや本社に報告される段階で、苦情の件数は10分の1程度に減ってしまう（つまり、不満顧客の2〜5%にすぎない）。

　したがって、メーカーや本社で受けた苦情1件に対して、20〜50倍の顧客が同様のトラブルを体験していることになる。しかし、企業にはそれが見えない。

　BtoBの場合も同様に、トラブルが生じても苦情として申し出ない顧客は、少なくとも25%程度存在する。多い場合は75%にまで跳ね上がる。

　では、なぜ顧客は苦情を申し出ないのか。取引額が大きい法人顧客の場合でも、本当に申し出ないものなのだろうか。

　顧客が苦情を申し出ない主な理由を4つ挙げると、

　①苦情を申し出ても何も変わらないと考えている。過去に苦情を申し出たが何もしてもらえなかった経験によるものか、トラブルがあっても仕方ないと受け入れてしまう。

　②企業側との関係がこじれることを嫌がる。企業といえども、顧客にとっては特定のスタッフとの関係に依存しているケースが多い。その

ため、苦情を申し出ることで、担当者やスタッフと揉めること自体を嫌う。たとえば、注文した料理が運ばれてくる前に、担当したスタッフのことでマネジャーに苦情を申し出るだろうか。

③トラブルにはむかつくのだが、苦情を申し立てるほどではない。苦情を申し出ること自体が面倒くさいと考える。たとえば、ドライブスルーで商品を受け取った後、しばらく走ってからフレンチフライがないことに気づいた。フレンチフライを受け取るために再び店に戻る人がどれだけいるだろうか。

④どこに苦情を申し出てよいのかがわからない。苦情を申し出たいが現場のスタッフには解決できないとわかると、その先どうしてよいのか、当惑してしまうケースも多い。上司と話し合いたいと申し出ても、結局は長く待たされたあげく、権限のない担当者が登場して、やはり解決しないままで終わってしまう。

　顧客は不満を感じても、必ずしも苦情を申し出るわけではない。結果的にトラブルは解決しない。こうした顧客行動は一般の企業だけでなく、非営利団体（美術館、医療機関など）や行政機関（そもそも期待値が低いが）の場合でも見受けられる。

　ニューヨーク市内の有名な美術館で調査したところ、寄付会員が何らかの不満を感じたが13％しか申し出ないという結果が出た。代表的な医療機関で行った調査では、患者やその家族が不満を感じても、15％しか申し出ないという結果もある。

▶顧客の不満は離反につながり、収益に影響する

　私たちは、これまで北米市場以外に、中南米、ヨーロッパ、アジア、中東などの世界のさまざまな市場のさまざまな業界において1000以上の顧客調査プロジェクトを実施してきたが、そこからある1つの法則的な事実が見えてきた。

　トラブルを体験すると、カスタマーロイヤルティが平均で20％下がるのだ。言い換えると、トラブルによって5人に1人が、次の購買時点でブ

ランドスイッチしてしまうことになる。そこに、ネガティブなクチコミが拡散するという影響が加わると、企業にとって収益面のマイナス要素がさらに増える。

　何らかのトラブルを体験した自社の顧客の数を想像してほしい。その結果、収益に与えるインパクトは、決して見過ごせない数字となることが容易に想像できるだろう。

▶悪い噂は遠くまで届く

　クチコミの影響度に関して、私たちにとって画期的ともいえる実証データを得ることができたのは、1978年にコカ・コーラで実施した市場調査だ。好ましい体験をした顧客のクチコミが5人に伝わる一方で、嫌な体験をした場合のクチコミが10人に伝わるという結果が出た。[1]

　ソーシャルメディアが発達した現在のクチコミのインパクトはどうなるだろうか。CCMCが2017年に実施した「全米消費者不満調査」では、嫌な体験から伝わるクチコミが好ましい体験の3倍多くの人に伝わるという結果が出た。また、平均的な消費者がオンラインに投稿すると、約70人の知人や友人に拡散されるというデータもある。[2]

　ゲームユーザーを対象にした調査では、ゲームを推奨するクチコミが平均6人に伝わり、そのうち2人が実際に商品を購入したという結果が出ている。ポジティブなクチコミによる推奨が、マーケティングに非常に役立っている実態がわかる。

　クチコミによるマーケティングを重視するレストランチェーンのザ・チーズケーキファクトリーのマーケティング予算は、競合他社と比較して4分の1程度にすぎない。同社の元社長デイビッド・ゴードンは、「マーケティング活動は基本的に顧客に任せる」という考えの持ち主だ。[3]

▶トラブルの体験頻度が価格感度に影響する

　トラブルを体験すると、価格感度（価格に対する消費者の反応）が不満の方向に2倍上昇する。もし自社商品をプレミアム価格帯で販売したいのなら、顧客にトラブルを体験させてはならない。つまり、顧客にとって予測

しない不快な出来事もなく、約束したとおりの素晴らしい体験を提供できれば、プレミアム価格をつけることが可能になる。

スターバックスが好事例だ。顧客は1杯のコーヒーに4ドル以上も喜んで払ってくれるが、それは店での体験やスタッフの気遣いがあるからだ。

▶ データが伝えるグッドニュース

それでは約束したように、明るい話題に移ろう。

▶ 顧客の不満のほとんどは、従業員が原因ではない

顧客の不満全体の内訳を見ると、応対スタッフの態度やミスに起因するものは2割程度しかない。私たちの調査から明らかになったことは、ほとんどの業界において、スタッフはしっかりと仕事をしたいと思って勤務している。しかし、会社から指示された方針、顧客に説明するように決められた内容や手順が、顧客の不満の原因となっているのだ。

顧客の不満の内訳に戻ると、製品に関するもの、プロセス自体の問題点、マーケティング上のメッセージなど、いずれも企業の方針や手順に沿って行われたことが顧客にとっては不愉快だったというケースが5、6割を占める。

これをグッドニュースとしたのは、製品やプロセスの設計を見直せば、顧客の不満が解消できるからだ。

不満の内訳の残り2、3割は、顧客自身によるミス、誤った期待、製品の間違った使用などに起因している。私はセミナーの参加者に、「火災保険など、自分の持ち家にかけた損害保険の約款を読んだことがありますか」と聞くことがある。

すると、実際に確認したと挙手するのは1人か2人きりだ。損害保険の約款にはほぼ例外なく補償対象の例外や上限額についての記述があるが、すべての内容を確認する人はほとんどいない。

不満の原因が何であれ、顧客からの申し出に対して解決するか、問題の予防措置を取ることが企業には求められる。第2章では、顧客が不快と感

じるトラブルの中でも典型的な事例を取り上げて、対策を検討することにする。

▶顧客を獲得するよりも維持するほうが安上がり

　この事実は、誰もが知るところだが、私たちが最初に発表したオリジナルだ。何十年も前になるが、米国自動車メーカーのマーケティングとカスタマーサービスにかかるコストを対比させることで明らかにした。

　当初の調査では、販売店の広告宣伝費（新規顧客の獲得に必要な経費項目は他にもあるのだが）と顧客からの苦情対応にかかる経費を顧客維持コストとして比較した。1人当たりの新規獲得と既存顧客の維持コストを対比させたところ、5：1の比率になることがわかった。同様に、建設業でもこの比較を試みたところ、カスタマーロイヤルティを維持して将来的な受注を可能にするため、顧客からの苦情や問合せ対応にかかるコストは、新規顧客獲得の営業など、契約までにかかるコストの8分の1だった。

　私たちは、その後も24以上の業界で、個社レベルでの調査を続けたが、新規顧客の獲得コストは、顧客のトラブルを解決し、関係の修復と維持にかかるコストの2〜20倍であることがわかった。

　BtoBの場合になると、新規顧客の獲得に1万〜10万ドルを費やす一方で、製品の設置、業務研修、マニュアル開発、パーツやサービス関連の経費を抑えようとするあまり、顧客との関係や継続的な取引の機会を損なっている場合が珍しくない。

▶苦情に適切に対応すれば、顧客維持につながる

　私たちのこれまでの調査結果から、苦情を申し出た後、企業の対応に満足したカスタマーロイヤルティは、不満があっても何も申し出なかった顧客よりも30ポイント高く、対応に不満が残った顧客よりも50ポイント高いことが明らかになっている。

　これは、ほぼすべてのビジネスに共通している。つまり、苦情を申し出ない顧客には申し出るように説得し、彼らの苦情を解決することで得る収益は、1人の新規顧客の獲得から得る収益に相当するわけだ。

この事実に基づけば、苦情を申し出る行為を促すとともに、顧客のトラブルを解決する効果的な手法を構築すべきなのは明らかだ。これに触発されて、オートバイのディーラーから金融機関まで、さまざまな企業が、顧客へ次のようなメッセージを発信するようになった。「私たちに教えていただければトラブルは解決可能です」

▶ サービスを強化することの経済効果は明らか

1人の顧客が企業にもたらす価値、解約やリピートしないなどの離反率、さらに新規顧客を獲得するためのコストなど、いくつかの財務データに加えて、顧客行動についての正しいデータが揃えば、CFOやCEO（最高経営責任者）は、カスタマーサービスの強化に投資した場合のリターン（見返り）をすぐに計算できるはずだ。

皮肉にも、苦情を申し出ない顧客の割合とクチコミの拡散が収益に与える影響を除けば、ほとんどの企業において必要なデータは、すでに社内に存在している。データとして整理されていなくても、数値化することは難しくないだろう。

不満を感じても苦情を申し出ないサイレントカスタマーの存在やクチコミの拡散については、アンケートを使って数値化することができる（顧客アンケートにおいて、「トラブルを体験した後に苦情を申し出たか」「その後、不快な体験を何人にクチコミで伝えたか」などの設問を加えることで、実態が把握できる）。

以上のようにして、苦情を申し出ない顧客の割合、顧客価値などのデータを準備する。ちなみに、顧客1人当たりの価値（1人当たりの購買額など）は非常に重要なデータだが、社内を見渡しても、あまり使われていない財務データの1つといえる。

それらに加えて、サービス強化への投資が、収益、クチコミ、価格感度に与える影響をモデル化し、経営層が納得できる明確なロジックを構築する。ここまでのデータが揃っていない企業が多いのは残念だが、データさえ準備できれば次のステップに進めるという意味で、「グッドニュース」として論じた。

カスタマーサービスがもたらす経済的効果を経営層に理解してもらい、

サービスを強化する投資の検討につなげることが重要だ。

▶サービス強化の投資計画を作成する

カスタマーサービスを戦略的かつ全面的に再構築することも可能だが、サービスの一部に的を絞って強化する方法もある。いずれの場合も、組織的なカスタマーサービスの強化につながる。

コストを抑えたり、場合によっては全くかけずにサービスを強化することも可能だ。たとえば、「顧客を信頼する」ことから始めるだけでもサービス向上につながるはずだ。もともと顧客の98%は誠実であり、企業をだまそうとは考えていない。

とはいえ、ほとんどの改善には何らかの予算が必要だ。本書の読者であるあなたは、サービス強化のための投資に対する見返りを、具体的な成果で示しながらCFOを説得しなければならない。

カスタマーサービスの予算の中に、経費項目はあっても投資項目があるケースは残念ながら稀だ。カスタマーサービス予算はコストとして計上されているのが一般的だろう。その結果、ほとんどの企業が、苦情の件数や苦情の声の大きさを優先して問題解決することに終始している。売上げが伸びれば応対スタッフを増員し、コンタクトセンターの席数を増やす。売上げが下がればスタッフの契約を打ち切る、ということを繰り返している。サービスへの投資がもたらす将来的な収益との関係性を理解していないがゆえに、こうした状態が続いているのだ。

過去に景気が落ち込んだとき、米国トヨタ自動車販売では、全部門の経費削減を実行したが、カスタマーセンターと点検修理部門の予算は対象から外した。その理由を、当時のCEOは次のように説明している。「私たちのすべての顧客がカスタマーサービスを必要としているからだ」[4]

景気の沈滞に伴って行われる全社的なコストカットは、短絡的であり、企業にとって大きなリスクになる。コストカットが従業員に与える影響は、顧客、強いては組織全体に悪影響を及ぼす。とりわけ、カスタマーサービスを戦略的に捉えるためには長期的な見通しが求められる。サービ

スの強化に対する投資は、10〜20倍の収益となって戻ってくるだろう。

戦略的に取り組むとは、カスタマーサービス、顧客行動、さらに経済的な成果との関係性を理解することを意味する。本書の大きなテーマは、この関係性を明らかにすることにある。なぜならば、カスタマーサービスへの投資に対するリターンは、その他の投資に比べて何倍も大きく、実現されるタイミングも最も早いからである。

自社のカスタマーサービスを強化することは、カスタマーロイヤルティの強化、好意的なクチコミの拡散につながるだけでなく、顧客からの問合せによって生じるリスクを軽減することにもつながる。

では、投資計画を立案するために、トラブルの解決や予防が収益にもたらす影響を見てみよう。顧客が何らかのトラブルを体験すると、ロイヤルティが平均20%下がることは先に述べた。これは、5人に1人の割合で顧客を失うことを意味している (5人の顧客×0.2のロイヤルティ損失＝1人の顧客の損失)。

次に、投資計画を具体化するために上の経済的なロジックに数字を当てはめてみよう。トラブルの原因を特定して問題解決を図り、トラブルを予防した場合の収益へのインパクトを数値化してみる。

仮に顧客価値が1000ドルとすると、5人に1人の割合で、企業は1000ドルの収益を失う。言い換えれば、トラブルを改善して予防することで、離反したかもしれない顧客を維持でき、1000ドルの収益を守る計算になる。

この1000ドルはカスタマーサービスによる貢献といえる。なぜなら、トラブルの特定、予防、解決のいずれをとっても、カスタマーサービスが直接的に関与しているからだ (この点に関しては、顧客満足やロイヤルティを最大化するモデルと併せて第6章で解説する)。図1-1に示すとおり、カスタマーサービスが収益を守るのである。

これに加えて、カスタマーサービスは利益の上積みに貢献することができる。前述したようにトラブルの発生頻度が価格感度を倍増させる。したがって、プレミアム価格を維持したいのであれば、トラブルを極力出さないようにしなければならない。図1-2は、ある金融機関で実施した顧客調査である。トラブルの発生回数が増えるほど、価格感度は目に見えて高く

図1-1

図1-1　カスタマーサービスが収益を守る

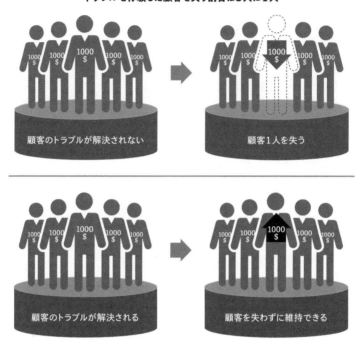

トラブルを体験した顧客を失う割合は5人に1人

顧客のトラブルが解決されない → 顧客1人を失う

顧客のトラブルが解決される → 顧客を失わずに維持できる

トラブルを解決することで、顧客を失わずに維持でき、収益に貢献できる

なっていく。

　カスタマーサービスを強化するための投資を判断するうえで、顧客価値のデータが必要になる。これを知らずして、顧客を満足させるために費やす予算が決められないのはいうまでもない。

　顧客価値を計算する方法は幾通りもあるが、代表的なものにLTV（顧客生涯価値）がある。「典型的な顧客が、一定期間に落としてくれる総額」と定義されている。顧客1人当たりの年間平均購買額を用いることもあるし、顧客層や商材を特定したうえで顧客1人当たりの年間平均購買額を出す方法もある。

図1-2　｜　トラブルの発生と価格感度との関係

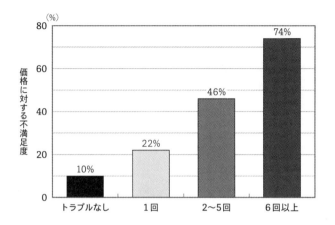

私自身は、設定する期間が長いという理由で複数年にわたるLTVは使わないようにしている。「私たちの事業がこの先何年も同じモデルで続くかどうかさえわからないのに、顧客の生涯価値もないだろう」などと、CFOに突っ込まれやすいからだ。そのため、1年または2年ベースでの顧客価値を使っている。

　それにしても、経営層の多くが顧客価値や平均購買額を把握していないのには驚かされる。営業やマーケティングの担当役員も同じだ。マーケティング担当者であれば知っておくべきだし、財務担当者も把握しておくべきだろう。ロイヤルカスタマーが会社における最も重要な資産といえる。カスタマーサービスを戦略的に考えるならば、顧客1人当たりの平均収益は必ず押さえておかなければならない。

　CFOは他の投資と同様に、カスタマーサービスへの投資が有効かどうかを判断したいはずだ。投資計画を作成するためには「経済的な合理性」が求められる。これを明らかにすることが、カスタマーサービス戦略の核となり、すべてのサービス強化における経済的裏づけとなる。車から軋み音が聞こえてくるのに油を差して終わりというような、場当たり的な修理をしてはならない。

社内のCEOとCMO（最高マーケティング責任者）を説得し、彼らを仲間に巻き込むための数字をつくる方法については、第6章で詳細に解説したい。

2 ▶ キーワードの定義

本書を読み進めるうえで重要なキーワードを、ここで定義しておくことにしよう。サービス、セルフサービス、カスタマージャーニーマップ、CX、トラブル、苦情、乗数、エスカレーション、顧客満足、ロイヤルティ、ディライト、クチコミである。いずれもカスタマーサービスに関連する重要な概念だ。

戦略的サービスへの投資計画を作成するうえで、収益に関係する概念を取り上げるが、それらの概念を正確に定義し、理解すること。また、各概念のデータは、正しく扱うことで（収集、測定、比較、追跡まで）効果的な投資の見返りを分析することが可能になる。これが実現できれば、長期にわたって持続可能な成果につながるはずだ。

- サービス……一般的には商品販売後に生じる顧客の質問やトラブルへの対応を指している。具体的には、カスタマーセンターなどのフロントスタッフによる応対を指すが、最近ではチャットボットによる無人対応もサービスに含まれる。さらに、購買前の消費者からの質問への対応、ウェブサイトにおけるセルフサービスなどを含む場合もある。
- セルフサービス……セルフサービスの概念が非常に重要になってきた。顧客の大半は質問やトラブルがあると、まずは企業のウェブサイトにアクセスしたり、グーグルやSNSで検索する。しかし、ウェブサイトの担当は、カスタマーサービス部門ではなく、IT部門である企業が多い。企業のウェブサイトの構造やコンテンツづくりで重要な役割を果たすべきは、カスタマーサービス部門だと私たちは考えてい

る。

- カスタマージャーニーマップ……顧客と触れ合うすべての接点（タッチポイント）と、顧客にかかわる事業活動全般の流れをまとめたものを指す。まず、顧客への周知に始まり、購買、製品やサービスの利用体験のフェーズが含まれる。ジャーニーマップの対象は、既存顧客の体験だけではない。見込み客が体験するトラブルや質問も、すべて対象範囲に含まれる。トラブル対応の責任を担うのはカスタマーサービス部門に集約するのが理想だが、その他の部門が担当することもある。こうした場合、ジャーニーマップがなければ、トラブルの予防や対応策の責任部門が特定されずにそのまま放置され、顧客の不満が解決されないおそれもある。

- CX……顧客、企業、製品およびサービスの間におけるすべてのかかわりと接点の総体であり、カスタマージャーニーマップに記載されたものを指す。

- トラブル……製品やサービスを扱うことで発生する顧客にとっての不快な出来事は、苦情として申し出られたかどうかに関係なくトラブルとして捉える。製品の性能、設計、パッケージ、配送、設置、取扱説明書、安全性、従業員の顧客対応などからトラブルが生じるほか、顧客自身のミスや間違った期待も同じくトラブルの原因となる。

- 苦情……顧客がトラブルについて企業に申し出た内容やその状況を指す。対面のほか、電話、メール、ツイート、手紙などの手段で苦情が企業に届く。苦情とトラブル件数の間には乖離がある。

- 乗数……顧客が体験したトラブルの件数と苦情件数との比率を示す値。3倍（苦情件数の3倍トラブルが発生している）から2000倍（苦情件数の2000倍トラブルが発生している）まで幅がある。乗数を理解することで、苦情件数から実際に発生したトラブルの件数を拡大推計することが可能になり、予防や問題解決に対する投資の必要性を判断する材料になる。

- エスカレーション……顧客の苦情を最初に受け付けたポイントから、その対応に満足しなかった顧客のリクエストに応じて、もしくは担当

者がより適切な回答をするために、案件を上司や専門担当者に回すことを指す。

- 顧客満足……顧客の満足度を定義することは難しい。というのも、顧客の満足度はその期待次第で変化するからだ。たとえば、あなたの期待値が低ければ、フライトが60分遅れても、ランチに入ったレストランでスプーンが汚れていても、満足のいく結果に終わるかもしれない。逆に、一級品の映画でも、観る前から「最高傑作だ」と絶賛されてしまうと、駄作に感じられてしまう可能性もある。つまり、事前期待によってリスクも生じれば、チャンスにもなりうるということだ。したがって、顧客の満足度を上げたいのなら、まず期待を適切に設定する必要がある。45分間のフライトの前に、「今日中には着きたいと思います」とアナウンスしていたパイロットがいたが、乗客の期待値を下げようとしていたのかもしれない。

- ロイヤルティ……顧客の再購買意向、購買行動の実態、推奨意向などを対象として測定することができる。ロイヤルティの指標として、一般的に最も正確で納得感があると考えられているのが「継続的な購買」で、購買の意向（特に非購買意向）や他人への推奨意向と、将来的な購買行動に強い相関性があることがわかった。たとえば、米国のある大手航空会社で実施したロイヤルティ調査で、マイレージ会員の6割が継続意向を示さなかったが、実際にその後の利用客が激減した。

  ロイヤルティの高い顧客とキャプティブな（囲い込まれた）顧客は区別する必要がある。後者は、止めるのが面倒だから継続しているだけで、ブランドに対する特別な思い入れはない。ロイヤルティを測定する最善の方法の1つとして、顧客が企業の代弁者としてクチコミをしてくれるかどうか、推奨意向を調べる手法がある。「製品やサービスを誰かに推奨しますか？」。こうした問いがNPS（ネットプロモータースコア）など、ロイヤルティ調査の基礎となっている。

- ディライト……顧客の高い期待値、もしくは相応の期待値を企業側が超えようとする行為を指す。つまり、期待値を最初から低く設定しておいて、それを超えるのはディライトではない。また、ディライトで

あれば、どのようなものでもロイヤルティの強化に役立つかといわれれば、そうでもない。「いつも顧客の期待を超えよう」と考えるのは、お金の無駄遣いに終わる可能性もある。

● **クチコミ**……クチコミには、ポジティブ（好意的なもの）とネガティブ（非好意的なもの）がある。消費者が新しく何かを買おうとするとき、周囲のクチコミは重要なきっかけになる。クチコミは基本的に、嬉しい体験や嫌な体験を誰かに伝えたいという、人間の社会的、心理的欲求に基づいている。

　クチコミと似たものに「ネットへの書き込み」がある。企業についてのコメントをフェイスブックなどに投稿したり、ツイート、ブログ、レビューサイトなどへの書き込みがあるが、いずれも顧客にとっての情報価値がますます高まっている。特に消費者向けの家電製品、自動車、家事代行サービス、旅行などの業界では、ネットのクチコミを活用する動きが広がっていて、興味のある商品の購買や再購買、利用の体験、専門的知識を披露する消費者のコメントに対する依存度が高くなっている。CCMCの「全米消費者不満調査」（2017年）では、自ら体験したトラブルについてレビューサイトに投稿した顧客が9%いた。深刻なトラブルになると、23%がソーシャルメディアに投稿している。[5]

　たとえば、大手ファストフードチェーンのカールスジュニアでは、オーストラリア市場での新規出店の際に多くのフォロワーを持つインフルエンサーを雇ってプロモーションを実施した。インフルエンサーの1人は実際に全商品を購入し、1つ1つのメニューを試しながらコメントする動画をYouTubeにアップしている。

　こうしたネット上の投稿を参考にする消費者が増える一方で、人から人に伝わっていくという従来のクチコミが多数を占めることは変わらない。クチコミは新規顧客の獲得において重要であり、先進的な企業では好意的なクチコミを生み出すことを目的としたプログラムを開発している。マーケティングやサービス戦略の一環として、顧客を喜ばせる施策を実施しているのだ。

ここで紹介したキーワードは、顧客の態度や行動をさまざまな方法で数値化して考える機会を与えてくれるだろう。顧客がハッピーか、それとも二度と戻ってこないかを理解するだけでは、自社のCXを強化する具体案は浮かんでこない。

　カスタマージャーニーマップ、トラブル、苦情、エスカレーション、顧客満足、ロイヤルティ、ディライト、クチコミなどを定量的に測定しながら、カスタマーサービスをマネジメントすることができる。それにより、どこに投資すべきかを理解したうえで、効果的な計画を立案することが可能になる。

　経済的なロジックに基づいて顧客とそのニーズをより深く理解することができれば、セルフサービスなどのツールの導入に積極的に投資するようになり、より効果的に顧客ニーズを満たすことができるようになるだろう。

　続いて、自社のCXをマネジメントするうえで、戦略的サービスを実現するためのモデルを考えてみよう。

3 ▸ 顧客満足とロイヤルティ最大化のための DIRFTモデル

　CXを戦略的にマネジメントすることを通じて顧客満足やロイヤルティを最大化し、収益強化に結びつけるために私たちが開発したモデルが、DIRFT（Do It Right the First Time）、すなわち、「物事を最初に正しく実行する」である。

　多くの企業がDIRFTを組織マネジメントの標語として掲げ、社内研修やツールを使ってその浸透に力を入れている。しかし、それだけではDIRFTを効果的に実践することは難しい。

　そこで、CXマネジメントにおける戦術的サービス[2]が担うべき役割に2つのゴールを持たせたい。1つは、顧客の期待を適切に設定し、製品や

図1-3 顧客満足とロイヤルティ最大化のための方程式

サービスを使いこなせるように顧客教育や情報提供などをしっかりと行うこと。もう1つは、CXが有効に機能しないときに、すべての顧客接点を利用して、困っている顧客を助けるサポートを提供することである。

とりわけ、顧客の期待を正しく設定し、製品が使いこなせるようにサポートするという1つ目のゴールが、戦略的カスタマーサービスを実現するうえでの本質的な部分だといってよいだろう。

本章ですでに解説したが、まずカスタマーサービス部門が顧客との接点を持つことで、トラブルの解決、トラブルを予防する機会、さらにはロイヤルティの強化につながり、好意的なクチコミの拡散へとつながっていく。その逆は顧客の離反を招いてしまう。

図1-3はDIRFTのメカニズムを示したものだが、そのままCXやサービスシステムのフレームワークとして使えるだろう。顧客満足を効率的に最大化するうえで組織が取り組むべき4つのステップを説明している。

---

[2] 本書では、企業としてのあるべきカスタマーサービスを考える戦略的視点に対して、実際の顧客接点や顧客対応の設計から運用までを戦術的なものとしている。

①DIRFT……物事を最初に正しく実行することにより、顧客を困らせるトラブルの発生を最小限に抑える。

②アクセス……顧客をカスタマーサービスへと誘導するアクセスを提供する。まず、顧客には積極的に問合せをするよう促し、顧客にとって便利なチャネルを提供する。

③サービス……顧客の期待を理解したうえで、それに沿った形で顧客からの問合せやトラブルの解決に応える。必要に応じて、顧客に役立つ製品やサービスの情報などを提示する。

④VOC（顧客の声）に耳を傾けて学び取る……カスタマージャーニーにおいて組織として取り組むべき3つのステップ（上のDIRFT、アクセス、サービス）の状態に耳を傾け、何が起きているかを学び取る必要がある。顧客からの問合せやトラブルに関するデータを取得し、社内の適切な部門や社外のパートナーにフィードバックすることで、トラブルの予防や能動的な問題解決に役立てられるようになる。

では、この4つのステップに関して、もう少し詳しく解説しよう。

▶物事を最初に正しく実行する（DIRFT）

TQM（総合的品質管理）の第一人者であるジョセフ・M・ジュランは、「企業は、物事を最初に正しく実行することにコミットすべきだ」と述べている。[6]

顧客のニーズや期待を一貫して満たす製品やサービスを、一貫して提供する。この一貫性を確実に担保することは、顧客を喜ばせようとWOW！体験[3]を提供するよりも、はるかに難しい。予期しない不快な出来事が何も起きないこと。これこそが、顧客にとって何よりも「ありがたい」ことの1つに数えられるだろう。

つまり、顧客のニーズを理解したうえで、顧客の期待を適切に設定する

---

[3] 顧客の期待を超えるような体験の総称。

マーケティング活動と誠実な営業活動を行い、そして、顧客の期待を完全に満たす製品やサービスを提供する。

スターバックスであれ、メルセデス・ベンツであれ、企業のブランドプロミス[4]は顧客の期待で成り立っている。メリーランド大学教授のローランド・ラストは、「最初が肝心であり、また最初に満たせなくてもすぐにリカバリーできれば、それがブランドエクイティ（資産価値）の構築につながる」と述べている。[7]

物事を最初に正しく実行するためには、顧客満足を満たすと同時に、顧客のトラブルを予防するための方針やプロセスを設計し、それを運用しなければならない。

顧客に嫌な体験をさせないようにする責任は、社内の全員が負うべきものだ。製品開発、製造工程、マーケティング、営業、発送、配送、製品の設置、修理サービス、請求、督促など、それぞれ業務を担当する誰もが、直接的、間接的に顧客の体験に関与しているはずだ。

DIRFTとして、顧客の期待を設定するうえでの重要なポイントは、製品の使用方法、製品のクセ、取り扱い上の注意などについて、企業側から能動的に働きかける顧客教育を実施することにある。したがって、多くの場合、顧客のオンボーディングが最も大きなチャンスの1つになる。[8]

▶苦情の申し立てを促し、アクセスしやすい環境を提供する

顧客満足とロイヤルティ最大化のための2つ目のステップは、アクセスである。大きく2つの取組みに分かれるが、どちらも顧客をカスタマーサービスに誘導するという共通目的を持っている。

1つは、顧客が苦情を申し出やすいように、あらゆる障壁を取り除くこと。苦情の申し出先がわかりにくいといったプロセス上の問題点もあるが、障壁の大半は心理的な問題である。苦情を申し出るのが面倒だ、苦情

---

[4] 企業が顧客に対して約束する品質や価値。わかりやすく誠実に伝えると同時に企業の全員がブランドプロミスを実現する責任を負うことが求められる。

を言っても何も変わらないだろう、担当者との関係が悪くなるだけだ、といった顧客の気持ち自体が障壁になっている。

　もう1つ、顧客からのアクセスのために用意するチャネルは、顧客が製品やサービスを使用している時間帯であれば開けておく必要がある。今や顧客は、スマートフォンを常時携帯しており、抱いて寝ることもあるくらいなので、9時〜5時の「営業時間」だけでは対応できない。デジタルやモバイルチャネルがきわめて重要な存在になりつつあることを理解しなければならない。

▶疑問やトラブルの対応からクロスセルにつなげる

　顧客満足とロイヤルティ最大化のための3つ目のステップは、カスタマーサービスである。

　顧客が疑問を抱いたり、トラブルが発生すること自体を避けるのは難しい。だからといって、トラブルや疑問をそのままにしておけば、顧客のフラストレーションや不満につながってしまうので、顧客からの問合せに回答し、疑問やトラブルを解決できるサービスシステムを構築しなければならない。

　同時に、そのサービスシステムにアクセスするように顧客に呼びかける効果的なシステムも必要になる。いうまでもなく、このサービスシステム自体が、顧客にとって使いやすいものでなくてはならない（詳しくは、第Ⅱ部で解説する）。

　顧客の9割はカスタマーサービスに電話をかける前に、企業のウェブサイトや検索機能を使って解決しようとすることがわかっているので、ウェブサイト上のトップページには、最も問合せの多い事柄についての情報を掲載し、FAQ以外にチャット機能も備えておくべきだろう。

　大多数の消費者が日常的にインターネット検索を利用している。ある製品のトラブルを解決したいとき、たいていの人は真っ先に手近のスマートフォンを使って検索するだろう。自社のウェブサイトやYouTubeの解説動画が最初に表示されるようにSEO（検索エンジン最適化）対策に取り組む

ことが重要になる。

　検索結果の上位に表示されるようにすることで、製品の取扱い方法やトラブル時の問題解決に関して、適切な情報や解説を顧客に届けることができる。また、トラブルを体験した顧客が自社のウェブサイトに直接アクセスしてくることで、どんなトラブルが発生し、何に困っているのかを企業側が把握できるという利点もある。

　自社のウェブサイトのセルフサービス機能を使っても解決できない場合、顧客は企業に問い合わせることになる。このとき、最初に受け付けた時点で、ほとんどの問題が解決できる体制が求められる。

　そのためには、応対スタッフには知識やスキルだけでなく、権限を持たせることが重要だ。スタッフが解決できない案件の場合も、いったんはその問合せを受け付け、解決案を探すと同時に、顧客側で生じている不都合や損失を食い止めるか、和らげることが求められる。スタッフが解決案を提供できない場合には、責任を持って顧客に対応できる部署や担当者へ転送しなければならない。

　顧客からの苦情がマネジャーの耳に入ると、顧客が不満になった原因としてカスタマーサービスの担当責任者が呼ばれ、注意を受けるケースがいまだに多い。しかし、顧客応対にあたるフロントのスタッフが顧客の不満をつくり出しているわけではない。

　カスタマーサービスは、かつて「苦情対応窓口」と名づけられていた。「苦情」という言葉には、顧客なり従業員が悪いという否定的なイメージがつきまといがちだ。そこで最近では、「苦情」という言葉を使わない企業も増えている。

　たとえば、私たちのクライアントの大手通信会社では、「（顧客は）アシストを求めている」といった表現に切り替えた。こうした取組みによってカスタマーサービスの担当者を責める風潮が少しでも消え、顧客ニーズを理解したうえで効果的な解決策を提示することにフォーカスするのは、喜ばしい変化といえる。

　1つ強調したいのは、カスタマーサービス部門に届く顧客からの問合せや苦情は、営業チャンスにもなるということである。本来、営業とカスタ

マーサービスは異なる目的を持っているが、両者には同じスキルと能力が求められる。たとえば、水栓の故障に対する苦情や問合せは、新型モデルやメンテナンス契約の販売につながる可能性がある。

顧客もさまざまで、価格重視の消費者の中には、値段さえ安ければ、品質やサービスレベルに満足していなくても気にせずに購入するタイプがいる。しかし、なかには、購買後または契約後になって、性能、耐久性、メンテナンスサービス、専門性、特別窓口、支払い方法などについて十分に納得していないことに気づき、契約内容を見直したいと電話で問い合わせてくる。このときこそ、まさにアップセルのチャンスだ。

熟練の応対スタッフなら、適切な顧客データが手許にあれば、2、3の的確な質問をするだけで、アップセルの可能性があるかどうかをすぐに見抜くことができるだろう。また、ほとんどの顧客は、営業担当よりサービス担当者からのアドバイスを素直に受け入れる。

3つの複写機メーカーの調査からわかったことがある。故障の原因が製品を酷使しすぎたことにあると判断したサービス担当者が、「高機能の大型機に取り替えたほうが無難です」とアドバイスした場合、顧客は受け入れる確率が高い。しかし、同じメッセージを営業担当者から聞いた場合は、販売成績を上げたくてオファーしているのだと疑ってかかるかもしれない。

顧客へのクロスセルが顧客満足を引き上げるドライバーになることもわかってきた。もちろん、質問やトラブルがあった顧客のすべてにアプローチできるわけではないが、試してみる価値はあるだろう。

▶VOCに耳を傾け、学び、組織横断で共有する

顧客満足とロイヤルティ最大化のための4つ目のステップは、「VOCに耳を傾け、学び取る」ことにある。最初の3つのDIRFT、アクセス、サービスにおける現状のCXを映し出すものとして、顧客接点などからデータを取得し、蓄積しておかなければならない。

そのデータを企業内部の適切な担当者やパートナーと共有することによ

り、トラブルの根本的な原因を突き止め、改善活動につなげることができる。こうした継続的改善に向けたフィードバックサイクルが、まさしくDIRFT、すなわち、最初に物事を正しく実行することにつながる。

VOCに耳を傾けた結果、顧客のニーズを今まで以上に満たすために、製品仕様の改善や取扱説明書の改訂にまで発展するケースもある。また、VOCからの学び、すなわち原因分析を間違えると、トラブルが解消されないままの状態が続き、顧客の不満が解消されないばかりか、顧客対応などのサービスコストも増大する。さらにカスタマーロイヤルティが下がり、将来の収益にも悪影響を及ぼすだろう。

ほとんどの顧客は苦情を申し出ないため、企業には見えないところでブランドスイッチが起きてしまう。それどころか、ネガティブなクチコミが広く拡散し、将来の企業収益を低下させる要因にもなる。

一般的に、全社的なVOCマネジメントは、カスタマーサービス部門が中心になって取り組んでいる企業が多い。また、カスタマーサービス部門が蓄積した顧客との応対履歴データをいったんカスタマーインサイト部門に送り、顧客アンケート、業務データ、従業員の声などと統合したうえで分析を行っているケースもある。もしあなたの会社にカスタマーインサイト部門がなければ、カスタマーサービス部門がその役割を担う絶好の機会となるだろう。

VOCを有効に活用するためには、顧客のトラブルを明確に記録する必要がある。たとえば、営業のメッセージが顧客に間違った期待を抱かせた、製品のデザインや性能に問題がある、配送や設置が適切に行われなかった、製品の組立てや操作方法がわかりにくい、といった声が寄せられるかもしれない。そうしたトラブルを顧客が問い合わせても解決されない場合は、組織的な問題があると考えられる。トラブルに関する情報を受けたら、その件に関してすぐに行動できる担当者に送り、問題を共有する必要がある。

カールスジュニアでは、各部門がVOCを日常的に活用しているかどうかカスタマーインサイト部門がモニタリングしており、VOCを活用していない部門はシニアマネジメントに報告される仕組みになっている。

ここまで、カスタマーサービスがもたらす影響のプラスとマイナスを整理しながら、カスタマーサービスの強化に必要な投資を裏づける経済的なロジックの重要性を説き、それに必要な概念のキーワードを定義してきた。

　さらに、戦略的カスタマーサービスのあるべき姿のモデルを紹介した。要約すれば、「組織が、物事を最初に正しくできなかった場合、VOCに耳を傾けて学び取る、つまり、DIRFTとアクセスとサービスの連携による調整と改善のサイクルを回すこと」が、戦略的カスタマーサービスにおける推奨モデルである。

　続いて本章の最後に、戦略的カスタマーサービスを自社で構築する際のステップを考えてみたい。

4 ▸ 戦略的カスタマーサービスに向けた 最初のステップ

　企業の中には、十分なリソースを持ちながら、戦略的カスタマーサービスの仕組みを構築できていないところが多く見受けられる。では、まず何から手をつければいいのだろうか。

　CRM（Customer Relationship Management）システムの導入が、カスタマーサービスの重要な要素であることは確かだが、最も重要なのは、何といってもVOCマネジメントである。さらに、継続的改善チームとの連携も効果的だろう。彼らはパイロットテストによって新しい考え方を試し、山積するデータから投資すべき箇所を見つけ出すことに長けている。

　VOCマネジメントを一言で表せば、あらゆるデータを総動員してCXの全体像を描き出すメカニズムといえる。

　VOCデータとしては、市場調査のアンケート結果以外に、顧客の苦情、製品保証内での修理依頼など、顧客対応履歴のデータが考えられる。加えて、従業員からの改善提案もVOCデータとなる。

顧客の声としてのVOCが欲しいのであれば、製品性能や価格面の問題だけでなく、販売戦術、広告コピー、製品保証の条件、販売代理店のサービス、優先販売、支払い方法など、顧客が体験するすべての場面にかかわるデータを収集しなければならない。ところが、ほとんどの組織では、こうしたVOCデータは社内に分散したままの状態だ。

ある自動車メーカーで確認したところ、VOCの担当者が7人もいて、それぞれが担当する領域のVOCを別々に管理していることがわかった。これではせっかくのVOCマネジメントも断片化され、VOC担当者の不在の状態以上に困った状態に陥ってしまう。データが断片化されることで誤った情報が社内に広まり、不必要な矛盾、混乱、無制御の状態を生み出してしまう。

自らの組織で、戦略的なカスタマーサービスを構築するための最初のステップは、CXの起点から完了までを対象とするカスタマージャーニーを描くことである。そして、顧客が困っているトラブルを理解すること（そこにはVOCとして企業に届かないものもある）、顧客から申し出られた苦情、カスタマーサービスによる対応という3つの側面が、それぞれどのような経済的な影響をもたらすか検討することも欠かせない。

さらに戦略的なレベルと戦術的なレベルの両面で、どのような組織と体制をつくるか、どこから始めるかなどを考える必要がある。最初の取組みでは、大きく失敗するよりも、小さな成功を重ねていくことが望ましい。

▶経済的なロジックとVOC

カスタマーサービス部門の組織づくりについては、第3章で詳しく解説するが、ここではサービスを構築するうえで外すことのできない7つの基本を整理しておこう。

①カスタマーサービスのスタッフに権限委譲することで即時解決できるトラブルを特定してみる。最終的には、全体の90％のトラブルが即時解決できるようにスタッフへの権限委譲を進め、彼らの裁量範囲を

拡大していく。権限委譲を進めない限り、カスタマーサービスの効率性は向上しない。即時解決できないと本来必要なコストより5割ほど余分にかかり、カスタマーロイヤルティが10〜30％低い状態が続くと考えるべきだ。

②顧客が求めている情報を見つけやすくする。ウェブサイトの全体を示すサイトマップと、FAQへのリンクをトップページの目につきやすい場所に配置する。また、顧客からの電話を受け付けるときに自動音声応答システム（IVR）を使用している場合は、電話番号と一緒にシステムの選択メニューの構造を記載して、顧客が迷わないようにすることが望ましい。

③カスタマージャーニーマップを作成する。カスタマージャーニー全体を俯瞰できるマップを作成しない限り、典型的なトラブルやその原因を理解し、マネジメントすることはできない。最初は大雑把なものでかまわない。

④顧客が苦情を申し出やすいようにする。顧客の声が企業に届かなければ、解決にはつながらない。たとえば、顧客に送付する請求書などの目立つ場所や、ウェブサイトのトップページに、苦情を奨励するメッセージを載せる方法が考えられる。

⑤顧客接点を使って、潜在的な顧客価値を強化する機会を掘り起こす。たとえば、顧客に対するアップセルやクロスセルの機会を捉えて、スタッフがアプローチできるようにする。また、購買額や取引額で分類して（社内向けに限る）、すべての顧客に丁寧に対応する一方で、顧客価値が高い顧客グループに重点的にリソースを投入するのも効果的だろう。

⑥カスタマーサービス部門を、クチコミをマネジメントする部門として捉え直す。顧客対応の結果は良くも悪くもクチコミに発展する。KPI（重要業績評価指標）を設定して、顧客満足をさらに高め、好意的なクチコミを増やすための手法やインセンティブを設計する。

⑦経済的なロジックを明確にする。顧客のトラブル、苦情、痛点、サービス、クチコミ、カスタマーディライト、マージン率、新規顧客の獲

得、そして収益や効率性などの財務パフォーマンスとの関係性や貢献度が明らかになれば、収益や利幅を最大化するCXマネジメントへと発展していくだろう。

　ここに挙げたのは、戦略的カスタマーサービスを実現するためのガイドラインである。めざすべき姿は、サービスレベルが高く、効率的かつコストパフォーマンスに優れたカスタマーサービスである。顧客のトラブルを予防し、解決する。顧客満足を高め、好意的なクチコミをつくり出す。クロスセルやアップセルにチャレンジする。これらの施策の成果を数値化していくことで、戦略的カスタマーサービスが、収益の維持と強化において明確な役割を担う存在であることがより明確になるだろう。

KEY TAKEAWAY
実践のポイント

- ☑ トラブルに遭っても、多くの顧客は苦情を申し出ない。その結果、トラブルを体験していない顧客と比較して20〜40％ロイヤルティが低くなる。法人顧客は担当者との関係が崩れるのを恐れて不満を口にしたがらないので、BtoBビジネスでも、状況は全く変わらない。
- ☑ 一般的にトラブルが生じると、カスタマーロイヤルティは20％下がる。つまり、5人に1人が再購買しなくなる。
- ☑ トラブルの頻度が増えると顧客の価格感度が倍増し、価格に不満を感じる顧客の割合が倍々で増えていく。
- ☑ 一般的には、顧客からの問合せに対応するのがカスタマーサービスの主な仕事だと考えられているが、それだけではない。カスタマーサービスへのアクセスをしやすくしたり、顧客の声に耳を傾け学ぶことができるよう、社内のVOCマネジメントにフィードバックすることも重要な業務である。特にVOCマネジメントへのフィード

バックによって組織的なDIRFTが強化されてくると、カスタマーサービス自体が顧客の苦情に対処する「火消し役的な存在」から、「予防型マネジメントモデル」へとシフトするだろう。

☑ カスタマーサービスが顧客の不満に対応するはるか前に、マーケティングや営業が顧客の期待をつくり出しているので、カスタマージャーニーを理解することが重要である。新規顧客のオンボーディングには、カスタマーサービスからのインプットが欠かせない。またはカスタマーサービスがオンボーディングの活動を引き受けることが望ましい。

☑ 企業からの能動的な情報提供を受けたり、問題解決プロセスで満足したカスタマーロイヤルティは、トラブルを体験していない顧客と比較して通常10〜30%高まる。

☑ VOCマネジメントと改善のための投資を怠ると、顧客のトラブルは減少しない。その結果、サービスコストが増大し、収益にはマイナスに作用するだろう。

第 **2** 章　What Do Customers Want?

顧客は何を
求めているのか

　テネシー州に出張したときのことだ。ナッシュビル空港に到着後、クライアントのオフィスに向かう前に数件のメールを送りたかった。「空港内はどこでも無料Wi-Fiが使えます」という広告コピーを目にしていたので、早速インターネット接続を試みた。

　しかし、空港のウェブサイトにはつながるものの、「インターネットには接続できません」と無愛想なメッセージが出るばかり。幸いにも空港管理事務所のウェブサイトが表示され、代表番号がわかったので、私は苦情を申し出たが、受付スタッフの回答は、「繁忙期にはつながりにくくなる状態が起きます。しかし残念ながら、現在IT部門のスタッフが不在のために対応できません」というものだった。

　今どきのビジネスパーソンだったら、誰もが無料Wi-Fiを期待するはずなのに、と思いつつ、空港会社が愚かだとあきらめるしかなかった。彼らの言い訳じみた返答は何の役にも立たなかった。

　教訓は、「何事であれ、提供すると約束したことは、必ず提供しなければならない。一貫して提供できないことは、約束してはいけない」ということだ。

　本章では、顧客の期待について考えると同時に、顧客の期待を満たすために、組織が設定すべきゴールについて、戦略および戦術の両面から考えたい。

1 ▶ 顧客の期待を裏切る 「予期せぬ理由」

　顧客の不満を耳にすると、「現場で顧客応対に就くスタッフに問題がある」と思い込んでしまう経営者が少なくない。しかし、大抵の場合、それは間違っている。

　旅客機の整備不良による遅延の原因をつくっているのは、客室乗務員でも空港カウンターのスタッフでもない。契約者の医療保険請求を却下した責任は、カスタマーセンターのスタッフにはない。そもそもフロントラインで働くスタッフの仕事は、企業側のメッセージを顧客に伝えることであり、そのメッセージが顧客にとっては受け入れがたいものであることも多い。トラブルの原因はフロントの従業員ではなく、組織のもっと深いところを掘り下げない限り見えてこない。

　顧客は、何かを購入したり契約するとき、「イメージどおりのものを受け取れる」と期待しており、裏切られることはないと思っている。

　では、顧客の期待はどうやって出来上がるのか。それは、会社が打ち出すイメージ、ブランドプロミス、一般的な評判、価格設定、広告、マーケティング上の広告コピーなどによって形づくられるものだ。

　消費者が製品やサービスの中身に対して不慣れな場合であっても（タクシーはよく利用するが、乗り合いで利用するライドシェアはまだ試したことがないなど）、顧客がそれまでに多少なりとも見聞きしたことで何らかのイメージが出来上がってしまう。企業が打ち出すブランドプロミスが、顧客が抱くイメージと混ざり合い、顧客の期待感が醸成される。

　顧客の期待を満たす基本的な方程式は、第1章で紹介したDIRFTモデルである。顧客の期待は、カスタマージャーニーの最初の段階で適切に設定されるのが望ましいことを組織として認識しておかなければならない。

　顧客を最初に受け入れる際には、顧客の期待を確認またはリセットするため、すべての顧客を対象とするオンボーディングのプロセスと、教育的

ツールなどのリソースが必要になってくる。そして、仮に顧客に約束したものを提供できなくなった場合、カスタマーサービスがその状況を察知して対処する役割を担うことが求められる。

　顧客の期待どおりにならないことや、顧客をがっかりさせてしまうのは、次に挙げる3つの要因（重要性の順序で並べた）のうちの1つまたは複数の要因が組み合わさることによるものである。

▶企業内部の要因

　製品の不良品、誤解を招くおそれがある広告コピー、役に立たないサービス方針、機能していない社内の連携プロセスなど、顧客の不満は企業内部に起因している。こうした指摘を受けても、マーケティング担当役員の多くは積極的に動こうとはしないが、サービスの担当役員は同意してくれるだろう。VOCデータを真摯に分析すれば、ほとんどの企業において、トラブルの50〜60％は企業内部のプロセスに起因している。

　どの企業も可能な限り最善の製品と事業プロセスを設計しようと取り組んでいるが、内在する問題点を排除するのは難しい。ただし、第1章でも触れたように、この事実は悪い話ではない。トラブルには原因があり、それを特定すれば大抵は排除することができるからだ。仮にそれが不可能な場合でも、あらかじめ注意を促すなどをして顧客への悪影響を軽減することができるだろう。

　たとえばアラバマ保険は、住宅保険に新規契約した顧客に対してウェルカムレターを発送する際に、貴重品の補償額の上限が5000ドルであることを示し、特約を付ければ補償範囲を充実させられることをわかりやすく説明している。これによって、カバーされていると思って保険金請求したが認められなかったといった、後々のトラブルを防ぐことに役立つ。

▶顧客のミスまたは不合理な期待

　顧客による製品の誤操作、誤使用、乱用も避けられない。取扱説明書を読まない、現実離れした期待を抱くなど、顧客自身の誤った思い込みもあれば、クチコミで間違って伝わってしまう場合もある。こうした顧客側に

起因するものがトラブル全体の20〜30％を占めている。こうした中に不誠実な顧客が含まれている可能性があるが、消費者対応の専門家によれば、その割合は苦情全体の2％以下にとどまる。

▶スタッフのミスや態度

スタッフのミスや態度に起因するトラブルは、全体のうちでせいぜい20％だろう。トラブルが起きるとスタッフの責任にされることが多いが、顧客をがっかりさせようと思って出勤するスタッフはほとんどいない。彼らも製品、ツール、方針、回答手順などの不備と、限られた権限の中で闘っているのだ。顧客の期待を満たせないことの犠牲者という点では、顧客と変わらない。あなた自身も苦情を申し出たときに「会社の方針ですので……」という回答を何度も聞いたことがあるだろう。

顧客の期待を満たせない、顧客をがっかりさせてしまうといったトラブルのほぼすべては、ここに挙げた3つの要因のいずれかに分類される。トラブルの原因をたどると、通常はカスタマーサービス部門の外にある場合が多い。カスタマーサービス部門はむしろ、トラブルの予防と解決に貢献しているはずだ。

図1-3（DIRFTのメカニズム）のフィードバックサイクルに示されるように、カスタマーサービスは、トラブルやその原因に関するデータを組織内にフィードバックする役割を担っている。それらのデータは、顧客アンケート結果、品質にかかわる運営上の業務データなどと一緒に、VOCとして組織にフィードバックされる。

2 ▶ サービスに対する 期待のトレンド

過去20年以上にわたってCCMCが実施した調査（2017年の「全米消費者不満調査」[1]を含む）を通じて、顧客の期待について最近のトレンドを発見し

た。

　ここでは、企業の顧客対応、特にカスタマーサービスにおける対応について、顧客が抱く期待として次の7つのトレンドを紹介する。なかには矛盾するように思えるものもあるが、調査結果として紹介したい。

▶明確なブランドプロミス

　たとえば、スターバックス、サウスウエスト航空、廃棄物処理の1-800ゴットジャンクなどでは、提供する商品やサービスが明確に表現されており、顧客の期待を正しく設定することに成功している。

　スターバックスは、1杯のコーヒーの値段は高いが、細かなリクエストに応えたドリンクを提供してくれ、ゆったりとくつろげる雰囲気の中で楽しむことができる。

　サウスウエスト航空は、安心感と手頃な価格が売りだ。ただし、搭乗前のラウンジがないために乗客は列に並ばなければならないなど、サービスのレベルは限られている。しかし、利用者はそのことを事前に理解している。

　1-800ゴットジャンクのサービスの特徴は、利便性と柔軟性にある。文字どおり「あなたの家のガラクタを買い取ります」というサービスだが、「弊社の営業時間は真夜中まで。わざわざ急いで自宅に帰る必要はありません」など、その訴求ポイントは明確だ。同社の価格帯は競合他社より多少高いが、そもそも価格面を訴求していない。むしろ、利便性が差別化要素になっている。

　顧客だけでなく従業員に対しても、ブランドプロミスは重要な意味を持つ。高級スーパーのホールフーズ・マーケットのチーズ売り場の専門家や、アマゾンの倉庫で働く出荷担当者、トラックリース業のライダー・トラック・リーシングのメンテナンスセンターで働く整備員など、誰をとってもCXに貢献する存在であり、また、そうでなければならない。組織で働く全員が顧客の期待を理解し、CXを提供する役割を担っていると認識していることが求められる。

2
章

顧客は何を求めているのか

▶ 優れた透明性（わかりやすさ）

ブランドプロミスと透明性の違いを一言で言い表すなら、詳細さにある。つまり、透明性には本来、詳細さが伴うわけだが、顧客の大多数は細かく書かれた契約書や説明書を読みたがらない。法律の専門家やコンプライアンス担当者には理不尽に聞こえるかもしれないが、行政機関も今は消費者の立場に近くなっており、契約条項はシンプルで透明性が高いものであるべきだと考えている。

顧客との約束は、明確でわかりやすいものであることが企業の義務として求められている。もし商品の仕様が業界標準と比べて劣っていて、限定的な場合は、その旨を消費者にわかりやすく明確に伝えなければならない。

そして、カスタマーサービスにおける透明性は、トラブルなど問題の原因を真摯に説明することと、その情報をVOCとして継続的な改善活動に反映させることにある。

▶ 一貫したサービス

顧客は、ロケーションや対応が変わっても企業の約束は一貫して守られるものだと期待している。そもそも、この考え方は「ロケーション」から始まった。先駆者はホリデイ・インやマクドナルドであり、彼らは同じ商品とサービスを全米で一貫して提供し、さらに世界へと拡大した。

現在では、アマゾン、イーベイ、テスラなどが、世界のどの市場においても製品と配送のクオリティを均一にするための条件を満たすよう、ベンダーやサプライヤーに求めている。

アマゾンやイーベイは、エンドユーザーにその評価を求めており、不満や苦情が基準値を上回ると、ベンダーとの委託契約は打ち切られる。たとえば、電気自動車メーカーのテスラは、充電ステーションの設置はコーヒーショップや娯楽施設のすぐ近くにするようエネルギー会社に要求している。45分間の充電時間に顧客が退屈しないように配慮しているのだ。

▶便利で容易なアクセス

多くの企業は、カスタマーサービスにおけるアクセスの利便性を「電話に速く応答すること」だと考えている。しかし、電話に速く応えるよりも重要なことは、「顧客が困ったときはすぐに申し出るように」と促すことだ。

2017年の「全米消費者不満調査」[2]の結果を見ると、消費者が不満でも申し出ない最大の理由は、申し出ても変わらないだろうというあきらめ感にある。特にBtoBの場合は、この傾向が顕著で、ビジネス上の取引関係における重大なリスクとなっている。

航空会社、保険、電気・ガス・水道などの公共サービス、さらに行政機関などに対しては、あきらめ感が浸透してしまっており、顧客は苦情を言ったところで何も変わらないとあきらめている。こうした顧客との関係は負の連鎖、さらには報復的な苦情につながりかねない。したがって業種によっては、苦情件数の割合が下がっているからといって、「苦情が減っているから改善が進んでいる」と考えるのは大きな間違いである。

顧客がカスタマーサービスに期待するのは、苦情や疑問があって問い合わせた際に、最初に対応したフロントスタッフに、問題解決に必要な情報と権限が備わっていることだ。最初のスタッフが、上長などに確認して回答を伝える流れになると、同じ回答であっても満足度が10〜20%下がってしまう。こうした事態を回避するためには、最初に対応するフロントラインのスタッフがスーパーバイザーに頼らなくても回答できるように権限委譲する必要がある。

インターネットでの情報検索が容易になり、スマートフォンを使ったコミュニケーションが普及したことで、顧客はサービスに対して即時的な解決を期待するようになってきた。顧客が求めているチャネルは、モバイル端末やチャットに移りつつある。会計ソフトサービスのインテュイットや損害大手のリバティ・ミューチュアル保険などは、ビデオチャットとライブ動画ストリーミングを導入し始めている。今後は、この新しいチャネルが日常的なものへとシフトしていくだろう。

メールで問合せをして回答までに24時間待たされることは、もはや顧

客の期待に沿ったものではない。

コンタクトセンターや店舗などでのカスタマーサービスの顧客応対満足度の因子分析を実施した結果、「まず効率的であれ、フレンドリーさは二の次だ」の言葉[1]が今でも間違っていないことを確信するようになった。

誰もが心温まる対応を求めているわけではない。特に朝の忙しい9時台に、サービス担当者とのパーソナルな会話を誰がありがたがるだろうか。何度もくどいように名前を呼ばれるのも、ましてやファーストネームで呼ばれてもムッとするだけだ。ちなみに、良い印象を残したいのであれば、礼儀正しくラストネームで呼ぶのが好ましいし、それも一度きりにするのが効果的だ。

顧客にとって最も受け入れがたいのは、肝心の回答の中身に納得できないことである。私自身が銀行のサービスで体験したことを紹介しよう。出張で東京に向かっていた私に代わって、成田空港内のATMを利用したい旨を、妻が代理で午前2時にカード会社に電話をしてくれたときのことである。

妻の電話はゴールドカードの受付窓口につながったが、対応に出たスタッフの回答は、「ご本人様ではないため（彼女は口座の共同名義人にもかかわらず）、旅行時の特別対応を承認できません。残念ですが、カードは海外のATMでは使えません」という素っ気ないものだった。なぜ共同名義人が海外旅行時の特別対応をリクエストできないのか、海外でのカード利用が承認してもらえないのかと尋ねると、「会社の方針です」としか答えない。

明確で納得できる回答が得られない場合、顧客へのダメージは大きい。もっといえば、こうした回答しかできないスタッフの士気にも影響するはずだ。顧客の怒りや批判にさらされる可能性があるとわかっていながら、彼らにも納得させる説明ができないのは、つらいに違いない。

---

[1] 品質改善の第一人者、田口玄一による。

▶トラブルの即時解決

　顧客がフロントラインのスタッフに期待することは、その場で問題を解決してほしいということだ。スタッフの解決力を上げるには、より権限と裁量を与えてスタッフが自力で判断し解決できるようにすべきだが、顧客視点で見ると、できていない場合が多い。

　スーパーバイザーに確認してもしなくても同じ回答を返せるのに、その承認ステップを入れることで、応対コストは3倍に跳ね上がってしまう。フロントラインを信頼することで、コストが大きく削減できる。さらに、スーパーバイザーに確認する間の保留が入るだけで、顧客の満足度は10〜20％下がってしまう。即時解決とフロントラインスタッフを信頼するだけで、サービスは競争力のあるものになるだろう。

▶困っている状況の真摯な受け止め

　私がニューヨークからワシントンDCまでの移動で使ったアムトラック鉄道が遅延したことがある。遅延を知らせ、鉄道会社としてご不便をおかけしたことを謝罪する旨の録音テープが車内に流れた。

　15分間に7回も同じメッセージが流れたが、私はこのメッセージに納得できなかった。まず録音テープだったこと。次に「ご不便をおかけします」という表現が気に入らなかった。この「ご不便（inconvenience）」という言葉は、トラブル自体が大したことではなかったかのように矮小化してしまう。

　もっと嫌な思いをした例を挙げよう。私を乗せたワシントンDC行きのフライトが真夜中にピッツバーグ空港へ迂回するというハプニングが起きた。到着した空港で待ち受けていた地上係員が、最初に乗客に伝えた言葉は「ピッツバーグへようこそ。私どもではホテルなどの手配に責任は持ちません」というものだった。とんでもない歓迎の言葉だ。

　顧客にしてみれば、誰の責任かということよりも、同情でも何でもいい、不測の事態に多少の気遣いがあってもよいと感じるのが普通だろう。フライトがキャンセルされた理由が悪天候の場合、航空会社には法的責任がないことは理解している。それでもスタッフには、行き場がない乗客の

痛みを受け止め、フラストレーションを和らげることを期待したい。

たとえば、「責任は取れないが、お詫び申し上げます」という対応ができるはずだ。「こんな事態になって、本当に申し訳ありません。自分だったらと思うと、お客様のお気持ちを察します」というように謝罪をしても企業が損をするわけではないし、動揺した顧客をなだめるのに役立つだろう。

人は、不安や感情的になると頭に血が上り、冷静に考えられなくなってしまう。謝罪されることで顧客も落ち着き、冷静に考えることができるようになるだろう。

謝罪が必要なときもあるが、ジャネル・バーロウとクラウス・モレールは著書『苦情という名の贈り物』の中で、謝罪をする際に、顧客を困らせたトラブルを「ご不便をおかけした」と言い換えてはならないと説いている。キャンセルされたフライトは決して「不便」で収まるようなものではなく、大変面倒なトラブルや、個人的またはビジネス上の損害につながる可能性があるものだと説いたうえで、「不便」という言葉を辞書から削除すべきだと主張している。[3]

▶自分（顧客）のことを認識したうえでの対応

過去10年ほどの間に「優れたサービス」の定義は進化した。

かつては個々の顧客を熟知したスタッフがきめ細やかに仕える パーソナルなサービスが良しとされてきたが、現在では、企業にとっての顧客価値や取引履歴を理解したうえでの対応へと変化しつつある。

長期に及ぶパーソナルな関係性は、BtoBを除けば、「あれば嬉しいが、なくてもよいもの」と考えられている。顧客が求めるのは質問に的確に回答してくれるスタッフであり、1人ひとりの顧客の状況をしっかりと理解したうえで、てきぱきと解決してくれることを望んでいる。

顧客がイライラする瞬間は、過去の対応履歴の記録が残っておらず、一から話さなければならないときだ。ほとんどの顧客は温かみや安らぎではなく、効率的で効果的であることを重視している。

3 ▶ 期待に応える
戦術的カスタマーサービス

　前節で整理したトレンドを踏まえると、戦術的なカスタマーサービスを実現するためには、次の6つの要素を満たす必要がある。

▶①顧客教育と効果的なオンボーディング

　提供している製品やサービスが複雑であればあるほど、顧客へのオンボーディングと継続的な教育が必要になる。どちらも従来は営業部門が担当していたことから、依然としてカスタマーサービスが直接関与しないケースも多いが、カスタマーサービス部門が取り組む価値は十分にある。顧客との契約が済むと営業担当者は次の契約に注力することになるため、オンボーディングと教育がおざなりになってしまう。

　製品購入後の顧客は、企業側が把握している事実（予期しないトラブルやよくある問題点、潜在的な故障の可能性など）について、顧客に対して能動的に告知されるべきだと考えている。顧客教育は安全性を高め、結果として企業側のリスクを軽減する。

　新製品やプロモーションにおける企業の新しい取組みが顧客にとってわかりにくいことは珍しくない。その場合、カスタマーサービスが顧客からの問合せにわかりやすく説明できるとよいだろう。

　さらに、カスタマーサービスは営業部門と協力し合い、問い合わせてこない顧客に対しても積極的に情報提供するなど、顧客教育を能動的に展開することが望ましい。具体例としては、新規顧客用のウェルカムパッケージを作成し、郵送やメール、ウェブサイトにアップするなどして、顧客に届けている事例がある。

　応対スタッフを通じての顧客教育は、顧客の問題解決やCX強化につながる情報提供の一環として、アップグレードや拡張機能などの提案を加え

ることで収益アップにもつなげられる。そのときはすぐに決断しなくても、将来的にその提案を受け入れる顧客は少なくない。

カスタマーサービスからの顧客教育を通じて、コストのかからない効率的なサービスに顧客を誘導することも可能だ。SEO（検索エンジン最適化）と併せて、自社のウェブサイトを活用するように促すことができる。ウェブサイトは、顧客教育の手段としては最も経済的で効果的なツールといえるだろう。

SEO対策もカスタマーサービスが支援する必要がある。消費者の多くは、まずグーグルの検索機能を使って自分の知りたい情報を見つけ出そうとするからだ。

たとえば、「水栓カートリッジの入れ替え方法」について調べたい顧客は、YouTubeに上げられていないかと考えて、まずグーグル検索を開始するだろう。実際に水栓金具メーカーのモーエンでは、このトピックの動画を制作し、顧客の検索結果の上位で表示されるようにした。

▶②便利で誠実なアクセス

9時〜5時の勤務時間が当たり前だった何十年も前、一般的な通信手段が郵便物だった頃の話だ。1980年代初頭に私たちの実施した調査研究が当時の『ビジネスウィーク』誌に取り上げられて、世間の注目を集めた。

これが、顧客にとって簡単で、無料で、即時的で、いつでもアクセスできる新しい顧客接点が、何かトラブルがあればすぐに解決できる手段として将来有望なチャネルだと企業が考え始めるきっかけになった。結果的に、フリーダイヤルを導入する企業が圧倒的に増えた。[4]

その後、ウェブサイト、メール、ソーシャルメディア、チャットと、顧客のコミュニケーションチャネルが多様化したことにより、アクセスに対する顧客の期待は変化しつつある。そこで、現在の顧客の期待を5つにまとめてみた。

▶営業時間

顧客がカスタマーサービスにアクセスしたいと考えるタイミングについて考えてみよう。製品やサービスを使用しているとき、請求書を確認しているとき、購買を検討しているタイミングなどが考えられる。昼夜、平日週末は問わない。休日の真夜中に問い合わせたいという場合もあるだろう。現に、おもちゃや家電のメーカーにとって、クリスマスイブやクリスマス当日は、カスタマーサービスが最も忙しくなる時期だ（「買ったおもちゃの組み立て方がわからない！」などだ）。

顧客対応窓口の営業時間を補完するものとして自己解決ツールがある。基本的な質問やトラブルの場合、顧客の8〜9割は電話をかける前に、ウェブサイトやネット検索を使って自ら問題を解決しようとする。したがって、一般的な問合せに対する回答などは、ウェブサイトで簡単に見つけられるようにする必要がある。たとえば、FAQをホームページの目立つ場所に置いて、誰でもスムーズにたどり着けるようにすれば、顧客の自己解決力を強化できる。

▶有人対応

日常の買い物や銀行の残高確認、飛行機の搭乗チケットや離発着情報の確認などが、インターネットやモバイル端末、電話などで簡単に済ませられるようになっても、優れた応対スタッフを配置する有人対応へのニーズはなくならないだろう。

前出の「全米消費者不満調査」では、トラブルが複雑なものになると7：1の割合で有人対応を求めることがわかった。[5] 深刻なトラブル対応になると、顧客応対におけるスタッフの専門性、柔軟性、権限委譲、さらには顧客への共感などのエモーショナルな面でも効果的な対応が重要になる。

▶ユーザーフレンドリー

電話の自動音声応答システム（IVR）で、顧客が問題なく使いこなせるのは3つの選択肢までだろう。「XXXをご希望の方は1を押してください」、

という皆さんもご存じのあのシステムだが、メニュー上の選択肢が増えたり、第2階層の選択肢が加われば、顧客のフラストレーションは高まる。

第1章でも説明したように、フリーダイヤルにかけようとする人には、IVRの選択メニューの構造を前もって伝えるようにしよう。

冒頭に挿入する導入メッセージは、メニュー選択を伝える部分のスクリプトも含めて最大で15秒だろう。

頻繁に利用する顧客のために、スキップ機能を用意しておくことも欠かせない。音声認識を使えば、顧客が「オペレーターをお願いします」と話しかけるだけで、メッセージの途中でも電話を応対スタッフにつなげられる。AIによる自動応答システムの導入も進んでいるが、まだ複雑な会話になると、AIだけでは完結できないのが現状だ。

▶転送のリスク

私たちの調査では、顧客からの問合せを解決できる担当者に転送しなければならない場合でも、その回数は一度限りにとどめるべきだという結果が出ている。もちろん、問合せの内容を最初から説明させることは避けなければならない。転送した場合の顧客満足度は、一次解決[2]した場合に比べて平均20%下がるという結果が出ている。

▶待ち時間の限界点

CCMCは、コンタクトセンターの応対満足度の因子分析を数多く手がけたが、電話がつながるまでの待ち時間は、電話がつながった後のサービスに比べて、さほど重要でないことがわかっている。初回に対応したスタッフによって解決した場合、つながるまでに60秒待たされていたとしても、特に不満な結果にはならない。ハイテク、保険業界は全体的に待ち時間が長いせいか、2分程度までの待ち時間は許容範囲内だろう。

CCMCの調査からわかってきたことは、電話による問合せすべてを入電から30秒以内に応答しようとするのは経済的ではないということだ。

---

[2] 最初の通話で問題を解決すること。

また、仮に80%を20秒以内に応答するというサービスレベルの目標を設定した場合、目標達成も大事だが、それ以上にそこからこぼれた分の分析が重要な意味を持つ。回答の待ち時間が90秒を過ぎてしまうと、顧客の不満につながる可能性が高い。

　顧客が待っている間に役立つ情報をアナウンスするなどして、待ち時間を長く感じさせないようにする方法もある（荷物紛失の対応中に、航空会社の宣伝を流すのは不適切かと思うが……）。

　問合せが集中するピークの時間帯には、どうしても待ち時間が長くなりやすい。解決策としては「バーチャルキュー」がお勧めだ。予測待ち時間を案内したうえで、その時間内にカスタマーセンターから、ANI（発信者番号通知）[3]で取得した番号にコールバックするかどうかを顧客が選べるようにするシステムである。

　顧客は電話をつないだまま待つ必要がなく、他のことに時間を割けるので、待たされることによる不満は相当解消されるだろう。ただし、顧客が携帯電話や自宅以外の電話、たとえばオフィス内のデスクからかけた場合、ANIは企業の内線番号まで識別できないので、バーチャルキューのシステムは使えない。

　昨今の顧客は、回答や解決策を即時に求める傾向にあり、企業側はコミュニケーションツールを再検討すべき時期に来ている。特に、ボイスメール、メール、チャット、ソーシャルメディアなどを利用している場合、注意が必要となる。なかでもBtoB環境でよく使われるボイスメールは、すぐに回答を求める顧客をいら立たせ、それだけで満足度が15〜20％下がってしまう。そこで最近では、ダイヤルの「0」を選択すると、すぐに担当者につながる機能が活用されるようになってきた。

　インターネットについても基本的な傾向は電話と変わらない。問合せをした顧客に対しては、まず受付確認をする必要がある。回答納期に対す

---

[3]　電話がかかってきた人の電話番号を着信者側で識別できるシステム。着信と同時に顧客情報を応対スタッフの端末に引き出すことができる。

る期待値は業界によって異なるが、2〜8時間以内といったところだろう。自社のウェブサイトで調べものをしている顧客に対してカスタマーセンターのスタッフが介入してチャットサポートへ誘導すれば、即時解決率を30%程度アップできる。

ただし、顧客がチャットサポートのオファーを選択した時点から30秒以内にチャットを開始する必要がある。そこで長く待たされると不満につながる。あなたも実際にどこかのウェブサイトでチャットをリクエストしてみてほしい。画面を見つめること30秒……。この待ち時間をどう感じるか、試してもらいたい。

▶③正確で、わかりやすく、完全な回答

繰り返しになるが、顧客からの問合せは、最初に受け付けた時点で解決できる仕組みづくりが理想的だ。これができないと、顧客満足度に10〜20%のマイナス影響が出る。

ある飲料メーカーで実施した実験を紹介しよう。被験者の半分はカスタマーセンターに問い合わせた時点で完全に解決し、残りの半分には24時間以内のコールバックで解決した。問合せ内容と回答はすべて同じ内容だ。実験結果は、その場で解決した場合の満足度が10%高い結果になった。ちなみに、3度目で解決した場合、満足度とロイヤルティは30%も落ち込む結果になった。

顧客の問合せに即時解決できれば高い顧客満足につながると同時に、顧客が電話をかけ直す必要も、カスタマーセンターから顧客にコールバックする必要もなくなる。FCR（First-Contact Resolution）と呼ばれる一次解決率の測定には、コールバックを含めるべきではない。

一次解決できずにコールバックに発展したものは、単純に計算して2倍のコストがかかる。しかも、実際に1回のコールバックで顧客がつかまる確率は30〜40%程度で、残りは何度かコールバックしてやっと顧客がつかまるのが実態だ。これを考慮すれば、コールバックのコストは2倍では済まない。

一次解決率を強化するには、次の4つのポイントを押さえておく必要がある。

- **基本的な能力と権限委譲**……顧客応対にあたるスタッフには、顧客のトラブルを解決するために必要となる知識、権限、スキル、経験、さらに自信を持って対応できる気質が求められる。
- **サポートスタッフの確信**……トラブルを解決するうえで必要な情報に加えて、企業として約束したものを顧客に提供するという確信をスタッフに持たせなければならない。社内の継続的改善活動に報告できる仕組みも必要だ。それがなければ、同じトラブルが再発しないという安心感が、スタッフを通じて顧客に伝わるはずがない。
- **共感力（エンパシー）**……サポートスタッフは、まず顧客の話をよく聞き、トラブルを解決できる機会をつくってくれたことに感謝しなければならない。自社に責任がない場合でも必要に応じて謝罪することも大切だ。エンパシーを発揮すれば、顧客の怒りは収まり、速やかな解決につながるだろう。
- **わかりやすく、公平な対応**……顧客の言い分を認めたうえで、物事の流れをわかりやすく説明でき、企業側の方針をロジカルに示し、トラブルの解決案を提示し、最終的には顧客に公平に扱われたと感じさせて対応を終えなければならない。すべての問題解決のゴールは、顧客が公平に扱われたと感じることだ。解決案が顧客にとって好ましいものではない場合はなおさらだ。医療保険の保険金請求が却下されても、会社側の説明が明確で公平であると顧客が感じている限り、保険会社は顧客満足とロイヤルティを維持できるだろう。

▶④最後までフォローしてくれるという信頼感

顧客のトラブルを即時解決できなかった場合、約束したことを必ずフォローしなければならない。約束という言葉を交わしていなくても、顧客の期待が満たされない限り、結果的には不満につながってしまう。

スタッフが約束したことは現実的で、顧客にとって納得でき、満足いくものでなければならない。スタッフの対応が素晴らしいものであっても、約束が果たされないことを顧客は特に嫌う。

たとえば、「明日の午前10時から12時の間にサービス担当者がお伺いします」と、顧客のトラブルを解決するためにスタッフを派遣する手配をしたとしよう。応対満足度を測るアンケートでは、スタッフの対応は素晴らしいと評価される。

しかし、その約束が実際に果たされないと、カスタマーロイヤルティは損なわれ、長期にわたって回復できなくなる。アンケートのほとんどは顧客対応の直後に実施されるので、約束どおりに実行されたかどうかを把握できないのが、応対満足アンケートの問題点だ。

企業としてきちんとフォローするとフロントの応対スタッフが理解していると、その確信は顧客に伝わる。スタッフが曖昧だと顧客への印象が悪い。自社のバックヤードの業務やその仕組みを信頼していれば、顧客に解決できますと自信を持って安心感を与えることができる。顧客も不安から問い合わせてくることもなくなり、結果的に自社の効率性が高まる。

ある投資信託会社では、顧客の取引が規定どおりに行われたかどうかを確認する電話を1カ月に10万件も受けていた。スタッフの対応を観察すると、「大丈夫だと思います」と自己防御的な表現で顧客に説明していたことがわかった。アマゾンのように、発注をシステム処理したうえで、発送や配達に関する情報をその都度顧客に知らせる能動的なコミュニケーションが、顧客の期待を満たす効果的な仕組みといえる。

▶⑤適切なクロスセル

カスタマーセンターにおけるクロスセルやアップセルは、しっかりと設計したうえで実施すれば、顧客1人当たりの収益や利幅を増やし、同時に顧客満足やロイヤルティの強化にも寄与する。効果的なクロスセルで成功している企業も多いので、いくつかの事例を紹介しよう。

エネルギー企業の南カリフォルニア・エジソン（SCE）、シスコシステム

ズなどでは、製品とインターネットをつないだIoTでサービスを強化する取組みを行っている。たとえば、SCEは電気料金を下げる交換条件として、食洗機に内蔵されたワイヤレス接続を経由して電力消費の低い午前2時に食洗機を稼働させるなどの取組みを行っている。

　ある銀行では、小切手の不渡りに対して手数料が発生すると苦情に発展するため、不渡りを前もって回避する「当座貸越サービス」を預金者に勧めている。ケーブル会社では、ダウンロード時間が長いという顧客の苦情に対して、回線容量を増やすオプションを勧めている。

　これらの事例は、いずれも販売そのものを目的とするのではなく、顧客の困りごとを解決することを第一に考えている。顧客のトラブルを解決し、さらにCXを強化するものとして、製品の改良モデルの紹介、拡張機能、ワンランク上のサービスを勧めることが、収益に貢献すると同時に、顧客を喜ばせる結果につながる。次項で触れるが、サービスを軸にしながら、適切なクロスセルを実行することで収益に貢献できるのだ。

▶⑥カスタマーディライトの創出

　顧客を喜ばせるカスタマーディライトを継続的な取組みとしてゴールに設定している企業は多いが、実際には、それほど顧客に望まれていなかったり、効果的ではない取組みも珍しくない。

　表2-1は、カスタマーディライト実施後に施策の効果を検証した調査結果を示したものだ。顧客の期待をはるかに超えたサービスの提供というものは、手間やコストをかけるわりには、顧客満足やロイヤルティへの効果が少ないことがわかる。

　日本のホテルのクラブラウンジで、コーヒーを少し注ぎ足してほしいと頼むと、スタッフが新しい1杯を勧めてくれることがあった。どうやら、そのたびに新しいコーヒーを煎れているようなのだ。

　ほんの少し足してほしいだけなのに、スタッフが新しい1杯をつくって戻ってくるまで待たなければならない。日本の文化に基づくサービスの形なのだろうが、待たされたくないという顧客のニーズを汲み取っていない

表2-1 ｜ カスタマーディライト実施後の効果

顧客が受けたカスタマーディライト	ロイヤルティへのプラス影響 （必ず推奨すると回答した人の 増えた割合）
トラブルを回避できる情報や顧客にとって得になる情報を もらった	32%
自分のニーズに合った新製品やサービスの情報をもらった	30%
長期間にわたってパーソナルな気遣いがあった	26%
スタッフとの90秒程度のフレンドリーな会話があった	25%
顧客の事前期待をはるかに超えたサービスを受けた	12〜14%

と私は感じてしまった。素晴らしいはずのサービスに逆にイライラさせられた経験だ。

　この表を見ると、カスタマーディライト施策のターゲットが適切であれば、フレンドリーな関係性をつくり出し、それぞれの顧客に最適な新製品を薦めるなどのクロスセルや、トラブルを回避する情報提供などを通じて、顧客を大いに喜ばせると同時に、収益強化にもインパクトがあることがわかる。

　結論といえるのは、顧客を喜ばせようとするサービスは、顧客への情報提供やフレンドリーな会話など、「気軽な仕掛け」が有効であるということだ。先に紹介したホテルのクラブラウンジのサービスのように、誰もがパーソナルなおもてなしを求めているわけではない。スタッフはまず顧客の気持ちを読むか、何らかの形で事前確認する必要があるだろう。

　無料のサービスや商品を提供することも、顧客を喜ばせる効果的な方法だが、これにはリスクもつきまとう。自宅の近所にあるスターバックスでは、1ポンドのコーヒー豆を買うと必ず1杯のコーヒーを無料で提供してくれたのだが、ある日いつものようにコーヒー豆を買ったのに何も出ないことがあった。私は残念な気持ちになった。

　次にコーヒー豆を買ったときに店員に尋ねたところ、「そのサービスは止めました」という返事だった。顧客を喜ばすために無料のサービスを常時続けていると、それが当たり前だと思われてしまう、という教訓だ。

ここでは、顧客の基本的な期待を満たす6つのサービスを挙げたが、実際には、それほど簡単なものではない。顧客の期待は、他の企業のサービスを受けたときの好ましい体験がベースになっていることもある。顧客自らの体験がもとになり、業種業態に関係なく期待が醸成されていくのだ。たとえば、翌日配送のサービスで素晴らしい体験をした顧客は（配送スケジュールを顧客に合わせて柔軟に設定してくれたなど）、同じようなパフォーマンスのレベルを自宅の建物や家電の修理にも期待してしまうだろう。

4 ▶ 戦略的な目標を設定する

　カスタマーサービスを戦略的に実践するためには、まずCXのゴールを設定し、それから戦術レベルのゴールへと落とし込む必要がある。

　多くの企業は、優れたサービスを実現しようと苦労しているが、自社の事業戦略、マーケティング戦略、全社的なCX戦略と、カスタマーサービスの整合性までを熟考している経営陣は少ない。そのため、ゴール設定も、何分以内に顧客の電話に応答するか、スタッフ1人当たりの応対件数など、きわめて戦術的なプロセスレベルのKPIにとどまっている。

　戦略的な目標を設定するためには、カスタマーサービス部門の役割を定義するとともに、戦略面と戦術面に分けてゴールを設定する必要がある。そのうえで、CFOや財務部門の合意を取りつけ、予算化できるように、サービスの役割とゴール設定を翻訳することが求められる。

　カスタマーサービス部門の役割は、苦情対応やトラブル処理だけではない。サービス自体が付加価値を生み出し、競合他社との差別化ポイントにもなりうる。自社のサービスに他社との差別化要因を求めるなら、まずカスタマージャーニーの全体像を描いたうえで、想定されるサービス部門の要員数、マネジメントプロセス、予算などを決めなければならない。マーケティングや営業が顧客に約束した「素晴らしいCX」を保証するために、

カスタマーサービスが担う役割を顧客にも伝え、それを実現できる社内体制の構築が必要だ。

戦略的カスタマーサービスやCXのゴール設定として、次の指標を組み込むことができる。

- カスタマーロイヤルティ……トラブルの再発防止、好意的なクチコミの拡散、顧客接点における適切なクロスセルなどにより、カスタマーロイヤルティを強化できる。その成果は顧客アンケートで検証でき、最終的には収益に結びつく。
- 価値……優れたサービスや品質に対する顧客の評価によって決まる。価格に対する価値、価格満足度などは顧客アンケートで検証が可能である。
- クチコミ……好意的なクチコミが拡散することによって獲得できた新規顧客の割合が増えることで評価できる。
- 効果的なVOC……顧客にとっての痛点を特定し、痛点があることによる収益損失を月次ベースで推計する。改善箇所の特定と具体的な改善案の実施から、付加価値を生み出すことが重要だ（改善活動につながらなければ収益にもつながらない）。
- リスク回避と関連コストの削減……DIRFTの推進によって顧客教育の徹底、トラブルの再発防止策などを実施する。その効果として、損害賠償請求を伴う可能性のあるクレーム件数、リスク低減に伴う保険料の削減、規制違反や行政指導の件数などにも影響する。
- 高い従業員満足度……従業員満足度は離職に伴うコストの削減にもつながる。業務を通じて成果に貢献していると感じ、自社ブランドに誇りを持っているスタッフが少なくとも80％以上いる状態をつくり出すなどの指標が考えられる。

ここに挙げたゴール設定は、いずれも論理的に設計されているが、2つ目の「価値」に驚かれた方もいるだろう。ウォルマートやサウスウェスト航空など、ローコスト戦略で打ち勝った企業のケースについて考えてみよ

う。ローコスト戦略を追求し、CXにおけるサービスの役割を重視しない企業があることは、私も理解している。

しかし、ローコスト戦略で成功を収めた企業でも、その顧客は支払った価格に対して何らかの価値を期待するだろう。企業側が訴求する価値は、商品の選択肢、ロケーション、品質、価格などの組合せなどだが、もちろん、そこにサービスも含まれる。顧客に約束したサービスは、きちんと提供しなければならない。

つまり、どの市場においても顧客の期待を特定し、具体的かつ測定可能で、達成可能なCXのゴール（目標）に置き換えなければならない。設定された複数のゴールはお互いに連携し合い、同時にサービスへのアクセス、顧客対応のサービス、フォローアップ、VOCやデータの取得など、業務上のパフォーマンス指標にも連携している。

業務上のパフォーマンス指標の目標値を設定できたら、それを達成できる最も経済的で投資効果に優れた手段が決まるだろう。最後のステップとして、顧客満足、ロイヤルティ、リスク回避、好意的なクチコミに連携するCXのゴール設定を、収益、製品やサービス価格におけるマージン率、市場シェア、利幅あるいはコスト削減率などの財務目標に連携させる。

全体的な指標の設計に含めるべきものとして、プロセス指標、成果指標、財務指標がある。たとえば、プロセス指標としては、電話がつながるまでの待ち時間の平均値、許容範囲の最大値と最小値の幅など、アクセスにかかわるものなどがある。その他、有効な指標としては、トラブルを体験した顧客の割合（トラブル率）、顧客が体験したトラブルで苦情を申し出た割合、トラブルが解決した件数、解決までに要した時間などが挙げられる。

成果指標には、顧客満足度、カスタマーロイヤルティ、カスタマーサービス部門のスタッフの満足度などがある。そしてサービスは、トラブルの再発防止やサービスシステムの効率化により、収益やコスト削減などの財務指標へつながる。さらに利幅の改善、市場シェアなども財務指標に加えたい。

プロセス指標、成果指標、財務指標の目標は互いに関連性がある。表2-2は、プロセス指標、成果指標、財務指標を整理し、カスタマーサービ

表2-2　カスタマーサービスと財務指標を連携させる

プロセス指標	→	成果指標	→	財務指標
1 アクセスのしやすさ 2 顧客対応（レスポンス） 3 フォローアップ 4 カスタマーディライト 5 顧客教育 6 トラブル再発防止と 　イノベーションへの取組み 7 クロスセル 8 権限委譲（エンパワーメント）		●ロイヤルティ強化 ●価格価値の強化 ●ディライト効果 ●クチコミ拡散による影響 ●トラブル件数削減 ●苦情申し出率強化 ●リスクや保証対応コスト削減 ●VOC活用による効果 ●従業員満足度の向上		●収益強化 ●市場シェア強化 ●マージン率強化 ●サービスコスト削減 ●離職率低下に伴うコスト削減

スと業績との関係を示したものである。

　ここではカスタマーサービスに関係する指標の全体像を説明した。このうちプロセス指標と財務的な側面で活用できる指標を紹介したい。成果指標における目標設定が財務上の目標にどのようにつながるかについては、第6章で解説したい。

▶ プロセス指標の目標値を正しく設定する

　一般的に、プロセスレベルの指標の中には、単に「数値化しやすい」という理由で導入されているものが多く、数値化しにくいものは敬遠される傾向がある。ここに、カスタマーサービスの問題点が放置され、助長されている原因の1つがあるかもしれない。

　スコット・アダムズの風刺漫画に、顧客との応対時間について効率性が求められているため、応対スタッフのほうから顧客との会話を切り上げてしまうというものがある。実際、スタッフのパフォーマンスを効率性で評価する指標を採用する企業は少なくないが、逆に顧客満足度を下げるような行動を助長してしまうおそれがある。

　たとえば、あるカスタマーセンターで、1日の勤務で対応する件数目標

を60コールとし、1コール当たりの応対時間を3分間と設定したとする。当然、スタッフの中には件数を達成するために、顧客との会話をできるだけ短く切り上げようとする者が現れるだろう。なかには、会話の途中で打ち切ってしまうケースもあるかもしれない。そうなれば、顧客満足度は下がり、顧客をより効率の良いセルフサービスに誘導する機会もつくれない。

したがって、プロセス指標の目標設定やその実践については慎重に検討する必要がある。役立ちそうなものをいくつか紹介したい。

▶ アクセスのしやすさ

- ウェブサイトに24時間年中無休でアクセスできるようにし、メンテナンスなどによる休止時間を0.5%以下に抑える。
- 毎日午前6時〜真夜中までは、有人対応できる選択肢を提供する。[4] 週末は窓口時間を短縮してもよいが、自社の製品特性を十分に考慮し、顧客が製品を利用している時間帯はサービス提供を行うようにする。小売店の営業時間、旅行中の業務対応、ATMの利用時間などに合わせて24時間対応が必要な場合は、カスタマーサービスも同様に提供しなければならない。
- 電話がつながるまでの待ち時間の目安は、平均値を40秒とし、最大90秒を目安にする。応対スタッフが対応する前に顧客が電話を切っ

---

[4] 原文のとおり。ハワイとアラスカを除いても3時間の時差が生じる米国では一般的な営業時間。

てしまう放棄呼率は3%以下に抑える。

- 自社のウェブサイト、顧客への配布物や請求書には、顧客が困ったときの問合せ先やウェブサイト全体のサイトマップをわかりやすく表示するなどして、顧客のニーズに応じてどこにコンタクトすればよいかを記載する。さらにサービス担当者や苦情対応に不満だった場合の問合せ先も明示することがより望ましい。

▶ 効果的な顧客対応（レスポンス）

- 既存顧客からの質問や問合せの95%以上は、最初に受け付けた時点で回答する。
- 耐久消費財を扱う窓口の場合でも、最初の電話で少なくとも85%以上を解決し、コールバックなしで対応できることを保証する。

▶ フォローアップ

- 最初の受け付けで解決できずにエスカレーションした場合も、24時間以内に80%以上完了する（すでに完了目標を4時間以内に引き上げているカスタマーセンターも多い）。
- 現場で実際にトラブル解決にあたるサービス担当者とカスタマーセンターのスタッフが、リアルタイムでコミュニケーションできる仕組みをつくる。リアルタイムが難しい場合でも、トラブル解決の進捗状況の確認を少なくとも日に2度更新する管理システムを備える（たとえば、担当技術者の決定、修理サービスの発注、返金の完了など）。
- 進行中の案件に関する顧客からの問合せは2%以下に抑える。顧客が満足しているか、カスタマーセンター側から能動的にコンタクトを取っている状態が望ましい。

▶ カスタマーディライト

- 顧客との信頼関係ができたスタッフについて、カスタマーディライトを実現するための試みを追跡管理する。
- 顧客に対して行った行為が、顧客の高い満足度などにつながった件数

を測定する。

▶ 顧客教育
- オンボーディングプログラムの成果を、モニタリング調査や顧客アンケートで検証する。
- 回避可能なトラブルを顧客に伝えた件数やスタッフの応対を評価する。

▶ トラブルの再発防止とイノベーションへの取組み
- 特定の案件に関しての問合せが減少した件数を測定する。
- 自動音声応答システムで対応可能な問合せ件数の増減を管理する。
- 特定の製品やサービスの改善に関する問合せ件数を追跡する（件数が多い場合、企業からのメッセージが正しく伝わっていない可能性が高い）。
- 顧客による誤使用や誤った期待を減らしたり、製品性能を改善した結果、補償費用の削減につながったことを追跡する。
- VOC情報をもとに実現した製品開発などのイノベーションの数を管理する。

▶ クロスセル
- 顧客から入電した全件数に対してクロスセルにつながった割合（営業担当者へのエスカレーションを含む）や、適切なクロスセルの割合をKPIとして測定する。不適切なクロスセルは、顧客の不満だけでなく解約につながる可能性もある。
- 応対スタッフによるクロスセルの提案が、実際の購買や契約に結びついた割合を測定する。
- クロスセルの提案が不適切だったために解約などにつながった件数を追跡する。

▶ 権限委譲（エンパワーメント）
- 顧客対応に不満を示した顧客の割合を測定する。

● スーパーバイザーにエスカレーションした割合を測定する。

　顧客対応にあたるスタッフのパフォーマンスを測定する際には、効率性（応対に要した時間や対応件数など）と有効性（満足のいくトラブル解決、効果的なセルフサービスへの誘導、クロスセルの成果など）のバランスに注意する必要がある。

　また、企業にとって必要なゴールやインセンティブを設計することも重要だが、指標が意図しない結果につながらないように配慮しなければならない。適切な指標は、適切な組織文化をつくり出すことにもつながる。これはすべてのパフォーマンス指標の測定に共通することだ。

　たとえば、強引な販売行為は短期的な成果に結びつくが、長期的には顧客価値の最大化に貢献することはほとんどない。スタッフには、顧客の気持ちを尊重しながら販売アプローチするソフトセルのテクニックを身につけさせ、報奨金などのインセンティブは、販売実績よりも顧客との関係性を築くことに対して設けるべきだ。

　トラブルの解決が応対満足度の重要因子であることを考えれば、カスタマーサービス部門では顧客からの問合せの解決に対する満足度を測定すべきである。顧客対応時に実施する簡単なアンケートで調べることができるが、その際に将来的な購買意向、クチコミによる推奨意向がポジティブになるかネガティブになるかを確認するとよいだろう。

　顧客対応をいくら強化しても、トラブルを体験したすべての顧客を満足させられるわけではないので、トラブルによるロイヤルティの低下が収益損失につながるのは避けられない。裏を返せば、トラブルの解決や予防による経済効果も明らかにすることができるということだ。そこで、顧客が体験したトラブルが解決したときに、満足度やロイヤルティのレベルがどうなるかを正確に測定する必要がある。

　第1章で紹介したように、トラブルを体験した顧客が必ずしも苦情を申し出るわけではない。苦情を申し出た顧客が企業にとってきわめて重要な存在であり、彼らを満足させることがいかに重要かも、これまで述べてきたとおりだ。

苦情を申し出た顧客を満足させることは、離反する可能性のある顧客を維持することを意味する。同様に、製品の仕様や性能、不具合などの改善、または顧客教育などによるトラブルの再発防止策や回避策を実施できれば、苦情を申し出た顧客はもちろん、同じトラブルを体験しても何も申し出ない、より多くの顧客の離反を防ぐことにつながるだろう。

▶ 財務的目標を設定する

　カスタマーサービスを所管する多くの経営幹部にとって、予算を削られることは受け入れがたいはずだ。特に新しい発見でもないのに、顧客のトラブルを解決または予防することで収益や利幅に貢献できることがあまり理解されていない。

　組織は目先のコスト削減を重視する傾向があるため、トラブルが起きているとわかっていても、CXが積極的に改善しないことが多い。継続的な改善チームも何十年にもわたり、効率性の観点から改善プロジェクトの優先順位を付け、選択してきた。

　そこで新たな戦略的アプローチとして、問題が解決されないせいで失われている毎月の潜在的な収益を定量化することが考えられる。さらに、トラブル解消に対する従業員の貢献度が、離職率の低下にどのように影響するかを、数値で検証することもできるだろう。

　私たちは戦略的カスタマーサービスが収益に及ぼす影響をしっかりと理解すべきだと強く主張してきた。収益貢献という点では、クロスセルやアップセルの展開に励むよりも、顧客の離反を抑止することで期待できる収益増を狙うほうが望ましい。

　いったんその方向性が決まれば、カスタマーサービスは、いわば「アグレッシブなカスタマーサービス」へと転じるだろう。アグレッシブな取組みには、クロスセル、アップセル、さらに積極的なカスタマーディライトの実践が挙げられるが、どれも収益増大に大きく貢献する。

　カスタマーサービスに対する評価は、販売への貢献だけで行うべきではない。顧客が困っている状況を察知し、そうしたトラブルの予防または回

避策を取れば、顧客の離反を防いでリテンション率[5]の強化につながる。それがどれだけ収益に貢献したかを定量化することもできる。これこそが、サービスを強化してトラブルを解決・予防する取組みのROI（投資対効果）を計算するための、適切かつフェアな方法といえるだろう。

　収益貢献の潜在的可能性を定量化し明らかにすることで、経営陣にとってカスタマーサービスはもはやコストセンターではなく、プロフィットセンターに位置づけられるはずだ。

　カスタマーサービスの貢献は、リスクの軽減、イノベーション、ブランド価値、従業員満足度の強化につながり、収益と粗利率の目標にもしっかりと貢献するだろう。これらの貢献度は現実的であり、また、多くの場合は測定可能なので、全社的な戦略目標として掲げることができる。

　カスタマーサービスの役割と目標を正しく、かつ戦略的に定義することで、顧客の期待を満たしながら、企業の戦略目標の達成、マーケティング、価格、その他の戦略との調和もとれるだろう。

　非常に重要なことだが、プロセス指標が成果指標につながり、さらに財務指標へとつながっていく。戦略的アプローチとは、こうしたゴール設定を論理的に順序立てて設計し、実行することを指す。たとえば、プロセス指標から成果指標への結びつきを設計することが重要で（表2-2参照）、一歩間違えると、サービスにあたるスタッフの行動が、顧客満足やロイヤルティを損なう結果につながりかねない。

　同様に、顧客に対して効果的なクロスセルやカスタマーディライトに取り組むためには、効果的な顧客対応プロセスがあることが前提で、必要な顧客データを取得するサービスプロセスの設計も必要になる。しかし、実際には顧客満足度やロイヤルティはともかく、クチコミやリスク、さらには収益のデータまでを関連づけているケースはまだまだ少ないのが残念だ。

　VOCからすべての可能性を引き出すことに成功しているカスタマー

---

[5]　定着率または維持率。基本的な計算方法は、新規客の数（インプット）に対して、一定期間継続した顧客の数（アウトプット）を測定する。

サービスは稀だ。VOCをうまく使えば、収益、粗利率、イノベーション、リスク軽減、さらにサービスの効率化、従業員の離職低下に役立てることができる。

P&GはVOCマネジメントの一環として、顧客からかかってきた電話を録音してデジタルファイル化している。開発部門の責任者は製品に対する顧客評を把握するために、「ボスの主張に耳を傾けよ（Listen to the Boss）」と題されたそのVOCファイルを活用している。

すべてのプロセス目標と成果目標を論理的に設計、連携すれば、顧客が支払う価格に対する価値を高め、コストを削減し、カスタマーロイヤルティの強化と利益率の向上を通じて、収益強化という財務目標に集約することができる。

KEY TAKEAWAY
実践のポイント

☑ DIRFTモデルとは、顧客の期待を適切に設定し、それを一貫して満たすための取組みであり、予期しない不快な出来事や困りごとを取り除くことを目的とする。効果的なオンボーディングを含む質の高いマーケティングと販売は、従来のものづくりやオペレーションの品質と同じくらい重要である。

☑ 顧客の不満の原因を探ると、顧客対応時の問題以上に、製品の設計上の問題、曖昧な広告コピー、トラブルが生じやすい業務プロセスなどを原因とするものが大半を占める。

☑ カスタマーセンターで顧客対応にあたるスタッフが、顧客にとってわかりやすく納得感のある回答を真摯に伝えることは、電話のつながりやすさなどを改善するよりもはるかに重要だ。

☑ カスタマーサービスの強化は、好意的なクチコミの拡散と企業リスクの低減につながる。しかし、具体的な目標を掲げて定量的に管理している企業は、まだ非常に少ない。

☑ プロセス指標、成果指標、財務指標という3つの異なったレベルの目標を適切に組み合わせることでカスタマーサービスの有効性と効率性が向上し、結果的に財務部門を巻き込むこともできる。

カスタマーサービスシステムの構築と運用

戦術と戦略の両面を備えたカスタマーサービスシステム

　この章では、戦術的な対応と戦略的なトラブル防止の両面を兼ね備えたカスタマーサービスシステムの構築について解説していく。まず初めに、サービスシステムの構築につき、4つのステージに分けて説明しよう。

　図3-1に示すように、最初のステージでは、カスタマーサービスシステムの構築と運用における目標として、①すべての顧客接点における環境整備（アクセス）、②効果的な顧客対応（レスポンス）、③VOC活動へのフィードバックの3つを概説する。

　この3つの目標は、カスタマーサービスの目標であると同時に、組織全体のサービス目標でもあり、経営目標に組み込むべきものである。したがってその適用範囲は、カスタマーサービス部門だけにとどまらない。顧客接点を担うすべての部門や部署、情報システムや社内インフラを構築・運用するIT部門、VOCの分析と理解を推進するカスタマーインサイト部門、VOC活動を支援する継続的改善チームなどとの密接な連携を可能にする。さらに、経営層をはじめとして、全社的な理解と支持を得るうえでも、欠かすことができない。

図3-1 カスタマーサービスシステムの階層構造

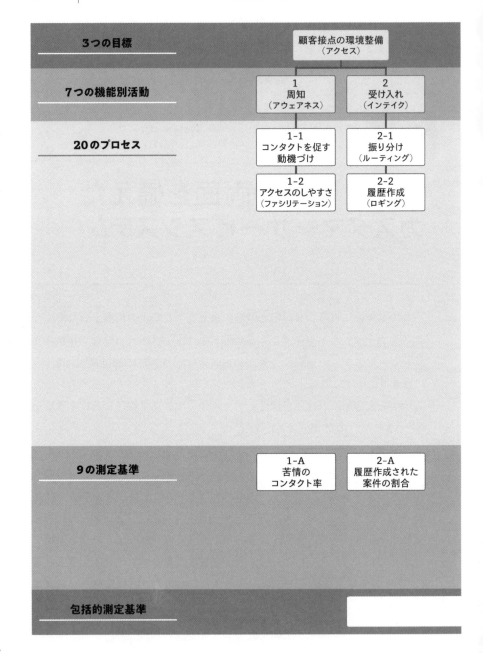

第II部 カスタマーサービスシステムの構築と運用

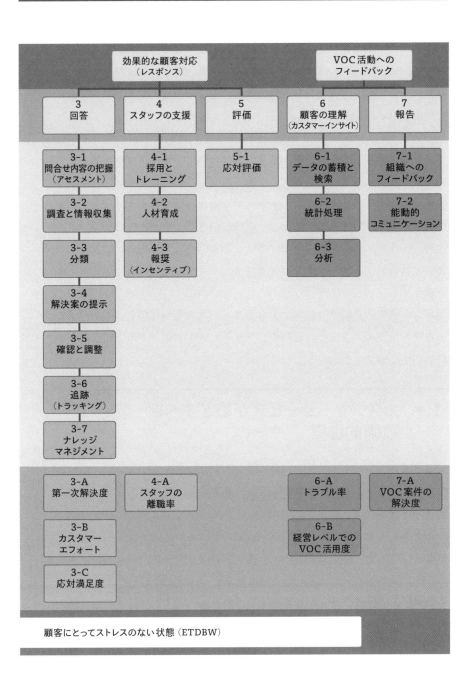

効果的な顧客対応 （レスポンス）			VOC活動への フィードバック	
3 回答	4 スタッフの支援	5 評価	6 顧客の理解 （カスタマーインサイト）	7 報告
3-1 問合せ内容の把握 （アセスメント）	4-1 採用と トレーニング	5-1 応対評価	6-1 データの蓄積と 検索	7-1 組織への フィードバック
3-2 調査と情報収集	4-2 人材育成		6-2 統計処理	7-2 能動的 コミュニケーション
3-3 分類	4-3 報奨 （インセンティブ）		6-3 分析	
3-4 解決案の提示				
3-5 確認と調整				
3-6 追跡 （トラッキング）				
3-7 ナレッジ マネジメント				
3-A 第一次解決度	4-A スタッフの 離職率		6-A トラブル率	7-A VOC案件の 解決度
3-B カスタマー エフォート			6-B 経営レベルでの VOC活用度	
3-C 応対満足度				

顧客にとってストレスのない状態（ETDBW）

2つ目のステージ以降は、カスタマーサービス部門が中心となって構築するマネジメントシステムに必要な要件をまとめた。

このステージでは、上記の3つの目標を達成するための活動を機能別に7つに分解した。7つの機能は、組織を取り巻く環境やその規模にかかわらず、また営利、非営利のいずれの組織でも、サービスシステムの構築には欠かせない要素である。

3つ目のステージは、7つの機能別活動のそれぞれにおいて実行すべきプロセスがあり、上位の目標や機能と結びついている。各プロセスの具体的な内容は、サービスを取り巻く環境、取り扱う製品やサービス、組織の規模によって大きく変化する。また、プロセスの多くはテクノロジーを効果的に活用することで実現できる。組織が小さくても変わりはない。

4つ目のステージでは、上位の3つの目標を達成し、かつカスタマーサービスシステムの有効性を検証するためのものとして、9つの測定基準を紹介する。

さらに本章の最後で、顧客にとってストレスのない体験をつくり出すためのキードライバーについて解説し、サービスとしてどう取り組むべきかについての議論を加えた。

1 ▶ カスタマーサービスがめざすべき戦術的目標

カスタマーサービスがめざすべき戦術的な目標には、次の3つがある。

まず、顧客に対しては、顧客接点（タッチポイント）へのアクセスを促し、次に顧客からの問合せに対して完全なレスポンス（効果的な顧客対応）を提供する。そして、VOC活動へのフィードバックを行うことである。

▶目標① 顧客接点の環境整備（アクセス）

DIRFT（物事を最初に正しく実行する）が成立せずにトラブルや疑問に発展

し、顧客が不満を抱えたり困っている場合は、まず企業に申し出るように促すと同時に、適切な顧客接点へのアクセスを提供する必要がある。

顧客の心理に対する配慮も欠かせない。顧客は一般的に、苦情は歓迎されないだろうとか、言ったところですぐに改善するわけではないと、あきらめの感情を抱いているからである。

顧客が苦情などを申し出やすい環境を整備するためには、まず使いやすく、便利なチャネルを提供する必要がある。さらに、効果的な問題解決のプロセスと、解決力の高いスタッフを備えておくことが求められる。

アクセスに関する環境整備の目標は、不満を申し出ようとする顧客の割合を増やすこと、そして問題を解決したいと望む顧客がストレスなく問合せ先を見つけられるようにすることである。

▶目標②　効果的な顧客対応（レスポンス）

効果的な顧客対応を実現するためには、スタッフは決められた方針どおりに応対するだけでなく、必要に応じて商品の返品・交換に応じたり、クーポンを供与するなどの対応が行えなければならない。また、顧客対応自体の有効性を検証する評価プロセスも、あらかじめ組み込んでおく必要がある。

したがって、顧客対応にあたるスタッフの確保と対応プロセス（方針や手順など）の整備、スタッフを支援するためのナレッジマネジメントシステムは欠かせない。カスタマーサービスシステム全体のリソースの7〜8割が、この顧客対応に費やされるだろう。[1]

顧客の問題を効果的に解決するためには、スタッフの育成や権限委譲（エンパワーメント）、顧客による自己解決を可能にする効果的なセルフサービスやセルフサポート機能の提供などが重点課題となる。

---

[1]　本書で使われるカスタマーサービスシステムやナレッジマネジメントシステムは、経営手法としてのシステムを指している。以下では、「システム」の表記を略している。

顧客からのフィードバックを受ける仕組みも欠かすことができない。それにより、回答に必要なナレッジマネジメントの継続的な改善が可能になる。ナレッジマネジメントには、応対方針や手順に関する情報、顧客対応上のガイダンスを蓄積しておく。

このシステムには、カスタマーサービスだけでなく、社内の他部門がアクセスできるようにしておくのが望ましい。カスタマーサービス部門が各部署と連携し、ナレッジマネジメントシステム内の情報を最新の状態にしておく。

顧客対応にあたるスタッフの採用、研修、育成、評価までの人材開発のサイクルも、この目標に含まれる。多くの企業では、このプロセスの大半をHR（ヒューマンリソース）部門が担っている。しかし、HRには採用から育成までを効果的に行う人材開発の専門性が備わっている反面、カスタマーサービスの業務内容や現場のストレスを十分に把握していないという問題もある。この弱点を補うためには、カスタマーサービス部門の側から積極的に情報を共有する必要があるだろう。

▶目標③　VOC活動へのフィードバック

顧客対応で取得した情報は全社的なVOC活動へとフィードバックする。情報を組織的に共有することで、カスタマーサービスだけでなく組織全体、あるいはパートナー企業の業務プロセス改善につなげることが可能になる。

情報のフィードバックによる改善効果が最初に表れるのは、顧客応対にあたるスタッフのパフォーマンスであり、またそこで使用されるツールの有効性だろう。具体的には顧客対応時のガイダンス、情報システム、業務プロセスの有効性が向上するはずだ。

しかし多くの企業が、応対スタッフのパフォーマンス向上ばかりに注力しているように思える。VOCへのフィードバックから高い効果を求めるのであれば、業務プロセス、マーケティングメッセージ、製品デザインなどの改善に活用すべきだ。

カスタマーサービスで取得した情報を戦略的に活用するためには、第1章で紹介したDIRFTモデルの中の「VOCに耳を傾け、学び取る」の一部に組み込む必要がある。

　VOCはカスタマーサービス部門で取得する顧客の声に限らない。企業全体のバランスを考えれば、カスタマーインサイト部門で実施するアンケート結果や分析データと、カスタマーサービス部門で集めた情報を統合させるのが本来の形だろう。カスタマーインサイトに相当する部門がない場合は、カスタマーサービスの責任者がVOCから得たインサイトを企業内で共有する役割を担うことが期待される。

　カスタマーインサイト部門と連携する最大のメリットは、VOCに基づく改善に組織的に取り組むことで、問題の原因が解決することにある。その結果、同じようなトラブルが繰り返されなくなれば、カスタマーサービスに従事するスタッフの士気も高まるだろう。

　逆に、トラブルの報告を現場スタッフが何度上げても組織的な問題解決に至らず、上司からの説明もない場合はどうだろう。おそらく、経営陣は現場からの報告に興味がないばかりか、顧客そのものにも無関心なのだと結論づけられてしまうだろう。

2 ▶ 7つの機能と
　　　その実行プロセス

　アクセス、顧客対応、VOC活動へのフィードバックという、戦略的カスタマーサービスの目標を達成するためには、次の7つの機能が必要とされる。

　①周知（アウェアネス）
　②受け入れ（インテイク）
　③回答
　④スタッフの支援

⑤評価

⑥顧客の理解（カスタマーインサイト）

⑦報告

　ここでは、各機能において実行すべき内容と、各機能にひもづく20の実行プロセスを解説する。

　ただし、ビジネスや流通システムの性質上、7つの機能とプロセス実行が困難な場合もある。たとえば金融機関では、オンライン取引や口座管理についての顧客からの問合せはアウトソーシングせず、すべて社内で行っている。一方でタイヤメーカーは、一部のロードハザード（路上障害）による損害は製品保証の対象外であることを顧客に説明しなければならないが、販売から修理までのすべてを小売店に依存しているため、顧客対応で生じる課題が大きく異なってくる。

　銀行の場合、口座情報の変更など顧客窓口でできる範囲が大きいが、タイヤメーカーの場合は、そうはいかない。また、銀行の顧客が苦情を申し出る先は、支店の責任者かコンタクトセンターといったところだろうが、どちらも銀行の従業員であり、口座情報の変更や修正を実行するアクセスや権限を持っていると考えられる。

　一方、タイヤメーカーの顧客の苦情は、カー用品の販売店やディーラーに届くため、メーカーはどんなトラブルが起きているのかをリアルタイムで把握することが難しい。実際に、あるタイヤメーカーで調査したところ、メーカーが把握しているタイヤ関連のトラブル件数は月間販売数の4％以下だったが、製品を購入した顧客に直接アンケートを実施したところ、なんと回答者の2割が、何らかのトラブルを体験しているという結果が出た。

　したがって、顧客接点の環境整備、効果的な顧客対応、VOC活動へのフィードバックという3つの目標を実現する7つの機能は、組織によってカスタマイズが必要になるが、どの組織にも共通する項目であることに変わりはない。

　目標ごとに必要な機能とプロセスを、順に説明していこう。なお、以下

の説明は図3-1のナンバリングと連動している。

---

3 ▶ アクセスのための 機能とプロセス

▶機能1　周知（アウェアネス）

　アクセスの目標を達成するためには、周知と受け入れという2つの機能が必要となる。それぞれ2つのプロセスがひもづいているので、順に説明していこう。

　私たちは新しい顧客行動の時代を経験しているといってよい。顧客はこれまでになく冷ややかで、時代遅れの苦情受付システムから離れつつある。顧客の側から企業にコンタクトさせたいのであれば、そもそも動機づけから始める必要がある。

　トラブルや困りごとがあれば、すぐに問い合わせてくれる顧客を増やし、その割合を高めなければならない。しかし、そのためには顧客が問合せをあきらめたり、ソーシャルメディアに不満を投稿する前に、カスタマーサービスを利用することが最善だと納得してもらわなければならない。

　さらに、問い合わせてきた顧客を適切な担当者に速やかに振り分けないと、彼らはすぐにあきらめてしまい、その結果、ブランドスイッチが起き、ソーシャルメディアに不満を投稿するなどの行動につながってしまう。

　そうした事態を避け、企業にコンタクトしようと決めた顧客を正しい回答を出せる場所へと「お連れ」するには、ストレスフリーなチャネルを取り揃えておかなければならない。顧客の好みや案件の種類によって選択可能なチャネルを用意しておく必要がある。

　有人対応だけでなく、自己解決型のサービスも求められるだろう。メー

ル、ショートメッセージ、ツイッター、フェイスブック、チャット、音声
電話、ストリーミングビデオなどのさまざまなチャネルを使い、多様な要
求に応えなければならない。

　国によりアプリケーションも変化する。2017年に実施した「全米消費
者不満調査」の結果では、まだ非常に少数ではあるものの、インスタグラ
ムやスナップチャットなどのチャネルをカスタマーサービスで活用する企
業も登場してきた。[1]

　米国では、困りごとを抱えたからといって、最初からソーシャルメディ
アに苦情を投稿する消費者はほとんどいないこともわかってきた。[2]苦情
を申し出る消費者の大半は、まず企業にコンタクトして、その対応に不満
が残ると怒りへと発展してどこかに投稿する。業界用語を使えば、こうし
た動きをオムニチャネルと呼ぶのだろうか。

　アクセスを実現するための機能である周知には、2つのプロセスがある。
まず顧客に対して企業にコンタクトするように働きかける。次に、顧客に
とって便利なチャネルを、顧客が使いたいときに用意することだ。

▶ プロセス1-1　コンタクトを促す動機づけ

　周知のための最初のプロセスは、トラブルや質問がある場合は、まず企
業に問い合わせるように動機づけをすることである。顧客との接点が生ま
れれば、その顧客を維持・獲得する機会が生まれる。そして、顧客のロイ
ヤルティを高められれば、結果的に好意的なクチコミが拡散されることに
もつながる。

　繰り返し述べているように、企業に助けを求める顧客の困りごとを解決
するのは、何もせずに放置しておくよりも、ずっと収益性が高い行動であ
る。

---

[2]　2020年の調査結果では、このトレンドに変化が生まれている。デジタルチャネル
　が多様化したことにより、トラブルにあっても申し出ない非コンタクト率が下がりつ
　つある。デジタルチャネルを通じて解決できないと、顧客の不満が募る。

周知を効果的に行うためには、「私たちの耳に届かないトラブルは解決できない」という企業としてのメッセージを、顧客や消費者に明確に伝える必要がある。できれば、顧客がトラブルを抱えるよりも前に知らせることが望ましい。

　重要なのは、トラブルを体験したり疑問が生じた顧客が、その時点ですぐに企業とコミュニケーションを取れるようにすることだ。製品のラベル、ウェブサイト、請求書、契約書など、顧客が手に取るものに目立つように記載して、メッセージに気づいてもらえるようにする。

　たとえば、ダイソンの掃除機のハンドルには、ウェブサイトのURLとフリーダイヤルの番号が刻印されていて、掃除機を使っていればおのずとメッセージが伝わるようになっている。デルのパソコンのキーボードには、カスタマーサポートのウェブサイトURLや電話番号がしっかりと表示されている。

　リアル店舗でも同様のことはできる。たとえば、困っていそうな顧客がいれば、接客スタッフがアイコンタクトをする。「あなたのことを気遣っていて、質問があればいつでも受けます」というメッセージが伝わるだろう。

　顧客からの苦情や問合せなどのフィードバックに基づいた改善事例を伝えることで、コンタクトを促しているケースもある。あるレストランチェーンでは、「皆さまからのご要望にお応えして、バーベキュー味を復活しました」と盛大にうたうことで、顧客の声に耳を傾けているというメッセージを伝えている。

　苦情や問合せを真摯な姿勢で受け付ければ、おのずと効果を生み出すだろう。あなたが貴重な時間を割いてトラブルを申し出てくれたおかげで、私たちは改善のチャンスを得ることができましたという感謝の意を、顧客に伝えればよいのだ。

　もちろん、怒りのために感情が非常にたかぶっている顧客を応対する際には、感情を上手に抑えるすべが必要となる。傾聴スキル、顧客の立場になって考え、相手の気持ちに共感していることを示すスキルなどは、効果的に設計されたトレーニングとロールプレーイングを通じて習得される。

適正な人材を雇えばそれで大丈夫だ、と考えるべきではない。

▶プロセス1-2　アクセスのしやすさ（ファシリテーション）

ファシリテーションには、「しやすくする」という意味がある。ここでは、顧客からのアクセスを可能な限りストレスフリーの状態にすることを指す。

顧客がアクセスのしやすさを望んでいることについては第2章で触れたが、ここでは、さまざまなコミュニケーションチャネルにおける具体的な実行方法を示したい。

顧客が使いたいと考えるすべてのコミュニケーションチャネルを、カスタマージャーニーの各フェーズで顧客に提供する必要がある。

たとえば、店舗で「顧客の声」を集めたくても、直接スタッフに苦情を申し出る顧客はそうはいない。仮にいたとしても、混雑しているなどの理由ですぐに話せる状況にない可能性もある。そのため、携帯端末用のアプリや電話でのアクセスを用意することが望ましい。

企業によっては、顧客が自己解決するサービスが効率的で安上がりだと考え、フリーダイヤルを設置しないところがあるが、これは問題外だろう。また、申し訳程度にウェブサイトに「Call us（お電話ください）」ボタンを設けているところも多い。まずウェブにアクセスして連絡先を探すだろうと考えているのだろうが、これでは不完全だ。手近なところで電話番号が見つからなければ、顧客はすぐにあきらめてしまい、企業にコンタクトすることもなければ、不満が解消されることもない。

基本的なコミュニケーションチャネルだけでも、先に触れたようにさまざまな種類がある。カスタマーサービスへのアクセスに対する顧客の期待にどのように応えるかについて解説したい。

具体的には、顧客対応の運営時間、必要に応じて有人対応につなげる方法、ユーザーフレンドリーな対応のあり方、転送を最低限に抑えること、待ち時間の許容範囲について述べる。アクセスしやすい環境づくりのためのルールもいくつか挙げておこう。いずれも第2章でも触れたことだが、

何よりもストレスフリーな状態をつくり出すことが重要だ。

　カスタマーセンター運営にかかわる詳しいノウハウに関しては、ブラッド・クリーブランドの『コールセンターマネジメント』を参照されたい。[2] デジタルチャネルの活用についても、詳しく解説されている。

　もちろん、対面のカスタマーサービスもまだまだ広く提供されている。また、BtoBビジネスでは訪問による対面営業やサービスも盛んなので、それらについても言及したい。

▶顧客対応の運営時間

　カスタマーサービスを提供する時間帯は、顧客が製品を利用したり、製品について検討したりしている時間帯に合わせるのが望ましい。たとえば、投資家がポートフォリオの運用実績を確認するのは平日の夜間か週末が多いだろう。何か質問があればこうした時間帯に問い合わせたいはずだ。同様に、医師が薬剤に関する専門誌を読み、疑問を確認したいと考えるのも夜間や週末であって、患者に接している昼間の時間帯ではない。

▶有人対応につなげる方法

　カスタマーセンターに電話をしても自動音声応答システム（IVR）が出迎える場合が多いが、有人対応をいつでもリクエストできる設計にしておくべきだ。同様に、ウェブサイト上に電話番号や「Call us」ボタン、チャット機能を備えておくことが望ましい。

　法人取引では、営業担当者が顧客に名刺を差し出し、「困ったらいつでもお電話ください」と約束するのが一般的だと思うが、実際のところ営業担当者は出張や会議も多く、顧客がコンタクトしてもつかまりにくく、ボイスメールにメッセージを残さなければならない。

　したがって、営業担当者の代わりに常時対応できるサポート担当者やチームの電話番号を伝えるのが望ましい。ある医療関係の営業部門でこれを実践したところ、顧客満足度が20％アップした。

▶ユーザーフレンドリーな対応のあり方

とにかく「複雑さ」は、なるべく避ける。重要なメッセージはウェブサイトのトップページに目立つ形で記載し、詳細はロールオーバー機能を使って見せるのが望ましい。サイトマップやFAQの表示はウェブサイトの上部に持ってくるのが効果的で、小さい文字で下のほうに掲載するべきではない。

顧客の問合せの受付にIVRを使う場合でも、選択肢は多くても3つにとどめ、メニュー選択の階層も3レベルにとどめるのが望ましい。それができない場合はフリーダイヤル番号を記載する際、IVRの選択メニューの構造をわかりやすい図にして一緒に提示するといいだろう。

ユーザーフレンドリーな環境をつくるもう1つのポイントは、問合せを受け付ける際に、顧客に入力を求める情報を極力少なくすることだ。確かに顧客IDや住所は役立つかもしれないが、顧客の氏名、メールアドレス、携帯電話番号の3つにとどめておくのが賢明だろう。顧客からのアクセスをシンプルにすることが大事であり、できるだけストレスフリーな状態にしたい。どうしても顧客IDの入力が必要な場合は、その理由を明記することによって、顧客は少々面倒でも記入してくれるだろう。

▶転送を最低限に抑える

顧客との通話を転送することは、一度限りにとどめるべきだ。また、IVRで顧客IDを取得済みの場合、もしくは最初の顧客対応の段階で本人確認が済んでいれば、転送先にも顧客情報と説明済みの内容は伝わっているものと顧客は考える。コンピュータと電話を統合するCTIシステムでは情報の転送が可能なので、ぜひ活用したい。

▶待ち時間の許容範囲

応対スタッフにつながるまでの待ち時間の許容範囲は、業種にもよるが、一般的には60秒程度だろう。60秒を過ぎると不満につながりやすくなる。顧客を待たせず、いったん電話を切ってもらい、待ち行列（キュー）の一番前にきた時点でコールバックするといったバーチャルキューの技術

を活用すると、待ち時間に対する不満解消に役立つ。

　チャットでも、60秒以上待たされると顧客の不満につながりやすくなるため、期待値をコントロールしなければならない。たとえば、「4分ほどお待ち願います」というメッセージを流すだけでも、不満を和らげることができる。メールの場合は、24時間以内の返信が一般的に望ましいとされてきたが、現在では2〜4時間以内に短縮されつつある。長引きそうな場合は、やはり期待値のコントロールが必要になる。

▶機能2　受け入れ（インテイク）

　コミュニケーションチャネルのいずれかを通じて顧客がコンタクトし、それがつながった時点から顧客の受け入れが始まる。インテイクと呼ばれる受け入れでは、顧客対応の経路を振り分けるルーティングと、記録を残すロギングという2つの重要なプロセスを実行する。

▶プロセス2-1　振り分け（ルーティング）

　顧客の苦情や問合せを最初の時点で解決する、一次解決を実現するためにはルーティング、すなわち振り分けが重要になる。何度も電話が転送され、複数の担当者に説明を繰り返すような事態になれば、顧客の満足度が下がるのはもちろん、業務効率も悪化する。

　そうした事態を避けるためには、顧客から受け取った情報のタイプによってルーティングを最適化する必要がある。ウェブサイトに入力した問合せ内容によって振り分ける以外に、顧客がウェブサイト上でキーワード検索を始めた時点や、IDや電話番号を入力した時点で振り分けを始めることもできる。

　多くの企業は、最初に応対する一次レベルのサポート担当の段階で解決したいと考えている。問題は、解決できずに次のレベルに転送となった際に、再度キューに並ばされたり、コールバック対応になってしまうことだ。

そもそも、初めに顧客の履歴や問合せ内容がわかっていれば、重要顧客や詳しい知識を持った顧客などについては一次レベルをスキップし、最初から適切なレベルへとつなげられる場合も多いだろう。

そうなれば、顧客が二次レベルの担当者からコールバックを待つ必要もなくなる。二次レベルの担当者がコールバックする場合、一度でつながる確率は3割未満というデータがあり、顧客の不満だけでなく、業務効率が落ちる結果にもつながる。

BtoBの営業担当者は社外にいる時間が長く、顧客からの問合せに迅速に対応できなかったり、コンタクトセンターで働くスタッフのように、社内情報へのアクセスやツールを使いこなせる環境が備わっていない場合が多い。顧客からの問合せを受けて「調べてかけ直します」と返答した時点で、一次解決はできなかったことになる。そればかりか、多忙な営業担当者がコールバックし忘れた場合、顧客はさらに不満を募らせるという最悪の事態に陥りかねない。

営業担当者は自分で対応しようとせずに、カスタマーサービスを活用することを勧めるべきだが、彼らを説得するためには、それなりの理由が必要だろう。顧客のサポートから解放してあげるというのが、文句なく納得しやすいだろう。ただし、営業は顧客との関係を最も重要だと考えているので、自動通知の機能などを使って、すべてのコミュニケーションに営業担当者を含めるようにする。

▶ プロセス2-2　履歴作成（ロギング）

履歴作成は、顧客との接点で得た情報を応対履歴として記録するプロセスである。顧客の名前、受付時刻、メールアドレス、顧客IDや電話番号などを取得した後、問合せを最適な担当者に振り分ける。

顧客から取得した情報は、確実にデータベースに残す必要がある。この時点で記録を残す目的は、問合せ内容を案件として登録したうえで、その情報を回答担当者に転送して調査をスタートする、という流れをつくり出すためにある。

このプロセスにおいても、CTI[3]が有効に機能する。保険金の支払いについて問い合わせてきた顧客がいるとしよう。CTIを活用すれば、その電話番号から顧客を特定し、営業担当者や担当部門に契約内容や参照情報の画面自体を速やかに転送することが可能になり、わざわざ顧客ファイルを取り出す手間が省ける。しかし残念ながら、CTI機能を使いこなしている企業は、まだ少ないことが実態だ。

カスタマーセンターの現場に行くと、簡単な問合せの記録を残していないところが多い。理由を尋ねると、ロギングの時間を節約したいというのだが、これは間違っている。

理由は2つある。1つは、簡単な問合せでも記録が残されていないと分析の対象にならないことだ。これでは、いつまで経っても質問などの原因を特定して改善することが難しい。

2つ目は、同じ顧客が再度問い合わせてきた場合、記録が残されていないために初めから対応をやり直す結果になってしまう。これでは応対スタッフにとっても顧客にとってもフラストレーション以外の何物でもない。問合せの内容にかかわらず、すべての記録は残すべきだ。

4 ▶ 効果的な顧客対応のための 機能とプロセス

▶機能3 回答

顧客対応の目標を達成するためには、3つの機能が必要となる。前述したように、カスタマーサービスのリソースの7〜8割がレスポンスに費やされているので、この点について検討する意義は大きい。

---

[3] コンピュータ・テレフォニー・インテグレーションの略。電話の受付および交換機能と、社内の顧客管理システムなどを連動させる。

1つ目の機能は、回答をすることだ。顧客の問合せの内容を理解し、完全な回答を作成して届けるまでの活動を指す。

2つ目の機能は、スタッフの配置とスタッフの支援である。スタッフの採用から、育成、カスタマーサービスに従事するすべての人材リソースを管理するところまでが対象となる。

3つ目の機能は、評価である。個々のスタッフを評価するだけでなく、サービスプロセスの費用対効果の評価も含まれる。

1つ目の回答の機能には7つのプロセスがひもづいているので、簡単に紹介しよう。

▶ プロセス3-1　問合せ内容の把握（アセスメント）

顧客からの問合せ内容の把握には、顧客が何を求めているかを理解し、その件に関する責任の所在を明らかにしたうえで、顧客の取引履歴や会社にとっての価値に照らして案件内容をどう位置づけるかまでが含まれる。

最初に顧客を受け入れた時点で、顧客の問合せ先が間違っていないかを確認し、その後の対応方針を方向づけるのだが、この時点での顧客との感情的なつながり、すなわち、エモーショナルコネクション[4]をつくり出すこともできる。

たとえば、通信会社のフロンティア・コミュニケーションズでは、「フロンティア・コミュニケーションズへようこそ。私はダラスの〇〇と申します。いかがなさいましたか」と、スタッフが自らの名前を名乗り、地元の地名も出すことで、パーソナル感の演出とエモーショナルコネクションをつくり出そうとしている。

最初の挨拶が済むと、顧客の本人確認が続く。質問が簡単なものであれば、わざわざ顧客IDを確認する必要もないだろう。本人確認が不要だと感じる顧客の苛立ちにつながることもある。ウェブサイトとカスタマーセ

---

[4] 有人や無人にかかわらず、顧客接点（カスタマータッチポイント）においてつくり出す感情的なつながり。

ンターは、可能な限りセキュリティファイヤウォール基準の外側で情報を提供し、本人確認なしでも基本的な質問に答えられるようにしておくのが望ましい。

カスタマーサービスにコンタクトしてきた顧客は、すぐにでも苦情の中身に入りたがっている。担当者は顧客の問題を確認したいところだが、まずは相手の感情をコントロールしながら状況を把握する必要がある。「お手伝いできることはありますか」などと問いかけながら、顧客に自由に話させるのがよいだろう。少し話させて落ち着いたところで、顧客の気持ちに寄り添いながら、話の内容を整理していく。

特に顧客が怒っている場合は、いったん落ち着かせたうえで会話を進め、できるだけ情報を集めるようにする。相手は感情がたかぶっていて冷静な判断ができないため、重要な情報を聞き漏らさないようにこちらが注意しなければならない。この段階で、応対スタッフはトラブルの全体像を把握することに心がける。

次に、「トラブルを解決するために、私どもでどのようにお手伝いしましょうか」などと切り返し、具体的な解決に向けた対話へと移っていく。適切な設問を投げかけることで、顧客が何を求めているかを確認できる。

たとえば、予定していた時刻に遅れるとエンジニアから顧客に連絡が入った。到着は午後になるという。しかし、顧客は外出の予定があるため、いつまでも待っているわけにはいかない。そこで、改めて午後か翌朝にエンジニアを派遣する提案をすれば、顧客も落ち着きを取り戻し、再スケジュールの時間を設定することができる。

「なるべく早い時間で予約をお取りします」とスタッフが一言加えれば、サービスとしても優れている。そんなことを言えば、「今すぐに来てくれ」と言い出すのではないかと心配するかもしれないが、ほとんどの顧客は妥当な時間枠をリクエストしてくるものだ。「来週のどこかで」などと柔軟に応じてくれる。

顧客が理性的でないように思えても、相手に寄り添った対応をすることで、顧客の期待値を再設定しながら、スタッフを派遣できる曜日や時間帯の調整を行うことができるだろう。

顧客は基本的に誠実であり、応対にあたるスタッフは顧客に疑いを持つべきではない。事実、圧倒的多数の顧客は誠実だ（数字にすれば、96〜98%くらいだろう）。そうした顧客にとって、少しでも誠実さを疑われることほど気分を害するものはない。

アメリカン・エキスプレスの元シニアバイスプレジデントのジム・ブラン曰く、「なぜ2%の不誠実な顧客のために、残り98%の顧客から企業は身を守ろうとする必要があるのか」。

重要なのは、顧客のトラブルを最初に受け付けた時点で解決するということと、そのトラブルの根本的な原因を探るという2つの目的のバランスを取りながら、顧客対応を進めることである。

顧客に満足してもらうと同時に、必要な情報を取得する必要がある。そのため、トラブルの本質的な問題点、根本的な原因、今後のリスクなどを把握したいところだが、顧客はとにかく目の前のトラブルを解決したいと考えている。担当者から、利用方法、保管、メンテナンス、さらに製品にどこまで期待していたのかなどと聞かれると、顧客は自分には関係のないことだと感じるだろう。悪くすれば、責任を顧客になすりつけようとしていると感じさせてしまいかねない。

製品の型式、購入した場所と日付、営業担当者の名前、さらに、問題の根本原因を探り当てるための質問が続く。原因を特定するためのヒアリングだが、顧客を責めていると感じさせない話し方を心がける必要がある。質問と質問の間を置くタイミングも大切な要素になる。そうしたスキルと同時に、製品のシリアル番号や顧客の電話番号から、できるだけ多くの情報が把握できるシステム環境を整えることが望ましい。

▶ プロセス3-2　調査と情報収集

調査と情報収集のプロセスでは、顧客に提示する解決案の方針を見定めるために、顧客の取引履歴、企業にとっての価値などのデータを確認しなければならない。

顧客の多くは、尋ねられればその商品やブランドを使い始めて何年にな

るか、月間の使用量なども積極的に答えてくれるだろう。なかには嫌がる顧客もいるし、多少は誇張して話す場合もあるだろう。しかし、優れた顧客管理システムであれば、これまでの取引履歴を正確に把握し、その情報をもとに顧客と交渉し、双方にとってベストな解決案を提示することができる。

　ここでテクノロジーが重要な役割を果たす。顧客の状況を理解するためにヒアリングしながら情報を探っているようでは、トラブル解決に集中することは難しいからだ。実際、担当者の作業が煩雑になると、顧客への気遣いや問題解決よりも情報収集に気を取られてしまい、声のトーンや反応が鈍くなることがわかっている。そうなれば、顧客を不安にさせてしまう可能性も生じる。

　必要なデータが社内データベースから自動的に取り出せれば、こうした事態は回避できる。たとえば、最近のCRMの多くは、ANI（発信者番号通知）と連携していて、着信と同時に顧客が特定でき、顧客データを参照できる画面が表示され、最近の対応または取引履歴などが自動的に参照できる仕組みになっている。

▶ プロセス3-3　分類

　顧客からの問合せ内容を分類することは、きわめて重要なプロセスの1つに挙げられる。案件を分類することによって、カスタマーインサイトの分析へとつながるだけでなく、各案件に対してどのように対応すべきかなど、レスポンスに必要なガイダンスを担当者に提供できるようになるからだ。

　しかし、ほとんどのカスタマーサービス部門のマネジャーは、分類のプロセスを嫌っている。応対スタッフの作業時間が長引き、効率性が落ちると心配しているのだ。

　分類の作業は通常、最初の応対スタッフが顧客から必要な情報を聞き出すタイミングで行われる。この段階で顧客のトラブルや問合せに関する詳細な情報を収集し、トラブルの原因や深刻さ（たとえば、製品上の欠陥、顧客

の思い違い、誤解しやすい宣伝文句に期待しすぎたなど）を把握する。問合せの内容を分類できれば、分類コードごとに提示すべき解決案や参照データを自動的に検索することもできる。

　トラブルの根本原因の特定はカスタマーサービスの責任の範疇を超えているかもしれないが、原因にかかわるデータの収集はカスタマーサービスの重要な責任である。たとえば、包装を開封した時点で製品が破損していたのか、顧客への情報提供に問題があったのかなどを顧客へのヒアリングを通じて確認しておくと、その後に根本原因を分析する際にも助けになるだろう。

　根本原因の分析を担当するのが、カスタマーサービスなのか、それとも他の部署なのかは、トラブルの種類によっても分かれる。また、トラブル自体の原因が最初からはっきりしているものもあれば、トラブルらしき症状だけで根本原因が見えてこないものもある。いずれにせよ、まずはカスタマーサービスにおいて分析に必要なヒアリングを行い、必要に応じて原因を見つけ出す担当部署につなぐのが望ましい。

　トラブルの原因特定のプロセスを効率化するために、ITシステムがサポートできることがある。分類に必要なデータ入力を、段階的に細かい粒度に落とし込んでいく方法だ。分析機能を使って、顧客とのコンタクト履歴をその他すべてのデータ元から得た情報と統合して編集し、マネジメント層に報告できる簡潔な形にすることもできる。データ分類のやり方については第7章で詳しく取り上げるほか、分類ツールを効率的に使いこなすためのITシステムの構築については、第4章で取り上げる。

　ここでは、問題解決を効率的に行うための分類と、情報を分析プロセスへ橋渡しするための分類、さらにその蓄積と検索についてまとめた。分類に関するベストプラクティスを4つ紹介したい。

①詳細な粒度で分類コードを設定する。案件の分類をコード化するうえで、分類項目数は100〜300程度が望ましい。
②分類コードの入力作業を、応対スタッフのジョブディスクリプション（職務記述書）と評価項目に含める。根本原因を分析するうえでコード

分類の精度が重要であり、スタッフの評価の対象にすることで精度の向上が期待される。

③CRMに蓄積されたデータと、それ以外のところにあるVOCデータと統合するために、分類コードの項目はVOCデータ全体で定期的に見直す。マーケティングや製品が進化すれば新しいコード分類を追加する必要があるし、削除すべき不要な項目も出てくる。

④案件を分類する際に、回避可能な問合せにはフラグを立てる。顧客の問合せや苦情には、回避できるものとそうでないものがある。応対スタッフの判断で、入電自体を回避できるかどうかを判断する仕組みをつくっておくと効率的だろう。たとえば、顧客へのコミュニケーションが改善されれば問合せ件数が減るといった判断は、現場スタッフで識別できるようにする。

「ゴミを入れれば、ゴミが出る」という表現がある。情報をコード分類する時点で効果的なやり方をしなければ、効果的な分析にはつながらない。

▶プロセス3-4　解決案の提示

次のプロセスは、問題解決に向けた解決案の提示である。

顧客に提示する解決案には、たとえば、製品に使用している調味料の詳細一覧（表示ラベルには、「調味料」としか明記されていないため、問合せが多発したケースがある）を提供するという単純なものから、保証対象外の車両修理の交渉などの複雑で難易度の高いものまでさまざまだ。後者の修理案件であれば、顧客と交渉するやり取りに加えて、社内の複数部署や販売ディーラーも交えての調整作業も生じるので、コミュニケーション全体が複雑なものになるのは避けられない。

良い顧客を失うコストを考えれば、たとえそれが正当なものでなくとも、顧客にとって正しいと思えるものを与え、取引を続けてもらえることが良い結果につながる。

　顧客を維持するために行ったことで、マネジャーやサービス担当者が罰せられるような組織はあまりないだろう。顧客を引き止めておくために何かをしたとしても、ほとんどの場合は、せいぜい100ドル以内のコストで済む。顧客維持にかかるコストは、新規顧客を1人獲得するコストよりも通常はずっと少ないはずだ。サービス重視の店舗では、顧客が不満であれば全額を返金するのが常識となっている。なぜならば、そのほうが経済的に理にかなっているからだ。

　とはいうものの、無条件の返金は業界（または状況）を問わず、あまり現実的ではない。したがって、解決に向けた顧客との交渉を避けてはならない。顧客にとって妥当な解決案と、企業としてオファー可能な範囲で両者の折り合いがつけば交渉がまとまる。

　解決案には、いつも2つの側面がある。まずトラブル自体を解決することと、そしてトラブルによって迷惑をこうむったことに対する賠償である。交渉をスムーズに進めるには、担当者に「柔軟な解決の余地（flexible solution space）」を与える必要がある。ここでいう余地とは、第一次レベルのスタッフが顧客との交渉を進めながら、完全な解決度など組織としての目標値を達成するために、裁量を発揮できる許容範囲を指している。

　しかし、一次スタッフがいくら柔軟に対応しても、すべての顧客を満足させることはできない。そこで、一次レベルのスタッフの許容範囲を超える案件（一般的に2〜5%程度とされる）は、二次レベルの専門的なスタッフへエスカレーション（転送）される。後方支援が必要なのは、おそらくほとんどの組織で共通することだろう。

　理想的には、顧客に提示する解決案は、「柔軟な解決の余地」の枠内で、複数の要因を考慮して決定されるべきである。複数の要因としては、トラブルの原因（企業、顧客、販売店、天候など）、顧客の過去の取引実績、その案件にかかわる経済的な価値（企業から見た顧客の価値、顧客がこうむる損失、企業がこうむる損害やコスト、否定的なクチコミによる収益上のリスクなど）が考えられる。

　具体的には、担当者が常識的または公正と思える範囲内で、会社が用意したガイダンスと自らの経験に基づいて、提示する解決案を決める。その際、事前に用意した2〜4つの解決案の中から最適なものを選べるように

しておくとよいだろう。

担当者自らの寛容な気持ちを加味できる裁量を与えられれば、さらに望ましい。サービスマネジメントの第一人者であるチップ・ベルが『カレイドスコープ（万華鏡）』の中で語っているように、困った状況に置かれた顧客だけが、自身に対しての思いやりを受けたと思った瞬間にその企業の本当の価値を実感するものなのだ。[3]

私自身は、こんな体験をしたことがある。4つの都市をまわる出張の最後の旅程で、フライトが3時間以上も遅れてある空港に到着した。航空会社の従業員の1人が私の旅程に気づき、マイレージ会員のステータスを確認したうえで、私が何も頼んでいないにもかかわらず、1時間以内に出発できる他社便を手配してくれたのだ。

会社としては多少の損失が発生したと思うが、私はその航空会社の価値を実感し、その後は機会があれば他社に優先して予約するようになった。航空会社はあのときの一時的な損失を十分にカバーできているはずだ。

トラブルや顧客の個々の状況によって違いはあるものの、類似したトラブルに対する企業の対応内容は一貫していることが望ましい。ただし、柔軟性も必要になってくる。柔軟性をどこまで発揮するかをスタッフに教える効果的な方法として、ストーリーテリングがある。

まず、トラブルの事例を説明したうえで、解決案は状況次第で選択肢があることを伝える。そのうえで、ガイダンスを示すより前に、3つの異なる顧客対応のアプローチについて、ストーリー仕立てで説明すると効果的である。目的は、あくまでスタッフが自分で判断できるようになることにある。

顧客の意見に合意を示せず、否定的見解を伝えなければならないときもある。顧客に対して「ノー」と回答する場合は、その理由を伝えることが大切だ。相手の気持ちになって、なぜその回答が公平で妥当なのかを、わかりやすく納得感を持って説明しなければならない。

多くの場合、トラブルをお金で解決しようとするよりも、企業としての方針や考え方を、わかりやすく説明することで、顧客の不満を抑えられる。それが難しい場合でも、少なくとも顧客の不満を和らげる効果はある。

顧客の問題解決を進めるうえで最後に考えてほしいポイントは、CRMの活用だ。過去に起きた類似するトラブルをCRM上の分類コードで検索できれば、「柔軟な解決の余地」の判断基準や顧客対応時のポイントを担当者に提示することが可能になる。こうしたシステムを活用することでカスタマーセンター全体の一貫性を担保できると同時に、スタッフ研修の時間も大幅に短縮できる。カスタマーセンターのスタッフがすべてを記憶する必要はない。

▶ プロセス3-5　確認と調整

顧客と約束したことを実行するためには、社内の関係部署と共有する確認と調整のプロセスが必要になる。重要なポイントは、効果的なフォローアップと調整作業を自動化することだ。自動化によって効率性だけでなく、人的ミスを回避できる。

解決案について顧客と折り合いがついたらすぐに、メールなど書面で確認する。次に、顧客側にお願いすることがあれば、それを伝え、解決までにかかる時間を提示する。

応対スタッフは担当部署の名前と連絡先を伝え、登録されている顧客情報の間違いや漏れがないかを確認する。相手が感情的になっている場合は担当者の名前を聞き忘れることも多い。交渉が一段落した時点で改めてスタッフから連絡先を伝えることで、こちらの善意が相手に伝わるはずだ。

さらに、トラブルを指摘してもらったことに対する感謝の意を表すとよい。こうした確認を企業側が能動的にすることで、その後に顧客からかかってくる確認のコールを50%以上は減らせるだろう。

トラブルについて取得した情報は、関係部署と共有することが不可欠である。たとえば、顧客に対して返金処理をした場合、当然その情報は経理部門に通知されるが、それ以外にもCRM経由で社内の継続的改善チームに自動的に共有されるのが望ましい。これによって、問題解決後もVOC分析や再発防止のプロセスへとつなぐことができる。

継続的改善活動に携わるチームなどが「プロセスエクセレンス」と称し

ている活動があるが、カスタマーサービスでの問題解決を共有する機能を
備えている組織は（私の知る限り）半数程度にとどまる。継続的改善チーム
に相当する活動や担当部署が社内にない場合は、カスタマーサービス部門
が自ら継続的改善チームを立ち上げることで、部門の影響度や立場を強化
できるだろう。

　トラブルの原因を特定できれば、その問題を排除することで再発防止策
を立案するなど、戦略的な意思決定が行えるようになる。記録を取ってい
なければ、分析することさえできない。これこそ、カスタマーサービスに
おける問題解決のプロセスを、企業内の改善活動に連携させるフィード
バックサイクルに欠かせないものだ。

▶ プロセス3-6　追跡（トラッキング）

　顧客からの問合せが放置されたままにならないように、顧客対応の結果
を追跡できるようにしておく必要がある。

　まず、応対スタッフが自らのチーム以外の部署や担当者に調査を依頼し
なければならない場合（たとえば、顧客の修理状況について販売ディーラーに問い
合わせるなど）、調査のリクエストがディーラーに送られ、カスタマーサー
ビスはその返事を待つ形になる。

　こうしたケースで、案件がうっかりと放置されてしまう可能性が生じ
る。対応をまるごと別の担当者に任せてしまう案件もあるだろう。このよ
うなケースで効力を発揮するのが追跡システムである。引き継いだチーム
や担当者が問題解決後にその内容を記録し、カスタマーサービスにフィー
ドバックすると同時に、対応履歴を情報システムに入力する。こうして情
報を蓄積しておくことで、必要に応じて後から検索することもできる。

▶ プロセス3-7　ナレッジマネジメント

　組織内にある知識や経験、有益な情報などを一元的に管理するナレッジ
マネジメントの構築と運用は、カスタマーサービス部門が担当するのが理

想的だ。ナレッジマネジメントには少なくとも、マーケティング、営業、製品保証に関する方針や手順をまとめたカタログ的な機能を備える必要がある。

　顧客からの問合せや苦情対応に必要な製品関連情報、顧客への回答をまとめたFAQなどがナレッジマネジメントには含まれる。またFAQについては、回答そのもの以外に、目的や企業方針、説明する際に必要な論理的根拠を加え、わかりやすく納得感のあるものにする必要がある。

　FAQは、回答時のガイダンスを、次の4つの要素で構成するのが最善だ。①簡潔で短い回答、②必要に応じて使う長めで詳細な回答、③回答に対する顧客の反論などに備える具体的な応答例、④参考資料である。

　顧客や製品のトラブルを受け付ける機会の多い流通チャネル向けのガイダンスを、ナレッジマネジメントの対象範囲に含めるのもよいだろう。顧客接点として顧客からの問合せに的確に対応するためには不可欠なツールである。

　ナレッジマネジメントの主なユーザーはカスタマーサービス部門だが、他の部門が情報源になっていることもあり、その構築や運用上のメンテナンスが複雑になる。たとえば、ある食品メーカーの場合、マーケティング部がプロモーション企画を立案し、製品開発部が原材料リストを作成する。原材料の調達先については、サプライチェーンから情報が提供される。

　こうしたケースでは、取得すべき情報は詳細なうえ、変更がつきもので、その更新作業が難しい。理想的にはウェブサイトのコンテンツも、共通のナレッジマネジメントに基づいて作成することで、すべての情報を最新の状態にすることで、オンラインによるセルフサービス機能も充実することができる。

　顧客へ正確な回答をするためには、ナレッジマネジメントに蓄積すべき詳細レベルの情報を社内のすべての部門から取得し、システムを常に最新の状態にしておかなければならない。そのためにカスタマーサービス部門は、次の3つの課題に対応する必要がある。

①ナレッジマネジメントが正確で頻繁に更新されている状態を保つためのガバナンスプロセスを策定する。

②ナレッジマネジメントはウェブサイト上のコンテンツマネジメントに連携するべきで、可能であれば、顧客自身が問題解決するためのセルフサービス機能として、メール回答やFAQプロセスにも連携していることが望ましい。この場合、顧客もナレッジマネジメントを利用できることになる。

　　ただし、ウェブサイトのコンテンツがマーケティングに偏っている場合、カスタマーサービスの観点から不可欠な透明性の強化と逆行してしまうことがしばしば起きる。そこでナレッジマネジメント自体を分割し、基本的な情報やFAQは顧客がアクセスできるようにして、それ以外の詳細な説明、メールテンプレート、実施手順のガイダンスなどの情報は、社内向けに限定するようにする。

③カスタマーサービスには基本的な業務上の情報が必要になる。たとえば、セールスプロモーション中の細かいルールなどに関する消費者からの問合せに対して、わかりやすく納得感のある案内にするためには、明快で信頼できるガイドラインが欠かせない。

ナレッジマネジメントのプロセスの中に、トラブルの情報をVOC活動につなぐステップを組み込んでおくことも重要だ。ナレッジマネジメントのメンテナンス担当者は必要なガイダンスを作成し、適切な検索用のラベル（索引）を決定することで、同様の問合せが入った際には、ナレッジとして活用できるようにする。同種のトラブルや問合せがまとめられてタグづけされることで、新しい問題に対する調査は一度で済むようになり、高い効率性とVOC活動への速やかな連携が実現される。

　前述したように、ナレッジマネジメントはウェブサイトと連携するのが望ましい。ほとんどの顧客は電話などで問合せをする前にウェブサイトでの検索を試みるからだ。ウェブサイトで回答を見つけやすくすれば、企業の窓口に問い合わせる必要性もなくなる。理想的には、カスタマーサービスがウェブサイトのコンテンツ管理を担当すべきなのだ。ウェブサイトの

利用者の大半は、問題解決のためにアクセスする既存顧客が多いことも事実だ。

　ナレッジマネジメントのプロセスの最後に、キャンベルスープやハーレーダビッドソンの事例を紹介しよう。いずれも効果的なナレッジマネジメントの構築と運用で成功しているベストプラクティス事例だ。

　キャンベルスープでは、販売促進や製品の原材料の変更など、ナレッジマネジメントの修正や変更を伴うすべての情報をすべての部門が特定し、社内共有するというガバナンスプロセスが構築されている。各部門は決められた書式に必要情報を記入し、一定の期限内に提出しなければならない。また、ナレッジマネジメントを利用した顧客から「情報が見つけられない」「情報が更新されていない」などの問合せがカスタマーサービスに入った件数を、社内のパフォーマンス指標として設けている。

　ハーレーダビッドソンでは、電気系統のトラブルなどの問題を社内で共有して解決するため、カスタマーサービスの応対スタッフに調査要求のリクエストを出す権限を与えている。問題解決後には、カスタマーサービスの担当者がその概要をまとめて報告書を提出する。トラブルの診断結果や解決の情報は、ナレッジマネジメントのメンテナンス担当者に送られる。

▶機能4　スタッフの支援

　顧客対応の目標を達成するための2つ目の機能は、カスタマーサービスを担当するスタッフだ。採用とトレーニング、人材育成、報奨（インセンティブ）のプロセスのほか、応対評価のプロセスが対象となるが、このプロセスはスタッフの支援と評価の両方の機能にひもづいている。応対評価のプロセスについては第10章で詳しく扱うので、ここでは上記3つのプロセスの概要と、ベストプラクティスの紹介にとどめたい。

▶プロセス4-1　採用とトレーニング

　スタッフの採用とトレーニングのプロセスは、人事部が担当するケース

が多く、その結果がカスタマーサービスに共有されない場合がある。カスタマーサービス部門のマネジャーは、採用とトレーニングに関して、次の3つの原則を強く主張すべきだ。

①高い成果を挙げているカスタマーサービス部門は、周辺地域の平均報酬より10〜20％高い金額を設定することで優れた人材の獲得に成功し、離職率も低く抑えている。時給が1ドルでも高ければ、離職率の低下に影響すると予測される。

②対面で行う採用面接の前に、電話インタビューを実施するのが望ましい。カスタマーサービスにとって電話対応は重要なチャネルの1つであり、電話インタビューでの候補者の印象を確認できる利点は大きい。

③採用と初期研修の後に、ネスティング期間をしっかりと取るべきだ。ネスティング期間とは、応対スタッフが実際の業務に就いた後も、指導役（メンター）のサポートを受ける環境に置かれ、一人前に育つまでの期間を指す。ネスティング中のスタッフは、業務中でも質問が許され、正しい習慣を学んで自信がついてから、完全に独り立ちして現場の業務に就くことができる。

▶プロセス4-2　人材育成

人材育成についていえることは、従業員にとって「報酬」という動機づけは重要だが、徐々に仕事を通じての成功、進歩、表彰などが、強い動機づけへと変化していくだろうということだ。この期間がキャリア開発の初期段階にあたる。

この段階で個々のキャリアゴールを達成するための個人別育成プランを立てて、キャリアステップと業務の幅を広げる個人の成長を「見える化」することが望ましい。たとえば、優秀な応対スタッフには、将来的にテーマ別の専門担当者になる道筋を設けるといったことが考えられる。人材育成のプロセスには、以下の「評価」の項で解説する応対評価の結果を

フィードバックすることが求められる。

▶プロセス4-3　報奨(インセンティブ)

　報奨は、頻繁に実施し、できるだけポジティブな方向に設定するのが望ましい。

　スタッフの業務上の成果を称える表彰などの効果は、一般的に過小評価されているようだが、非常に効果的なインセンティブとして機能する。半年に一度の応対評価の時期に合わせる程度で行うのではなく、最低でも毎週実施したい。

　サービス重視の風土をつくり上げている組織の特長は、ポジティブなインセンティブにあるといえる。日常的な活動においてポジティブな結果を出すことの大切さを強調すべきだ。

　たとえば、ブラインドなどの窓回りの製品を扱うブラインズ・ドットコムでは、スーパーバイザーがカスタマーサービス部門のスタッフ全員の応対品質モニタリングを毎日実施し、ポジティブなフィードバックを返すことにしている。

　最後に、応対スタッフ全員、特に成果面で下位3分の2に対して実施するインセンティブやモチベーションには、ゲーミフィケーション[5]の考え方を活用するのが効果的だ。

▶機能5　評価

　顧客対応の目標を達成するための3つ目の機能は、評価である。プロセスとしては、カスタマーサービスにおけるその他6つの機能(周知、受け入れ、回答、スタッフの支援、顧客の理解、報告)を対象とする「応対評価」から成り立つ。

---

[5]　ゲームが楽しくて没頭してしまうなどの心理的なメカニズムを他の分野に応用する　概念。モチベーション強化などに使われる。詳しくは、第4章を参照。

評価のポイントとして、次の3つの要件がある。

①応対スタッフが業務上の要求事項を満たしていること。
②顧客からの問合せに回答するうえで、決められた回答プロセス自体が
　有効に機能していること。
③カスタマーインサイトや報告の機能において、マーケティングや業務
　運営面など社内の各部門における改善活動が進んでいること。

▶ プロセス5-1　応対評価

　応対評価は、個人のスキルアップを支援するという役割と同時に、カスタマーサービスのプロセス改善を推進して、スタッフの業務が楽になることを目的として設計するのが望ましい。

　もし現場のスタッフに適切な権限委譲とツールが付与されれば、応対評価の結果もポジティブに受け止めてもらえ、従業員も応対評価自体を心待ちにするだろう。従業員が応対評価自体を嫌っている場合は、おそらく組織的な問題がどこかに潜んでいるはずだ。

　個々のスタッフの応対評価に加えて、CXに影響するカスタマーサービスのプロセスと、組織レベルでの機能についても評価する必要がある。（顧客への）回答、カスタマーインサイト、報告の各機能の有効性を評価することの重要性は高い。

　もし回答に対して顧客が不満を感じるようであれば、回答のガイダンス自体に問題がある可能性がある。その場合は新しい回答案を練り直さなければならない。

　上記の3つの要件のうち、カスタマーインサイトと報告では、トラブルの原因を生み出している部門を特定し、必要な情報を経営陣に伝えなければならない。

5 ▸ VOC活動へのフィードバックのための機能とプロセス

▶機能6　顧客の理解（カスタマーインサイト）

　VOCの目標を達成するためには、次の2つの機能が重要になってくる。顧客を理解するためのカスタマーインサイトと報告である。カスタマーインサイトは、データの蓄積と検索、統計処理と分析の3つのプロセスで構成される。報告は、組織へのフィードバックと能動的コミュニケーションの2つのプロセスで構成される。

　カスタマーインサイトのための、蓄積と検索、統計処理、そして、分析の各プロセスでは、カスタマーサービスで取得したデータを、社内の他のデータソース、たとえば、アンケート結果やオペレーションデータなどとを統合する流れをつくり、データ分析の結果に基づいて発見したことに洞察を加えたり、推奨する内容をまとめる。

▶プロセス6-1　データの蓄積と検索

　データの流れは、蓄積と検索を経て、統計処理と分析プロセスに移る。

　蓄積と検索において重要なポイントは、すべてのデータを共通の分類コードを使って入力し、コンピュータで読み取り可能な状態に変換することにある。

　カスタマーサービスの場合、顧客から届いたメールや通話記録が主な対象となる。従来のテキストに加えて、近年では音声分析ツールもかなり普及してきたので、顧客との通話の音声ファイルなども分析データの対象に含めることができる。

▶プロセス6-2　統計処理

　統計処理プロセスの目的は、大量の生データから、何らかの価値のある情報をつくり出すことにある。しかし実際には、大量のデータをドサッとまとめて吐き出して、そのまま他部署に共有するという過ちを、カスタマーサービス部門やカスタマーインサイト部門は犯しやすい。

　そんな状態のデータでは、受け取った側も、あまり関心を示してくれないだろう。せいぜい「カスタマーサービスには多くのデータがあって、非常に忙しそうだ」と思われるくらいだ。周囲の部門が求めているのは、カスタマーサービスが学んだことは何か、そして、それが自部門の成功に役立つかどうかだ。したがって、統計処理のプロセスにおいてデータを整理し、受け取る側のことを考えてカスタマイズしなければならない。

▶プロセス6-3　分析

　分析プロセスでは、カスタマーサービス部門で収集した生データを、アンケートやフォーカスグループによる調査結果、オペレーション上のデータ（たとえば、応対スタッフのアポミス、商品の返品、請求金額の修正など）、さらに従業員からの改善提案などと統合したうえで分析することで、カスタマージャーニーの起点から完了までの全体像を明らかにできる。

　顧客の苦情を総合的に分析するためには、案件単位でまとめられたデータをもとに、担当部署と共有できるレポートを作成する必要がある。案件の解決が複数部門にまたがったり、原因がはっきりしない場合には、継続的改善チームやCX部門から追加調査を依頼することになる。

　同時に、案件の優先度を決定し、改善プロジェクトを立ち上げるか、別の部門が主管することなどを提案する。この時点で必ずしもすべての分析が終わるわけではなく、また、すべての案件に取り組むわけでもない。

　顧客とのトラブルで明らかになった問題点も、収益への影響があまりなければ、個々の苦情対応レベルでの解決にとどめ、追加調査や組織的な改

善として予防対策にまで発展しない場合もあるだろう。

▶機能7　報告

　報告の機能には、VOCデータとして組織全体にフィードバックすることと、能動的コミュニケーションへの情報共有という2つのプロセスがある。

▶プロセス7-1　組織へのフィードバック

　組織へのフィードバックのポイントは、VOC分析のデータを組織内の必要な部署にカスタマイズして届けることにある。生データを表集計の形にして組織全体で同じフォーマットで共有するところが多いようだが、その形式では他部門に関心を持って読んでもらうのは難しく、改善活動につながらない一因になっている。

　組織的なフィードバックを効果的に行うためには、サプライチェーン、製造、マーケティングなど、主要な各部門向けにカスタマイズし、簡潔にまとめたレポートを作成する必要がある。

　カスタマイズは、その部門に関連する案件とすぐに解決できそうな案件の中から、改善後の経済効果を基準に優先順位づけをしたうえで、重点案件のみをハイライトしてレポートするのが望ましい。またレポート提出後も、各部門と簡単なミーティングを開催し、レポート内容の再確認と、改善に向けたアクションプランを立てるうえでのサポートが必要かどうかを確認する。

　改善案件への取組みが複数部門にまたがる場合は、VOCチームが関係者を招集する調整役を担うのが望ましい。たとえば、顧客から「家電製品の寿命」や「ノートパソコンのバッテリー」に関する苦情が届いているならば、バッテリー開発に携わる担当者を招いて話し合うことで長期的な取組みにつながるだろう。また、顧客教育、マーケティングメッセージや宣伝文句、製品の性能表示にかかわる担当者を招いて、短期的なアクション

を取ることも考えられるはずだ。

▶プロセス7-2　能動的コミュニケーション

　報告のもう1つのプロセス、能動的コミュニケーションは、ジャスト・イン・タイム型のコミュニケーションを実施することで、カスタマー・ジャーニーにおけるトラブルや疑問を予防や回避する取組みとなる。

　たとえば、ウェブサイトのメッセージを見直すことにより、顧客に適切な期待を持ってもらうことができる。たとえば、ケーブルテレビ会社の多くは、回線速度の速い光ファイバーの地域と旧式のケーブルが残っている地域を、地図上に示したり郵便番号別に表示するなどして、顧客への適切な情報提供を通じて「顧客教育」を行っている。

　同様に、中南米の通信キャリア会社では、回線速度の遅い地域を示す地図を顧客に提供している。そのおかげで、顧客は該当エリアに近づくと重要な電話をしないようにするなど、何らかの対策を講じることができる。こうした顧客への能動的な情報提供によって、顧客からの苦情や不満の問合せが激減したようだ。

　この2つは、いずれも先手必勝の戦略事例といえる。顧客がトラブルを体験して困る前に警告のメッセージを伝えることで、トラブルが深刻化することを回避し、顧客の信頼感につながっている。

　また、トラブルが解決した後も、その旨を顧客や小売店などに伝えることが望ましい。たとえば、ある大手洗剤メーカーに2000人以上の消費者から新製品の洗剤のにおいに関する苦情が寄せられた。製品のにおいを見直すことを決めたメーカーは、改善後に苦情を申し出た顧客全員に手紙を出した。

　製品を見直して改善したことの報告と併せて、ぜひ新製品を試してもらいたいとクーポン券を添えて送ったのだ。クーポンの使用率は60%以上を記録し、多くの顧客からたくさんの手紙も届いた。その多くは、「御社のような大企業が消費者の声に耳を傾け、改善に踏み切ったことに驚いています」といった感謝を伝えるものだった。[4]

図3-2 | 20のカスタマーサービスプロセスのフローと連携

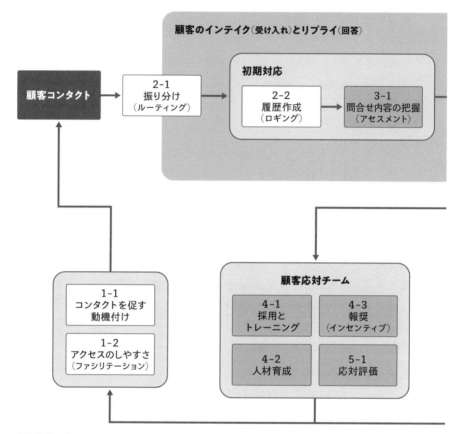

（注）図中の番号は、図3-1に連動している。

6 ▶ カスタマーサービスの プロセスフロー

　図3-2は、カスタマーサービスにおけるすべての目標を実現するため に、応対スタッフとテクノロジーによって実行する20のプロセスとその

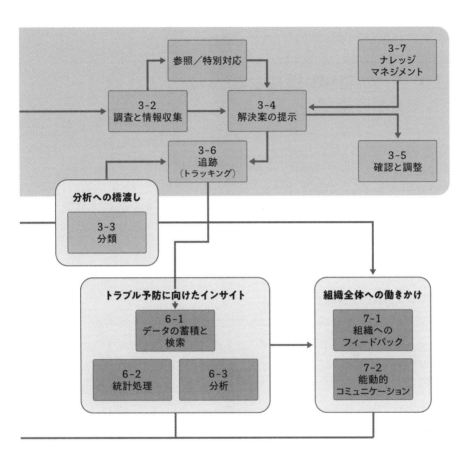

　関係性を示している。社内のIT部門は、この図を見れば、カスタマーサービスの各プロセスにおける情報のやり取りや流れを理解することができるだろう。さらに、分類プロセスがいかに重要であるかを強調することで、応対スタッフによる回答とカスタマーインサイトの機能を結ぶ「橋渡し」の役割を果たしている。

　顧客からのトラブルや質問が届くと、応対スタッフはまず顧客の困りごとに関連した情報を収集しなければならない。次に解決のプロセスに移る

が、その後の分析を楽にするために、VOCシステムには十分なデータを蓄積する必要がある。VOCに関しては、第7章で詳しくその構成要素と全体設計を解説したい。

7 ▶ 3つの目標を達成するための9つの指標

　ビジネスの管理指標は無数にあるが、実際に使いこなせるものはごくわずかだろう。そこで、アクセス、効果的な顧客対応、VOC活動へのフィードバックの3つの目標と連動する9つの指標をここで提案したい。

　さらに、全体に連動する測定基準として、「顧客にとってストレスのない状態（ETDBW）」[6]を実現するための指標を加えた。

▶ アクセスの目標を管理する指標

- 苦情のコンタクト率……トラブルや疑問が生じて困った顧客が、チャネルを問わず助けを求めて企業にコンタクトした割合を示す。チャネルにはセルフサービスも含まれる。コンタクトを促す動機づけとアクセスのしやすさ（ファシリテーション）の2つのプロセスがより効果的になれば、コンタクト率は高くなるだろう。
- 履歴作成された案件の割合……顧客の問合せや苦情が履歴として残された割合が重要になる。もし履歴が残されていなければ、その案件は再発防止などの分析対象にはならないし、顧客の履歴にも残らないので回答のフォローアップもできない。

---

[6] Easy to Do Business Withの略。ウェブサイトやアプリなどのデジタルツールのUIやUXの「使いやすさ」を表す言葉で使われるが、グッドマンはより広義に捉えており、企業の顧客対応において「ストレスフリーまたはストレスのない状態」と訳した。

▶効果的な顧客対応の目標を管理する指標

- **一次解決率**……従来から多くの組織でサービス指標として採用されている指標だが、対象に問題がある。電話、メール、チャットなどだけでなく、自己解決のためのチャネルも加えて測定するのが望ましい。測定は顧客視点で行うべきだ。

- **カスタマーエフォートスコア（CES）**……顧客が自身の問題を解決するためにどの程度の努力を必要としたのかを測る指標。問題解決において顧客が「面倒で困った」体験のレベルを数値化するものとして最近使われるようになってきた。この測定指標には、ウェブサイト上の操作で面倒だったことも対象に含まれるが、カスタマーセンターの多くはウェブサイトのコンテンツを管理していないケースが多く、サービス指標としては使いにくい面もある。一次解決率と同じ目的で使用されるが、厳密さでは劣る。

- **応対満足度**……効果的な顧客対応に関する指標の中でも、応対満足度は最重要指標である。「（十分に）満足」した状態をめざすための指標として管理することが望ましい。「やや満足」の状態では、価格に対して顧客の不満が残るという結果が出ている。

- **スタッフの離職率**……離職率は、サポートシステム全体の健全性を示すものであり、顧客満足度やサービスの効率性、コストに影響する。

▶VOC活動にフィードバックする目標を管理する指標

- **トラブル率**……月間でトラブルを体験した顧客の割合を測定したもの。サービスの強化やトラブルの予防などの改善機会がどれほどあるのか、その規模感を示す指標となる。この数値は、顧客へのアンケート、オペレーションデータ、苦情件数などから推計することができる。この指標の本来の目的は、VOC活動にフィードバックし、中長期的にトラブル率を下げることにある。顧客に最も大きい損失を与えているトラブルに的を絞るなど、優先度分析に基づいて取り組むのが理想的だ。

- **経営レベルでのVOC活用度**……経営陣がVOCを活用する場合は、

各部門がVOCレポートを積極的に活用し、それに基づくアクションをどれだけ取っているか、その活用度合いを測定する。

- VOC案件の解決割合……VOCチームによって特定された案件のうち、解決または実質的に改善された案件の割合を示す指標。VOC活動の成果と捉えられる。たとえば、特定の案件に関して問い合わせた顧客の数が、最低でも従前の半分以下になれば成果と見なせる。

▶ETDBWをどのように測定するべきか

　顧客にとってストレスのない状態 (ETDBW) は、多くの企業において重要な目標であり、実際にその状態をアンケートで調査している企業は多い。しかし、ETDBWの本来の意味を多くの企業が誤解しているようだ。

　CCMCが調査したところ、ETDBWには次の5つの要素がある。そのいくつかは一般的なサービス指標とも重複しているが、なかには踏み込んだものもある。たとえば、顧客にとって必要な情報を見つけやすくする、煩雑な手続きを緩和する、などがそれに相当する。[5]

▶顧客が必要とする情報やサポートを見つけやすくする

　ほとんどの顧客はカスタマーサービスにコンタクトする前に、企業のウェブサイトや初心者向けに用意された説明書などを参照するだろう。しかし、こうした参考情報が適切な内容になっているとは限らず、顧客のフラストレーションを生み出す原因にもなっている。

　顧客評価に基づくカスタマーエフォートの値が低いケースの多くは、必要なサービスや情報を見つけることができない顧客のフラストレーションが原因となっている。[6]

　ウェブサイトが使いにくいとスコアに響き、カスタマーサービスシステム全体の評価に影響するが、そもそもウェブサイトはカスタマーサービス部門の管轄外であるケースが多いのは皮肉だ。

▶ サービスシステムへのアクセスのしやすさ（ファシリテーション）

営業時間、応答時間などがここに含まれる。プロセス1-2「アクセスのしやすさ」で解説しているので、そちらを参照していただきたい。

▶ お役所的な手続きを緩和する

ここに挙げる5つのうち、これが最も油断できず、また改善が難しい項目だろう。顧客が提出しなければならない情報の量を最小限にしたいのだが、そのために社内の多くの関係者の承認（レコグニション）と手続きが必要になる。リスク回避志向の組織、特にコンプライアンスや法務部門にとっては、受け入れがたい側面でもある。

▶ 完全な一次解決

理想をいえば、解決するプロセスの中にエモーショナルコネクションやトラブル予防のための効果的なアドバイスも含めたい。コンサルタントのジーン・ブリスは著書『私の犬よりあなたが好き』の中で、顧客応対の担当者は、顧客の日常生活をイメージしながら、顧客の置かれた状況（コンテクストや企業文化など）をふまえて解決案を出すべきだと説いている。[7]

▶ フォローアップ

信頼が重要だという前提に立ち、追跡や調整のプロセスでは、必ず顧客との約束を守ることが求められる。

ETDBWは、価格に対する満足度や高いレベルのロイヤルティとも相関性がある包括的な概念である。サービスの領域外の業務プロセスの問題も対象にするなど、経営層がCX向上の進捗度を測る広範囲な指標として有益である。

この章では、カスタマーサービスシステムが掲げる3つの目標であるアクセス、効果的な顧客対応、VOC活動へのフィードバックをいかに達成するかの概要を示した。続く2つの章では、顧客対応で重要となる2つの側面、テクノロジーの活用とビジネスパートナーとの協業について扱いた

い。いずれも戦略的サービスの機能とプロセスのフレームワークの構築に
かかわるテーマである。

☑ コンタクトしてきた顧客に対する効果的な対応の目標達成と予防で
きるトラブルへの取組みを優先すべきであり、苦情を申し出る顧客
の数を増やす前にレスポンスのパフォーマンスをある程度まで改善
すべきだ。

☑ 「顧客が誠実である」という前提に立って、顧客が求めているもの
を聞き出し、顧客には求めているものを提供する。速やかな解決を
めざせば、必ずといってよいほど、リスク関連のコストが下がって
くるだろう。ただし、顧客に解決案が示せない場合、満足してもら
えない顧客には、お金よりも、納得できるわかりやすい説明が効果
的だ。

☑ 第一次解決は重要な基準であり、それを阻む障害を取り除く必要が
ある。通常、カスタマーサービスの担当者に必要なツール、トレー
ニング、権限委譲などが弱いことに起因している。なぜ一次レベル
の担当者で解決できず、スーパーバイザーや部門外にエスカレー
ションする結果になったかの原因を分析し、エスカレーションを回
避するためのサポートや解決案を提供すべきだ。

☑ スタッフの離職率の原因は、支払う報酬額のレベル以上に、業務上
の成功、進歩、表彰などの承認（レコグニション）の不足に起因して
いる可能性がある。ベストプラクティスでは、周辺地域の平均報酬
よりも10〜20%多く報酬額を設定するのが効果的だが、それだけ
では解決にならない。スーパーバイザーは、ポジティブな方向に対
する表彰を通じて彼らの成功と進歩を確認し、スタッフのパフォー
マンスを称賛し、権限委譲を積極的に後押しすることが、きわめて

重要になる。

☑ VOCへのフィードバックを効果的に活用するためには、顧客の問合せを分類する方法と分類項目の粒度が重要になる。また、各部門とVOCを共有する際に報告書をカスタマイズすることだ。さらに、顧客や従業員の声から何を学んだのかを、再び顧客と従業員と共有するべきであり、彼らからの声やフィードバックを求めていることを強く訴求すべきだ。

CRMの要件定義

▶CRMの「あるべき姿」

CRMの構築と運用に関して数多くの企業を調査し、ベストプラクティスを収集した結果に基づき、本章で解説したカスタマーサービスシステムの機能とプロセスを包含したCRMの要件定義となるマネジメントフレームワークを開発した。ここで紹介する機能をCRMに組み込んで実行することで、カスタマーサービスは次の5つの包括的目標を達成することができる。

- 個々の顧客に適切な回答を提供し、顧客満足とロイヤルティの維持・向上を図る。
- エモーショナルコネクションを必要なタイミングでつくり出す。
- 顧客教育として顧客に適切な情報を提供し、トラブルを予知することで、苦情や問合せの発生を回避する。
- 個々の顧客のニーズに合った製品やサービスを適切な状況下で推奨する。
- 顧客の声から特定できたトラブルの根本原因の分析に取り組むことで、顧客のトラブルの予防や不必要な疑問を抱かせない回避策を実行する。

図3-1に記載された20のプロセスをクラスター化して、新たに7つのグループの活動とプロセスを以下のように分類した。7つのクラスターは、この図3-1における機能別分類とは少し異なるが、理由としては顧客対応において同時に起こるプロセスをまとめ直したことによる。

また、機能別活動の1つである「スタッフの支援」については、顧客

対応をマネジメントする役割では直接的な活動でないため、7つのクラスターから外した。

①周知（アウェアネス）……顧客からのコンタクトを促す動機づけ、アクセスのしやすさ（ファシリテーション）、プロアクティブなコミュニケーション
②受け入れ（インテイク）……振り分け（ルーティング）、履歴作成（ロギング）、分類
③回答1……問合せ内容の把握（アセスメント）、調査と情報収集、解決策の提示、確認と調整、データの蓄積と検索、ナレッジマネジメント
④回答2……追跡（トラッキング）
⑤評価……応対評価
⑥顧客の理解（カスタマーインサイト）……統計処理と分析
⑦報告：組織へのフィードバック

CRMの構築における要件に含めるべきものとしては、以下の機能が必要になる。

▶①周知（アウェアネス）

CRMの要件の最初は、「周知」の活動から始めたい。周知としては、カスタマーサービスへのコンタクトを顧客に促す動機づけのプロセス、顧客からのアクセスをしやすくするためのプロセス、さらに、顧客からの申し出を促そうと企業側から能動的に働きかけるコミュニケーションと使いやすいアクセスの提供が含まれる。
CRMの要件定義には、次の2つが必要になる。

● 不満や不安があれば企業側が解決したいため、顧客には遠慮なく問い合わせてほしい旨を伝え、カスタマーサービスへのコンタクトを促すなど、顧客へのメッセージをデジタルマーケティングシステムなどに

対して定期的にインプットする。

- 顧客が製品の利用で困ったときや質問が生じた場合は、いつでも企業にコンタクトしてサポートが受けられるように、カスタマーサービスとして設けたチャネルは、すべて顧客と共有し、アクセスしやすい形にする。

顧客への能動的コミュニケーションについては、「顧客の理解（カスタマーインサイト）」の活動を通して浮き彫りになった問題、ERP（統合基幹業務）などのオペレーションデータから発覚したミスやトラブルに関して顧客へのコミュニケーションを取る、などを想定しているが、必要な機能要件として、以下の5点を挙げる。

- CXに影響する取引や顧客対応上でのミスやトラブルを発生時点で特定し、顧客に通知できるようにするため、CRMとオペレーションシステムを連携するリンクを備える。顧客からのリクエストに応じて、オペレーションシステムから取得したデータに基づいて顧客に取引完了通知なども配信できるようにする。
- 顧客コミュニケーションを取るべきミスやトラブルを決定する、深刻度などの判断基準
- 顧客が求めるコミュニケーションチャネルを選択できるようにする基準
- 取引ミス、顧客への特別オファー、カスタマーエンゲージメントを目的としたメッセージなど、何らかの形で顧客への通知を自動的に実施する機能
- 企業側からの能動的コミュニケーションをタイプや頻度で顧客が選択できるようにするカスタマイズ機能。オプトアウト[7]機能も含まれる。

---

[7] 宣伝広告の受け取りをユーザーが拒否する意思を示すこと。または、メーリングリストから除外したり、メールマガジンの配信停止のリクエストなどを指す。

▶②受け入れ（インテイク）

　インテイクと呼ばれる「受け入れ」では、顧客からのコンタクトを振り分けた後、問合せ内容の履歴を作成し、案件としての分類を適切に行うことで、その場の顧客対応だけでなく、将来的な関係構築やコンタクトデータの分析を可能にする。

　これら一連のプロセスに共通する重要ポイントは、適切なデータを適切なフォーマットに格納することにある。さらに、応対スタッフが素早くデータを取り出せることも求められる。

　応対スタッフの要件定義としては、以下の機能を含めたい。

- ログイン機能（単一または複数システムへのログイン機能）
- 柔軟に増設可能なデータ入力フィールド（編集チェック機能も含む）
- 3階層までの案件分類コードのデータ入力フィールド（コンタクト理由、根本原因、製品種別、拠点などの入力）
- （ユーザー管理者が簡単に追加できる）新しい分類コードの追加機能。
- ウェブサイト上のリンク（ウェブチャットやCall meボタン機能など）を使い、顧客からの問合せ要望をカスタマーサービスに振り分ける機能
- 顧客自身による問合せの分類コード選択、テキストメッセージなどの入力を可能にするウェブサイト上のメール入力テンプレート
- 顧客の希望する回答納期の指定または選択を可能にするウェブサイト上のメール入力テンプレート
- 顧客の履歴作成と入力において応対スタッフの入力ミスを回避するため、ドロップダウンメニュー選択方式の採用
- 郵便番号の入力から住所の自動入力を可能にするオート機能をデータ入力フィールドに設置
- 応対スタッフが応対中に楽にタイプ入力できる、入力画面の直感的レイアウトデザイン
- 特定のフィールドを必要に応じて設定可能

- 顧客対応にあたるスタッフが必要に応じて使えるテキストフィールドの増設機能
- フィールドスタッフや営業スタッフがリモート拠点からでも案件の履歴入力を可能にする柔軟なウェブアクセス機能
- 顧客からの問合せなど、着信時に取得する顧客識別ID、または応対スタッフが顧客IDを入力することで、該当する顧客情報をポップアップさせるなどのCTI機能
- 顧客の再入電に備えて、応対スタッフが簡単な入力で顧客情報をポップアップできる機能
- 顧客に関連する世帯情報、顧客が過去に購買した製品などを参照できるリンク
- ゴールド会員など、顧客IDに基づいて特別対応へと切り替えることができるような、顧客の特定とビジネスルールの設定
- 問合せの案件に関して「予防または回避可能」「カスタマーエンゲージメントの実行済み」などの応対スタッフによる特記メモの入力機能
- 顧客データの検索に柔軟性を持たせ、氏名、電話番号、または口座情報などから検索可能にする機能
- 応対スタッフによる入力情報のスペルチェック、テキスト入力の修正機能

▶③回答1

「回答1」においては、問合せ内容の把握、調査と情報収集、解決策の提示、社内組織との確認と調整、データの蓄積と検索システムへの入力のプロセスを含める。

電話による顧客対応の環境では、アセスメントと調査・情報収集と同時に応対スタッフによるナレッジマネジメントへのアクセス、解決策の提示、確認と調整などのプロセスをすべてスタッフが顧客対応をしながら実行することになる。また、社内外の担当者へ案件を振り分けて、回答を取得することも生じる。

メールやチャットなどのテキスト対応になると、顧客への回答内容を決定し、回答作成、配信のステップに進むが、フォローアップメールなどの追加配信が必要になる場合もある。顧客対応を効果的に管理するシステムとしては、回答を完了するまでに次の機能要件を含める必要がある。

- 応対スタッフが対応する直近の案件は3つ程度まで、簡単な操作で当該顧客の管理画面や顧客が入力した情報（苦情など）にアクセスできるようにする。応対スタッフが問合せ内容の把握、必要な調査と情報収集の作業を効率的に実行できるようにする。
- 問合せ内容の分類コードを入力することで、必要なFAQや回答のガイドラインに速やかにアクセスさせる。本章と第10章で紹介する「柔軟な解決の余地」は、ここで活用できる。
- 案件情報の共有を目的とした社内転送や調整
- 分類コードに基づいて他部門への回答を共有する仕分けルール設定
- 応対スタッフが案件対応中に、社内フィールドスタッフや各部署と簡単にメールの送受信ができ、同僚やスーパーバイザーとチャットできる機能
- 顧客から写真や動画を簡単に受信できる。また、必要に応じて顧客が動画をアップできるリンクの送信機能
- 顧客情報と企業のERPシステムを連携させ、案件対応上で必要データへのアクセスを可能にする。
- 顧客へのレター、メールへの回答、納品書、出荷ラベルなど顧客対応に必要な情報やテンプレートのプリントアウト
- 問合せに応じた分類コードの入力によって顧客対応で必要な回答用テンプレートの取得機能
- 顧客に動画サイトのリンクを送る。
- 案件を社内外の専門家や担当者に振り分けるエスカレーションマネジメント機能
- 新しく浮上した案件のためナレッジマネジメントのメンテナンスチームによる調査が必要と応対スタッフが判断した場合、ナレッジマネジ

メントに新規の未知案件として登録・管理するメカニズム

- ナレッジマネジメントに存在しない案件の回答例を応対スタッフから
  ナレッジマネジメントに登録するメカニズム。ナレッジマネジメント
  のメンテナンススタッフは提出された回答例を慎重に吟味し、ナレッ
  ジマネジメントへ組み込む是非や内容を検討する。
- 案件に連携する書類や画像のスキャンと蓄積、さらにFAQや回答ガ
  イドラインとして表示可能にする機能
- Excelなどのアプリと連携可能なデータエクスポート機能
- 電子署名の機能
- 複数のレターヘッドを使い分ける。

▶④回答2

「回答2」として、追跡のプロセスがある。顧客の案件を受け入れた後、
カスタマーサービスまたは他部署の対応によって解決を図るが、追跡とし
ては、案件ごとに適切な情報を蓄積しておくプロセスを持つことで、将来
的な案件対応での利用や組織的な分析に役立てる。

　追跡はサービス部門の内外に及ぶ。内部的な追跡は、サービス部門内で
の対応状況をモニタリングするが、部門外の追跡では、フィールドスタッ
フやその他の部署に転送した案件の対応が適切に行われていることを総合
的にモニタリングできるプロセスになる。ここで必要な機能の要件は、以
下のとおりである。

- あらかじめ設定したビジネスルールに基づき、Eメールやボイスメッ
  セージにはCCに含めるべき宛先を自動的に追加する。
- 追跡とモニタリングによって、他部署に転送した案件の解決に向けた
  対応状況を確認できるようにする。顧客からの再入電の際に案件の詳
  しい状況を把握したうえで対応できるようにする。
- サービス部門内もしくは他の部署に転送された場合にかかわらず、案
  件が解決して完了（クローズ）した時刻を記録する。

- 約束した納期内で解決できなかった案件については自動的にエスカレーションするか、または未解決案件として識別する。
- 問合せの理由に応じて過去に取った対応策をまとめて報告する。

▶⑤評価

「評価」では、あらかじめ決められた基準に基づいて顧客にアンケートを配信し、結果データの集計から個々の応対スタッフ、チーム、コンタクトセンター全体における「回答」の評価を行う。効果的な評価を行うための機能として以下の要件を含む。

- 案件対応が完了した後、顧客アンケートのメール配信
- 特定の案件タイプには必ずアンケートを配信するよう指定できる機能
- 顧客アンケート結果、案件情報、スタッフの顧客対応の録画（音声および画面操作）、通話時間などのデータを統合し、応対スタッフや案件レベルで集計分析できる機能
- 案件完了までの平均時間の算出（案件タイプ別、チーム別など）
- 案件完了までの標準時間を過ぎた未完了案件数（応対スタッフおよびチーム別集計）

▶⑥顧客の理解（カスタマーインサイト）

「顧客の理解」では、製品、サービス、マーケティング活動などにおける組織的な改善に取り組む目的で顧客対応データの分析を実施する。分析の対象としては、企業の方針や手順の見直しも含み、顧客満足度や効率性に有効に影響しているかを明らかにする。ここで要件定義に含めるものは、以下のとおりである。

- 顧客対応直後に応対スタッフからVOCプロセスへのフィードバックできる機能（社内チャットまたはメール経由など）、および問合せが予防・

回避可能かどうかを特定

- 顧客のコンタクト率の算出を目的とした取引や顧客対応件数（たとえば、支店ごとの顧客ベースの総数、製品ごとの総販売数などを分母としてコンタクト率を算出）
- サードパーティーによる統計分析やレポーティングアプリとの連携（案件の分類コードに基づくクロス集計、発生頻度およびその正規化、平均値や標準偏差などの統計処理など）
- 顧客対応ガイドラインや情報検索上の非効率さを特定できるように、交換機から取得した通話時間データの取得とばらつき分析
- CRM以外のシステムで検知したミスやトラブルの発覚において、顧客に能動的通知を配信する機能
- 顧客アンケートで取得した結果データ集計とフリーコメントの分析
- 顧客対応において新しく浮上したトピックの特定や顧客対応の成功事例の特定などを目的とした音声分析とテキストマイニング
- 苦情の発生件数などにおいて基準値を超えた時点でスーパーバイザーやマネジャーに警告する、基準値およびアラート設定

▶⑦報告：組織へのフィードバック

組織へのフィードバックを行うための「報告」では、次のような柔軟性が求められる。

- 報告先による報告内容のカスタマイズ
- 報告書の閲覧形態の選択（印刷文書、メール、オンライン表示など）
- グラフおよび表形式の表示機能
- 統計データの表示期間の指定
- 応対スタッフのパフォーマンスに基づくコンテストなどのゲーミフィケーションで使用する案件別満足度や生産性データの生成
- 誰が閲覧しているかを確認するため、報告書の閲覧履歴とモニタリング機能

カスタマーサービスを
サポートするテクノロジー
──顧客の気持ちを察して先回りする

　テクノロジーを使ってある価値を提供したい、としよう。では、そのとき、テクノロジーが先に来るか、それとも価値を先に考えるべきか。その答えは決まっている。まずどのような価値を実現するのかという判断があって、そのために有効なテクノロジーを選ぶという流れだろう。この逆はありえない。

　2つの事例を紹介しよう。私自身が長年にわたって支持する、ある非営利団体のウェブサイト上でオンラインイベントが開催された。非常に人気のイベントで、以前から大々的に報道されていた。発売日の午前8時に参加チケットが購入できると知り、私は8時1分にそのウェブサイトにアクセスした。チケット2枚を注文しようとしたのだが、すでにウェブサイトはダウンしてしまい、全く反応しない。その後も2度ほどアクセスを試みたが、状況は変わらなかった。

　8時10分頃、ようやくトップページに現れたバナーには、「チケットは完売です。ご質問はオフィスに」と書かれていた。すぐに電話したがボイスメールだったので、不満のメッセージを残した。結局、後日スタッフから電話があり、「あなた様のお名前はウェイティングリストに載せてありますので、キャンセルが出ましたらお知らせします」と言われた。せっかくのテクノロジーも、効果的なCXにあまり貢献していないようだ。

　もう1つ、テクノロジーをめぐる別の体験を紹介したい。ある日曜の朝、いつものように配達されるはずの『ニューヨーク・タイムズ』の朝刊がなぜか届いていなかった。問い合わせようとフリーダイヤルに電話した

ところ、自動音声で「配達の件ですか」と尋ねてくる。

「イエス」と答えると「それは未配達ですか、それとも新聞が傷んでいますか」と確認してくる。「未配達」と回答すると、システムが謝罪をした後、住所の確認を済ませ、「すぐに配達手配をします」と約束してくれる。「確認メッセージが必要ですか」と聞くので、「イエス」と答えると、2分後には私の携帯に確認メッセージが届いた。

しばらくすると、新聞配達員から電話が入り、「30分以内にお届けします」と約束してくれた。結果、朝刊は15分後に私の手許に届いた。

こちらはテクノロジーにまつわる成功事例といえるだろう。私の問合せの電話は、新たに導入された音声認識システムにより、電話システムからCRMに連携され、テキストに変換された応対確認メッセージが再配達リクエストとして配達員の端末に直ちに届き、速やかに配達サービスが実行された。

上の2つのエピソードが物語るのは、テクノロジーが価値を生み出すこともあれば、そうでないこともあるということだ。

本章では、第3章で解説したカスタマーサービスのフレームワークをもとに、さまざまなテクノロジーを活用して実行できるサービスの事例を紹介したい。カスタマーサービスの責任者がCXのデジタル化を考える際には、IT部門やデジタルマーケティングの責任者とスムーズに連携する必要がある。そのために、カスタマーサービスの担当責任者が精通しておきたいテクノロジーを取り上げる。

本章の目的は、テクノロジーの導入事例を伝えることではない。カスタマーサービスの活動においてどのようなテクノロジーが使えそうかを学んでもらい、さらにIT部門とともに検討すべきいくつかの課題についても取り上げる。

加えて、カスタマーサービスやCXへのテクノロジー投資がもたらす効果を、CIO（最高情報責任者）に理解してもらえるようにすることも、本章の目的と考えている。また、本章の最後では、CX強化のためにテクノロジーが効果的に使われていることを測定する評価基準を紹介したい。

1 ▶ 7つの活動を
テクノロジーで最適化する

　カスタマーサービスにとって、テクノロジーはきわめて重要である。消費者が企業を認知し、欲しい情報を手に入れ、トラブルや疑問に対する解決策を得るためにコンタクトをして、サービスを受けるまでの一連の流れにおいてそうであるように、顧客との取引や対応から得た情報がVOCとして組織内で集計・分析され、企業内のさまざまな部門で共有される過程においても、同様にテクノロジーは重要な役割を果たす。

　第3章で紹介したサービスにおける7つの機能別活動、周知（アウェアネス）、受け入れ（インテイク）、回答、スタッフの支援、評価、カスタマーインサイト、報告において、いかにテクノロジーを使ってプロセスが最適化できるかを取り上げたい。

　「周知」では、能動的コミュニケーションによるオンボーディングについても取り上げる。多くの企業では、オンボーディングはカスタマーサービスの管轄ではないが、本来は能動的なサービスとして実施するのが望ましい。そうでない場合は、既存のオンボーディング活動に対して、カスタマーサービスからのVOCフィードバックをする必要がある。

▶周知——コンタクトを促し、オンボーディングにつなげる

　カスタマーサービスにコンタクトする一般的なアクセスとしては、インターネット検索、ウェブサイトへの直接的なアクセス、製品や配布物の表示で知るといったものがある。このうちウェブサイトやソーシャルメディアでは、苦情を積極的に受け付けたいというメッセージを、目立つ形で掲示すべきだ。

　ウェブサイトのトップページには、顧客に伝えたい重要な情報へのハイパーリンクとともに、ウェブサイト以外のすべてのコミュニケーション

チャネルを掲示するのが望ましい。

ウェブサイトでYouTube動画などが見つかれば、トラブルで困っている顧客も少しは安心するかもしれない。動画がネット検索結果の上位に来るようにSEO対策をしていれば、届けたい最新情報をより多くの消費者に届けることができ、企業のブランドを守ることにもつながる。ちなみに、動画はできるだけ短く見やすいものが好まれる。1回の動画で60秒程度、3〜4つのポイントをカバーするだけにとどめるのが望ましい。

カスタマーサービスを提供する流れを効果的にするためにも、テクノロジーが活用できる。顧客を適切な部署や担当者へスムーズにつなぐことができる。顧客からの電話を受け付ける際にIVR（自動音声応答システム）を使っている場合、着信番号から顧客を特定し、CRMと連動させることによって、すぐに受け入れ（インテイク）のプロセスへと移行するのが理想的だ。

また、カスタマーサービスの受付電話番号を、ウェブサイト、取扱説明書、製品自体などに表示する際には、可能な限りIVRの選択メニュー（主なカテゴリー）を表示するのが望ましい。

顧客に製品やサービスの概要を周知するオンボーディングには、製品やサービスを購買した後の顧客教育が含まれる。顧客教育の効果的な事例としては、購買時のチャネルや、顧客自身が希望するチャネルを使って、必要な情報を届ける（プッシュする）方法がある。

たとえば、顧客がネット通販で商品を購入した場合は、当然オンラインでのオンボーディングが効果的なはずだ。店舗での購入であれば、顧客は対面でスタッフから直接教えてもらいたいと期待しているかもしれないし、その他の選択肢を求めている可能性もある。

電気自動車メーカーのテスラでは、取扱説明ツールとして28分の動画を16のショートビデオに分割して配信している。

アウディも、納車時に行っていた従来の取扱説明を変え、すべてを一度に教えようとはせず、最も大事な情報を3つだけ伝え、顧客が新車に乗り始めて2週間後に再び機会を設けている。これはもともと優秀な営業担当者が実践していた方法で、他のスタッフにも同じ方法を取るように促して

いるという。顧客満足の強化につなげようとオンボーディングを推進しつつ、その方法についてはスタッフに裁量を与え、柔軟性を持たせている事例といえる。

　もう1つの改善事例を紹介しよう。ある大手の消費者団体では、加入者向けのプログラムやメリットが説明されたウェルカムキットを加入者全員に配布していた。しかし、80ページもあるキットはすべての情報を網羅しているものの、詳細すぎて誰も読まないように思えた。

　私たちのアドバイスに従って、彼らはウェルカムキットを見直し、会員名簿だけを配布することにした。その他については加入理由に合わせて選択できるようにしたところ、加入時の満足度が20％向上する結果につながった。

▶受け入れ（インテイク） —— 振り分け（ルーティング）と履歴作成（ロギング）

　カスタマーサービスにコンタクトする顧客のアクセスチャネルは、従来の電話の他に、ウェブサイト、メールやチャット、モバイル端末など、多様化が進んでいることをまず理解する必要がある。

　このうち電話については、用件に応じて「振り分け（ルーティング）」をする段階でフラストレーションが生まれやすい。特に、IVRなどの自動システムは、プッシュボタン方式・音声認識方式のいずれの場合でも、その設計が悪いと顧客を悩ませることになる。また、常連のリピーター客なのに、そのことが認識してもらえないのも、不満につながりやすい。

　しっかりと顧客を認識したいところだが、一方で、そのために入力してもらう個人情報はできるだけ少ないのが望ましい。ANI（発信者番号通知）を活用すれば、本人確認の手間を省くことができる。

　たとえば、新規契約したクレジットカードを有効化するために電話をかけてきた顧客の場合、その着信が契約時に登録した電話番号と同じであると自動的に認識できれば、カード番号のみの入力で処理対応できるだろう。少しでも対応のストレスを減らすことが望ましい。

　受け入れ（インテイク）の段階でのストレスをなくそうとすると、場合に

よってはセキュリティ基準を譲歩せざるをえない可能性がある。顧客にログインやパスワードを求めずに、質問や要望に応じる必要がある。

　セキュリティ基準をどうしても下げられない場合は、ファイヤウォールの外側で本人確認なしで質問に答えられるサイトをつくる方法もある。簡単な質問への対応、顧客の意見の書き込みなどについては、煩雑な壁をなくして応じることも検討すべきだろう。

　顧客を確認する手段としては、メールアドレス、口座番号、クッキー(cookie)[1]などがある。オンライン上の書式（フォーム）に個人情報の入力を求める際には、よくあるミスをバナーで示すなどしたり、住所の自動入力、入力後の編集・修正機会を設けるなどして入力ミスを減らし、そのために活用できる機能はできるだけ用意するのが望ましい。

　セルフサポートなどの自動システムやソーシャルメディアにおいても、シンプルさが求められる。また、ソーシャルメディアに投稿された顧客のコメントや、顧客接点で取得した苦情やコメントについても、受け入れの一環としてモニタリングする必要がある。

　理想的には、顧客の社会的な属性を取得して、口座情報などと結びつけたい。顧客にシームレスなサービスを提供したいという企業側の目的を説明すれば、社会的にアクティブな顧客ほど納得してもらえる可能性が高い。彼らは失いたくない顧客でもあるはずだ。

▶回答

▶要件の把握、調査と情報収集、分類

　顧客からの問合せに対して、従来は応対スタッフが要件を理解し、内容に応じて分類して登録していた。現在では、音声認識とテキスト分析にAI機能を加えることによって、自動的に問合せ案件を分類することが可能になりつつある。テクノロジーがうまく機能すれば、応対スタッフと消

---

[1]　顧客がウェブにアクセスした際の情報を一時的に保存し、マーケティングなどに活用する。昨今は、個人情報保護の観点からクッキー規制が進んでいる。

費者の両者にとって、案件の特定から調査までの流れを効率的かつ正確に実行できるようになる。

分類作業に活用できる2つのアプローチがある。1つは応対スタッフが使用するCRMに登録する機能であり、もう1つは、録音およびリアルタイムの会話に応用できる音声とテキスト分析ツールである。

まず、CRMを活用した応対スタッフによる分類項目は、一般的に階層構造になっている。問合せ理由で大分類し、さらに10項目程度のサブカテゴリー（中項目）で分類する。旧来のシステムでは、適切な項目を選ぶために応対スタッフがスクロール機能を使っていたが、項目数が増えると分類作業（コーディング）においてミスが生じやすくなる。そこで従来のスクロール機能に替わるものが必要になってくる。

2番目のアプローチでは、テキスト分析または音声認識のツールを使って分類する。顧客が発した言葉からコンタクト理由の項目にひもづけることができる。便利にはなったが、全言語対応は難しく、業務に応じたカスタマイズや応対スタッフによる最終確認が必要だ。

コンタクト理由が特定でき、さらに該当する製品や顧客履歴の情報が取得できた時点から、問題の調査が可能になる。サービス業全般で活用されているCRMでは、顧客情報が特定できれば、そこから直近の取引応対履歴を取り出せる機能がある。

顧客の購買や苦情対応、その他のコンタクト理由のコードを使い、必要な参照データを引き出すこともできる。たとえば、「苦情の対応状況」というコードを使えば、現在対応中の案件が苦情処理のワークフローのどこにあり、次に取るべきステップが何かを一目で示すことも可能だ。

製造業の場合は、問合せのあった製品の製造モデル番号やタイプの特定に時間がかかることがある。従来は顧客自らが情報を探して特定するか、色や形を伝えながら特定していたが、現在ではAI機能を備えた画像分析アプリを使って製品モデルを電話やチャットで簡単に特定できるようになり、数分間を要していた会話が不要になりつつある。

たとえば水栓メーカーのモーエンでは、実験段階だが、AI機能を搭載したチャットを使って、顧客がアップロードした画像から水栓製品の複雑

なモデル番号の特定とパーツ検索が解析できるようになった。AIを活用したことで、従来の会話が大幅に効率化できたことは確かだ。

▶解決案の提示、ステータス確認と調整、追跡（トラッキング）

　続いて、顧客からの問合せに対して解決案を提示するプロセスに進む。単純な内容であれば対応自体は簡単に完了できるが、複雑な案件になると「解決の幅」が生まれ、ナレッジマネジメントに格納されている複数の選択肢から、顧客価値や問題の原因分析の結果に基づいて適切な解決案を顧客に提示することになる。システム的には、CRMを結節点（ハブ）にしてAIやナレッジマネジメントを活用するのが基本となる。

　応対スタッフが問合せ案件の分類をCRMに登録した時点で、解決に必要な情報（たとえば、注文、クレーム、口座履歴など）が自動的に表示される。また、CRM上では、ステータスタブを使って案件の進捗を記録・管理する。

　解決案の提示のプロセスは、応対スタッフによる有人対応であろうが、自動ツールによって無人化されようが、まず案件の分類が必要であり、ナレッジマネジメントと連携する点は共通している。オンラインコミュニティ内でユーザー同士が直接やり取りした場合も、ナレッジマネジメントを連携させて、その案件に関する詳細な手順、手法、方針、動画サイトなどへのリンクを示すことができる。

　顧客対応が完了するとCRMにはその履歴が残され、その直後から顧客対応の評価がスタートする。評価プロセスが終わって確認が済むと、管理システム上は「完了」となる。

▶ナレッジマネジメント

　ナレッジマネジメントは案件対応を支援するツールだが、コンタクト理由別の分類コードに基づいてナレッジマネジメントに自動的にリクエストが飛び、応対スタッフに必要な意思決定ルールの案内を取り出せるようにするのが理想となる。

　ナレッジマネジメントにおける重要な側面としては、ナレッジマネジメ

ントの維持と更新、ウェブサイトで公開するコンテンツとの連携、の2点がある。どちらも多くの企業では軽視されているようだが、この2点を適切に行えば、コスト効率とCX強化の両面で劇的に貢献するだろう。

　ナレッジマネジメントを最適な形で維持していくためには、新しい案件が特定されるたびに、その内容を精査したうえでナレッジマネジメントに記載するというルールが必要になる。また、ナレッジマネジメントをウェブサイトのコンテンツマネジメントに連携させることで、問合せ自体を回避し、入電件数を下げる効果が期待できる。

▶評価——応対評価

　2つのレベルでの応対評価において、複数のテクノロジーが活用できる。

　まず応対スタッフの評価には、電話、メール、チャットのデータをモニタリングするツールが必要になる。評価対象となる顧客対応の録音に加えて、調査段階でスタッフが行った作業記録が残せることが望ましい。いずれの機能も、電話対応を録音するシステムに備わっている場合が多い。

　応対スタッフの評価には、応対満足アンケートのツールも必要になる。コール対応後にそのまま顧客から直接評価を受け取る場合と、事後評価を顧客に求める電話またはメールをCRMから配信する場合がある。

　アンケート実施のタイミングの妥当性については専門家の意見は分かれており、顧客対応直後のアンケートがより効果的だという意見もあるが、対応直後のアンケートは回答にバイアスが生じる可能性が高いと私たちは考えている。対応に不満な顧客や急いでいる顧客は返答しない可能性があるからだ。したがって、顧客対応後、しばらく経ってからメールを配信するほうが妥当で、そうすることで即時解決できなかった対応の場合、コールバックなどのフォローアップもアンケート対象に含めることができる。

　2つ目の評価は、顧客対応プロセス全体に対する評価である。これについては、顧客が個人でも法人でも、案件が完全に解決しクローズした時点でCRMから配信したメールでアンケートを実施するのが望ましい。

▶カスタマーインサイト——顧客の理解

カスタマーインサイトの機能は、データの蓄積と検索、統計処理、分析までのプロセスで構成される。多くのCRMには、顧客情報、履歴情報、CRMから配信されたアンケート結果、ERPから取得したオペレーションデータ、通信システムから通話を録音したデータやその評価など、さまざまな情報を統合する機能が備わっている。

▶報告——能動的コミュニケーション

報告は、組織へのフィードバックと能動的コミュニケーションの2つのプロセスから構成されるが、ここでカスタマージャーニーにおけるトラブルや疑問を予防または回避するための取組みである能動的コミュニケーションについて述べる。

カスタマーサービス部門は、すべての顧客対応について、「顧客が問い合わせてくる前に求めていたことは何だったのか」「事前に答えを提供できたのか」を自問しなければならない。

顧客コミュニケーションの少なくとも8割は、顧客に対する能動的な確認または教育（または情報提供）であるといっても過言ではなく、それらをプログラム化しておく効果は大きい。顧客との取引や対応後の確認ができる機能をソフトウェアに組み込んでおけば、その実施にかかるコストはタダも同然だ。

同様に、取引上のミスが発生したときに、全く同じ原理を応用することができる。ミスが発生した時点で企業側から能動的に顧客に通知するほうが、顧客からの問合せを待って調査を発動し、解決するよりもずっと安上がりなのだ。

フェデックスやUPSが実用化して成功を収めた配達物の追跡アプローチは、今後テイクアウトフードの配達からBtoBに至るまで、すべての配送に対して求められるようになるだろう。

なお、顧客とのコミュニケーションチャネルの選択に関しては、顧客の希望や、案件の内容に合わせてカスタマイズすべきだ。

▶ スタッフの支援
── 採用とトレーニング、人材育成、報奨（インセンティブ）

カスタマーサービスのスタッフを支援する重要なテクノロジーとしては、ワークフォースマネジメント（入電件数など業務量の予測も含む）、トレーニングと人材育成、ゲーミフィケーションがある。

ワークフォースマネジメントのソフトウェアは、もともと業務時間において30〜60分間隔で適正な要員数を割り出して配置するためのものだが、要員が余剰になる時間帯が生じると前もって判断できれば、スタッフの訓練や他の業務に就かせるための研修などに充てることができる。

オンライン研修は、最近では人事評価にしっかりと組み込まれるようになってきた。スタッフの弱点が見つかれば、それを強化するためのトレーニング教材を自動的に推奨することができる。ただし、弱みばかりにフォーカスせずに、スタッフを次のレベルへと引き上げていくためのトレーニングを継続的に行うことが、動機づけにおいて重要なことを付け加えておこう。

ゲーミフィケーションのソフトウェアを導入することで、個人のパフォーマンスを、過去のパフォーマンスや他チームのメンバーとの対比をしながらフィードバックできるようになる。システムの中には、個人の成長を効果的に支援するために必要なトレーニングを推奨するなど、人材育成プログラムと連動しているものもある。

---

2 ▶ カスタマーサービスの責任者が　知っておくべき14のテクノロジー

次に紹介する14のテクノロジーはいずれも、カスタマーサービスや顧客からのフィードバックを取得するうえで役立つものである。カスタマー

サービスの責任者や担当役員であれば、テクノロジーがサービス活動にどう活かせるかについては知っておく必要がある。

それぞれのテクノロジーの機能をまとめたうえで、必要に応じてCX強化のベストプラクティスを紹介しよう。

▶①CRM

CRMには、履歴作成・トラッキング・報告を行うための単純なツールから、第3章で解説した20のサービスプロセスのほとんどすべてを包含する複雑なものまで幅広くある。ただし、CRMとして備えるべき次の5つの側面に関しては、不足している場合が多い。

- 履歴作成と分類
- ナレッジマネジメントとAI機能との連携（アンケートプロセスを含む）
- 社内オペレーティングシステムとの連携
- 能動的コミュニケーションの支援
- 応対スタッフによるCRM機能利用度合いのモニタリング

CRMでは、顧客からの問合せがどのチャネルから届いても、コンタクト履歴の作成と分類を実行し、顧客ID（識別子）を使って顧客情報と連携させることができる。

CRMに備わっている機能以外で分類する場合は、音声認識やテキスト分析でも代替することが可能だが、その場合は応対スタッフによる確認が必要になる。システム上は、顧客からのコンタクトを3つの理由別にコード化することが望ましい。なぜならば、コンタクトの約3分の1は、2つ以上の理由が存在するからだ。

CRMとナレッジマネジメントを連携することで、問合せ内容を把握して、その案件を分類した時点から、顧客の問合せ対応に必要な解決案や案内のポイントを取り出して、応対スタッフが参照できるようにする。応対スタッフは、すべてのトラブルや質問に対して取るべき適切な対応を記憶

するストレスから解放されるだろう。

CRMは、顧客からのフィードバックを取得するプロセスへと連携するか、CRM自体にそうした機能を内包することが望ましい。それにより、コンタクト後にアンケートを自動配信することが可能になる。

ベストプラクティス事例は、コンタクトの直後に電話やメールでフォローアップするよりも、少し間をおいてからメールで顧客アンケートを配信している。回答のタイミングは顧客の都合に合わせている。

最近のCRMは、ユーザーがシステム上の機能を十分に使いこなしているか、利用度合いをモニタリングして測定する機能を備えている。これによって、機能を効果的に使っていない応対スタッフや顧客を特定できるようになり、再教育などの機会を設けるようになった。たとえば、セールスフォース・ドットコム、ゼネラルモーターズ、チャールズ・シュワブなどでは、顧客に提供している管理ツールの利用度合いをモニターしている。

▶②ERPとの連携
▶──顧客の気持ちを察して先回りする「予知能力」のあるサービス

「そろそろピザでも注文しようかな」と思った瞬間、いつものピザ店が玄関先に来ていたなどという体験はまさかないと思うが、気持ちを察して何かをしてもらって悪い気がする人はいない。

顧客の気持ちを察して先回りする、いわば予知能力を能動的に発揮するサービスを、私たちは「予知能力を備えたピザ店」と呼んでいる。

しかし、予知能力を発揮してサービスを提供するなどということが、本当にできるのだろうか。「予知能力を備えたピザ店」の概念は、まだあまり一般化していないが、実は不可能ではない。

CRMに残された過去の取引や行動履歴から顧客の取りそうな動きを予測し、業務システムと連携させながら顧客への能動的コミュニケーションを展開する。効果的なデータ連携の先に予知的サービスを提供することは、本章で紹介するテクノロジー応用の中でも非常に重要なものの1つに挙げられる。

たとえば、eコマースの場合、注文・梱包・配送を管理するシステムと

CRMとの連携がきわめて重要になる。また製造業の場合は、製造工程のスケジュールと連携させるべきだ。もし製造工程のプロセスでトラブルや遅延が発生した場合、CRM経由で直ちに顧客に知らせることができる。

ドキュメンタリーに特化したオンデマンドのネット映像サービスで急成長するキュリオシティストリームでは、業務システムとCRMを連携させることによって、顧客を悩ませているトラブルを直ちに察知し、予防・回避する仕組みを構築した。

ユーザーの最大の不満は、動画をダウンロードしたいのにうまく読み込めないバッファリングなど、動画のダウンロードから再生の段階でトラブルが起きることにあった。そこで同社ではCXを損なわないように、3つの能動的な予防措置を採用している。

- すべてのユーザーに対して動画をダウンロードする際の品質をモニターし、バッファリングなどが生じた記録を残している。コンテンツを提供する複数のネットワーク全体に対してバッファリングの原因分析を行うことで、動画再生のトラブルを90%以上削減することに成功し、高い顧客満足度とユーザーの継続率を維持している。
- バッファリングを防止するためのもう1つの取組みは、動画再生を標準レベルの画質からスタートし、ユーザーのインターネット環境などの状況に合わせて画質を可能な範囲で強化していくというものだ。もし、ユーザー側のインターネット環境に問題があり、バッファリングが繰り返されることがわかった場合は、顧客にその旨を説明して最上位のプレミアムサービスをサポートできる環境ではないと伝えている。その際には、プレミアムサービスから基本サービスへの契約変更を提案し、差額の返金手続きを取るようにしている。
- その後もキュリオシティストリーム側のモニタリングは継続され、ユーザー側のネットワークがアップグレードされたなどの状況が探知された時点で、再びプレミアムサービスなどの提案を行う。

▶③ナレッジマネジメント

複数のチャネルをまたぐ顧客対応や、能動的な顧客教育をするうえで、ナレッジマネジメントは不可欠である。

優れたナレッジマネジメントとは、新しい問題が発生するたびに、その解決案を既知の情報として特定し、検索可能な形式にして蓄積するものである。こうすることで同じ問題が再発した際に、別のスタッフ、原因分析チーム、顧客の誰であっても、一から再調査しなくても済む。

ナレッジマネジメントは、組織的にナレッジをつくり上げていく集団知性（コレクティブインテリジェンス）の概念をベースにしており、社内向けのナレッジも顧客と共有することが可能だ。

具体的には、ナレッジのデータベースをパーティションで区切り、一般的なトラブルシューティングの方法やエラーコードへの対処法などの顧客に公開すべきナレッジについては、ウェブサイトからアクセスできるようにする。それによって、応対スタッフのトレーニングに要する時間、カスタマーサービス業務の負荷を大幅に軽減できる。

区切られたデータベースでは、データベース内のすべての情報にアクセスできるユーザーもいれば、一部のデータだけ閲覧できるユーザーもいる。具体的には、従業員だけが閲覧できる区分と、従業員と顧客の両方が閲覧できる区分に分かれるが、実際は大部分がウェブサイト上で公開できるようになるはずだ。

ナレッジマネジメントにおける最大の問題点は、内容の更新を怠ったり、十分に顧客と情報を共有をしないことにある。ナレッジマネジメントを、社内外にユーザーを持つ共有リソースであり、自社の核となるナレッジを貯蔵する場所だと考えるのが望ましい。

この点について組織の規模は関係ない。小さな組織であっても、ナレッジマネジメントのメンテナンスを管理する担当者は必要で、そのための人件費は組織的な投資と見なすべきである。ナレッジを顧客が使えるようになれば、カスタマーサービスのセルフ化が進み、その程度の人件費は簡単

に相殺される。

　ナレッジマネジメントのベストプラクティスは、繰り返しになるが、応対スタッフからのフィードバックに基づいて、新しいトラブルに対する調査結果や解決案、それに関連する情報などを含め、ナレッジの継続的な更新作業を行うことにある。

　たとえば、ハーレーダビッドソンでは、サービス責任者がフロントスタッフに対して、新しい問題やその解決案があれば、決められたフォーマットで報告することを奨励している。報告内容はナレッジマネジメントの管理者の手で編集作業が行われ、ナレッジマネジメントのデータベースに格納される。[1]

　さらにベストプラクティスを挙げると、ナレッジマネジメント自体の有効性をモニタリングしているケースだろう。ナレッジマネジメントを利用するユーザーからの評価に基づき、その有効性を検証している。その結果、追加トレーニングなどの必要な応対スタッフと、顧客対応時に役立たなかったナレッジ項目の両方を発見できる。

▶④ウェブサイト

　カスタマーサービスは、社内のデータマネジメントを担当する部署と協力してウェブサイトのコンテンツ管理を担当すべきだ。ウェブサイトのトラフィックを分析すると、潜在的な新規顧客は少なく、大半は既存顧客が情報を探そうとしているものであるのがわかる。

　以下にウェブサイトで重要な点を挙げる。

- トップページには、既存顧客が体験するトラブルや疑問の上位5〜10を目立つように掲示し、適切な回答へのハイパーリンクを用意する。それらに関する問合せが劇的に減り、セルフサービスの割合が急増するはずだ。
- ウェブサイトのトップページだけでなく、どのページに飛んでも、検索機能、問合せ先、FAQ、ウェブサイトマップへのリンクは、ペー

ジの最上段に配置すべきである。さらに、バナーなどを使って「お問い合わせいただいたことについては、私たちが必ず解決します」といったメッセージを伝え、顧客の積極的な問合せを促す。

- ウェブサイト上でセルフサービスや顧客管理ツールなどの機能を充実させる場合には、新規顧客向けのポータルを別途用意するのが望ましい。フレンドリーなグラフィックを使い、短い動画、主要なFAQなどに簡単にリンクできる、わかりやすい索引システムにしておくのが望ましい。

- カスタマーサービスがコンテンツを作成して掲載する場合、その大半はパスワードやログインをしなくても簡単にアクセスできるようにするのが望ましい。少なくとも問合せの3分の1は顧客情報には関係のない内容であり、本人確認をしなくても回答を提供できる。

- 検索機能を提供する場合は、一般的な問合せやトラブルにはすべて対応できる適切な回答を蓄積すべきだ。トラブルや苦情といった言葉を入力しても反応しない検索機能が多いが、トラブルで困ったり、苦情を申し出たい人に対するガイダンスも用意しなければならない。さらにウェブサイトの機能として、顧客が検索しても回答を見つけられなかったり、回答が役に立たなかった場合の履歴を記録することが望ましい。カスタマーサービスは月次でその報告を受けて、問題の回答を改善する。これにより問合せ件数が減ると期待される。

▶⑤電話交換システムとIVR

電話交換システムには、いくつかの重要な機能が求められる。特に重要なレポーティング機能をはじめ、読者にはおなじみのものもあるはずだが、次の9つの機能について微妙な意味合いも含めて解説したい。

- CTI……電話交換システムとの連携で入電と同時に顧客の管理画面をポップアップさせるだけでなく、CRM上のコンタクト理由にひもづけて、対応に要した時間を残しておくのが望ましい。

- 音声メッセージ……電話をしてきた顧客を保留で待たせる場合には、複数のメッセージを流せるようにすべきだ。待っている間に同じメッセージを何度も聞かされるのは、フラストレーション以外の何物でもない。待ち時間が長引く場合は、メッセージも変化させるようにする。

- レポーティング……入電件数などについては、30分間隔で記録したものをレポートする必要がある。ほとんどの電話交換システムは60分間隔のレポートになっているようだが、業務量の変動と予測は30分間隔で実施するのが望ましい。

- 通話内容の録音……理想的には通話の録音内容を会話音声分析と連動させるのが望ましい。録音に必要なコストが下がってきているので、全件を録音してもよいだろう。社内の評価やコンプライアンス上の理由がない限り、保管期間は30日間程度とするのが一般的である。

- 保留……保留時間が長くなったコールが顧客の不満に直結するにもかかわらず、これを探知できる機能を備えている電話交換システムが少ない。単純な応答速度以外に、コンタクトセンターの応対評価基準に含めるようにする。

- 現在の待ち時間……電話口で待たされているときに待ち時間を教えてもらえれば、顧客としても対処の仕方があるはずだ。待ち続けるべきかどうかの判断もつけられないのはつらい。

- バーチャルキュー……現在の待ち時間を顧客に案内すると同時に、コンタクトセンター側からのコールバックの選択肢を示すバーチャルキューは、待たされることの不満解消につながる。ぜひ導入すべきだろう。

- 音声認識のIVR……適切に設計されていれば、音声認識技術を採用したIVRは使いやすい。プッシュボタン方式よりも不満の解消につながるだろう。しかし、音声認識のIVRを正確かつ使い勝手よく設計するのは、人の手に負うところが大きい。こちらのほうが技術よりも重要である。

- IVRの操作音声の分析……IVRを利用する顧客の声を聞き取り分析

する機能。顧客満足度の向上と顧客に対する理解を深めるために、投資する価値はある。たとえば、アメリカン・エキスプレスではIVRを使用する顧客の声を聞くことで、IVR体験の分析に役立てている。

▶⑥検索と検索エンジンの最適化

　カスタマーサービスにおいて、インターネット検索機能は非常に重要である。大半の顧客は、自らの疑問に対する情報や回答を見つけるために、カスタマーサービスにコンタクトしたり、ウェブサイトで答えを見つけようとする前に、まずグーグルやYouTubeの検索に走ると思って間違いない。

　したがってカスタマーサービス部門は、社内のIT部門と協力してSEO（検索エンジン最適化）を強化し、顧客が探している情報が絶えず検索結果の上位に来るようにすべきだ。また、カスタマーサービスにコンタクトしてきた顧客に、情報を見つけるのにウェブサイトや検索サービスを使ったかどうかを質問することも必要だろう。もし顧客がウェブサイトやオンラインで検索をしたにもかかわらず、情報を見つけられなくて電話してきたのだとしたら、SEOを強化する必要があるし、またそのヒントも見つけられるはずだ。

▶⑦YouTubeなどの動画

　YouTubeをはじめとする動画は、顧客への情報提供や教育、使用方法の説明にはもちろん、他のユーザーなどと共有できる気晴らしを提供するにも最適なツールだ。製作する映像の品質はあまり気にしなくていい。カスタマーサービスのスタッフが制作を担当し、スマートフォン撮影でも十分なものがつくれるだろう。

　動画は、顧客の教育や使用方法などを説明するうえで、最もわかりやすく簡単な手法といえる。コンテンツが複雑になるほど、動画活用の効果が期待できる。電話での説明（口頭）や印刷物（テキスト）と比較すれば、その

効果は明らかだろう。

　顧客の手許でリンク先を保存し、常時閲覧できるのも、動画のメリットの1つだ。必要に応じて何度でも参照することができる。また、製品の性能や制約などを消費者に伝える場合にも、効果的なツールとして使えるはずだ。

　動画といえば、誰もがエンターテイメントを思い浮かべるはずだ。2014年には、猫の動画だけで200万本以上がYouTubeにアップされ、再生回数は250億回にものぼった。[2] 教育を目的として動画を見る消費者もいるが、ほとんどはエンターテイメントを求めている。また、面白い内容はすぐに友人や知人と共有される。

　カスタマーエンゲージメントにおいても、そうした動画の特性は変わらない。顧客同士が交流するオンラインコミュニティでも、たくさんの楽しい動画が見つかる。たとえば、会計ソフトのインテュイットや米国臨床化学会にアップされた動画は、どれをとってもユーモアに富んだ内容ばかりだ。

▶⑧オンラインコミュニティ

　オンラインコミュニティやレビューサイトは、企業にとって重要なツールになるだろう。たとえコントロールが難しいとしても、である。コミュニティサイトでは顧客が相互に助け合っており、VOCを取得するうえでも、カスタマーエンゲージメントを構築するにしても、効果が期待できる。

　とはいえ、すでに述べたように、企業がコミュニティを制御できるわけではない。自社でレビューサイトを構築して運用する企業があるが、その場合でも完全にコントロールできるわけではない。レビュアーは独立した存在であり、サイト内の情報を操っていると思われないようにすべきだろう。

　オンラインコミュニティを企業が運営する場合の最大の落とし穴は、企業側が継続的なモニタリングとサポートを怠ることである。最悪のパー

ティーをイメージしてほしい。ゲストとして招かれたにもかかわらず、飲み物もまずければ音楽もない。あなたなら、どうだろう。人が入ってくるが、すぐに出て行ってしまう状態は避けたい。

オンラインコミュニティではモデレーターが必要だが、まとめ役が根っから好きで夢中になれる最適人材が求められる。その好例が、ワシントンDCにある古着ファッションサイトのコミュニティサロンだろう。モデレーターとして採用した女性がヴィンテージファッションのカリスマ的存在になり、瞬く間に5000人以上のフォロワーがつき、売上げに大きく貢献した。その後、彼女は他の組織に移ってしまい、コミュニティは彼女が生み出した熱気を維持することができず、縮小することになった。

もう2点、失敗しやすいポイントがある。まず、コミュニティメンバーのコメントやレビューを集計して、しっかりと分析しないこと。そして、顧客からの正当な批判に対して、タイミングよく回答するのを怠ることである。

オンラインコミュニティについても、レビューなどの分析は継続的に行うべきで、テキスト分析ツールなどが役立つ。ただし、テキスト分析ツールを導入する費用を考えると、ツールに頼らずサイトを日々のぞいて、重要な課題を見つけ出すのが現実的だろう。対応が必要と思える場合には、問題を解決する方向でコメントする。また、何らかの反応をする場合も、あまり目立った形で行うのは望ましくない。

▶⑨レビューサイトとソーシャルメディアのモニタリング

カスタマーサービスの責任者は、レビューサイトとソーシャルメディアに精通している必要がある。企業としてレビューサイトを主宰したり、運営することもできるし、レビューサイト自体を独立させることもできる。また、レビューサイトだけでなく、ソーシャルメディアもモニタリングする必要がある。

どちらの場合も、顧客に表現の自由があることを企業として認めなければならない。もし否定的な意見を見つけても、企業側の見解を示すことは

あっても、その投稿を削除したり、ディスカッションの妨げになるような
ことはするべきではない。否定的な意見も、貴重な情報源として捉えるよ
うにする。

BtoBの場合、経営陣の多くは、否定的なレビューを投稿されるとビジ
ネス環境が損なわれると心配するようだが、それは間違いだ。すべてのレ
ビューを歓迎すべき理由は3つある。

まず、レビューサイトやオンラインコミュニティに投稿されたコメント
により、企業として問題を早期の段階で認識できる可能性がある。

次に、自己防御的にならずに、批判を和らげるような取組みをすること
ができる。

最後に、オンラインコミュニティ自体への投稿が多ければ、ネガティブ
な投稿があっても次々と入ってくる他のコメントに押し流されてしまい、
いつまでもコミュニティで話題になるものでもない。

結論からいえば、何もせずにユーザー同士の自主的な交流を無視したり
避けたりするよりも、自らオンラインコミュニティを主宰したり、参加す
るほうが得るものが大きいというのが私たちの見解だ。

▶⑩モバイル端末

モバイル端末がカスタマーサービスの世界を大きく変えてしまった。

まず、企業に問い合わせたいと思ったときにスマートフォンからコンタ
クトする顧客の割合が急増している。次に顧客は、モバイル端末を通して
テキストや音声データの通知を受け取れるようになった。特にテキストは
返事する必要がないため、顧客には歓迎されている。

さらに、ウェブサイトの画面を共有する技術や、ビデオチャットなどの
技術も加わってきた。インテュイットでは、ビデオチャットを実施するこ
とにより顧客の信頼度が高くなり、推奨意向が30％上がった。[3]

スマートフォンのカメラを使えば、動画ストリーミング機能で事故や損
害の様子を保険会社に簡単に送信することもできる。保険金請求の報告や
調停に使えるだろう。実際、この機能を活用したことによって、小規模か

ら中規模の事故に関しては、調停員が現場にわざわざ出向く必要がなくなり、保険金請求にかかわる費用が劇的に軽減された。

　先に紹介した水栓メーカーがAI機能を搭載したチャットで製品番号や特定のパーツを把握するシステムも、顧客がスマートフォンのカメラで撮影した画像をアップロードすることで簡単に機能する。画面共有ツールを使ってITサポートするのと同じような感じで、製品にかかわる技術サポートを提供することが容易になった。

▶⑪音声とテキスト認識の分析ツール

　音声とテキスト認識の分析ツールを導入することによって、文章や会話を構造化されたナレッジに変換することが可能になる。適切に実行すれば、電話やメールの受け入れ（インテイク）に活用できる。受け入れのプロセスでは、履歴作成、内容の把握、分類化の作業を行うのだが、ここでAIの応用が可能になる。

　問題は、認識ツールのミス率が相対的に高く、顧客のフラストレーションにつながりやすい点だ。

　音声認識ツールは、顧客との会話内容をテキストに変換するものだが、現時点で正確さを完全に担保することがまだ難しい。また、テキスト分析ツールを使っても、テキストの意味や意図が正確に理解されない。顧客からのメールやチャットの要望を誤解してしまうと、不適切な対応結果につながったり、対応手順を間違えるなどの結果につながってしまう。

　さらにまずいのは、顧客からの問合せ内容が具体的でない場合、自動化ツールのほとんどは、テキスト分析が正確でなくても、顧客が回答に対して不満であっても、回答を出そうと試み続けてしまうことだ。

　以上の問題を解決するために、AIが搭載されたスマートツールの場合は、すぐにミスを認め、顧客をリアルな応対スタッフへと転送してくれる。もう1つのアプローチとして、認識ツールが曖昧な質問を聞き取った場合には、ツール側から質問を投げかけることによって、不正確な回答につながる問題を解消することが可能になる。

このツールにするためには、過去のエラーや顧客がオプトアウトした結果をすべからく分析する必要があるが、ミスなく完了できた確率を97%まで高めた事例もある。

音声認識の有効性をさらに高めるために必要なことを2つ挙げる。1つは認識されやすいキーワードを、電話番号などに併記すること。もう1つは、顧客が言葉を発した時点で、その先のステップを無視して、顧客が求める選択肢に直結させる。これによって顧客は残りの12秒のメッセージを聞かなくても済む。

動揺した気持ちや不満を抱えてコンタクトしてくる顧客にとって、必要な選択肢がわかっているのに、10秒以上も余計に待たされれば永遠に感じられるかもしれない。このような状況は回避できるのが望ましい。

▶⑫IoTとGPS

IoTは、カスタマーサービスを受け身から能動的なものへと進化させるうえで、これまでも大きな影響を与えてきた。たとえば、ゼネラルモーターズは、自動車が事故を起こした時点で、車載情報システムを介して同社のセキュリティ・セイフティー・システムに信号が届いて、ロードサービスを手配すると同時に、能動的に顧客へコンタクトを取って状況を確認しながら、救急医療が必要かを判断する。

シスコシステムズでは、機器のトラブルが起きそうだと社内サーバーシステムが予知した時点から、まだ緊急ではないタイミングからサービス点検などの手配を始める。緊急事態に発展してからの対応を避けることで、組織的な効率化を図ろうとしている。

他にも、配車サービス大手のウーバーやライドシェアのリフトなどは、ドライバーの現在位置をリアルタイムで顧客に知らせることで、顧客の不満を軽減することに成功している。

スマートフォンのGPS機能を使えば、行きたいお店、旅行やレジャーなどの目的地に到着した顧客とコミュニケーションを取って、お得な情報を案内したりクーポンなどを提供することができる。この場合、カスタ

マーサービスの責任者にとっての課題は、どれくらい近づいたタイミングでアプローチするかだ。通りすがりの人にむやみにホテルのチェックインアプリやクーポンを送りつければ、違和感を持たせてしまう。最終的には、顧客からのフィードバックで学習して調整していくべきだ。

▶⑬ゲーミフィケーション

ゲーミフィケーションの概念が最初に使われたのは航空会社だろう。マイレージで知られるロイヤルティプログラムである。次のレベルに到達しようとすると、もう少し飛んでマイルを貯めなければならない、という顧客の動機に働きかけてくる。このテクノロジーを応用して、応対評価のデータをスタッフにフィードバックすることで、同じように動機づけや称賛、エンゲージメントの強化に役立つ。

ゲーミフィケーションを組織内で応用する場合の主な注意点を2つ挙げよう。1つは、パフォーマンスの高いスタッフを称賛する場合も対象を絞りすぎずに、上位10〜15％以上を対象とし、それ以外のスタッフ全員に対しても思いやりのあるフィードバックをすることにある。多くの場合、上位のわずかなスタッフに的を絞り、下位3分の2の業績向上についてはあまり配慮していないが、この層を引き上げることが全体の業績に最大のインパクトを生み出すだろう。

そこで2つ目としてゲーミフィケーションを応用するのであれば、上位パフォーマーと同様に下位のスタッフにも注目したい。また、フィードバックは単に業績ランキングを知らせるのではなく、個々の成長に向けての改善点とそのための具体的な施策、たとえば、オンライン研修などを推奨するのが望ましい。

カスタマーサービスの責任者に質問したいことがある。「評価のための指標、スタッフへのフィードバック、インセンティブなどの制度はスタッフから快く受け入れられているだろうか。もしかしたら全体的に嫌な制度だと思われていないだろうか」

フィードバックやインセンティブを行う際は、常に1つか2つのパ

フォーマンスに的を絞って行うのが望ましい。20項目に対して何かを言っても受け止めてもらえないだろう。

▶⑭ 先端テクノロジー──AIとバイオメトリクス

　相互に関係する2種類のテクノロジーが実験段階から実用段階に入り、カスタマーサービスの世界でも革命的に広がりつつある。AIとバイオメトリクスによって、音声、顔、指紋認証が行われている。

　AIは、現在使われている数多くのナレッジマネジメントのアプリケーションとは異質なものだ。ナレッジマネジメントは単純に、キーワードや顧客情報に基づく一連のルールで構成されている。

　Yという特徴を持った顧客がXというトピックについて問合せをしてきた場合、それに対して最も適切だと判断された顧客対応のルールや手順が検索されて使われることになる。一方、AIツールになると、その対応が適切であったかどうかを顧客からのフィードバックで学習し、時間とともに対応内容が改善されていく。ナレッジマネジメントも、フィードバックを受けて継続的に改善していく必要がある。

　膨大なデータベースを使って検索してくれるAIは、保険商品などの場合、顧客の申請書作成をサポートすることも可能だ。たとえば、損害保険の一種である洪水保険を契約する場合、従来のプロセスでは、顧客が54項目の質問に答えて契約申込書を作成するだけで45〜60分ほどかかり、さらに保険証書を作成するのに2週間を要した。

　損保会社のネプチューン・フラッドは、AIを活用してそんな業界の常識を破壊してしまった。同社CEOのジム・アルバートによれば、契約申請の作成プロセスは簡略化され、2分ほどで終わるという。また、申請書の承認も当日完了という早さだ。

　複雑な質問があっても、たとえば対象となる家屋が海抜何メートルの高さに建っているかなどの情報は、既存のデータベースから引っ張ってくるという。さらに、情報を記入する際のミスも、かつては申請書2通に1カ所程度の割合で発生していたが、それも90%は改善された。[4]

バイオメトリクスは、いくつかのスマートフォンにおいて本人認証やセキュリティ対策のために使われている。指紋認証自体は新しい技術ではなく、たとえば米国運輸保安庁の入国審査プログラムの一環として長年使われてきた。また、飛行機の搭乗チケットの代わりに顔認識を用いるパイロットテストがすでに始まっている。

ユナイテッドヘルスでは、アダルトチルドレンの声紋認証を登録保管しており、医療情報のプライバシーを遵守したうえで、親の承諾がなくても医療費について相談できる仕組みを整えている。

カスタマーサービスの責任者にとっては、「テクノロジーがミスを犯す頻度はどれくらいなのか」「困ったときには簡単に人が代わりに対応できるか」という2つの疑問がある。

顔認識に関する最近の報道によれば、航空会社の登場手続きの際にエラーが4%程度発生しているという。特に少数民族や、サングランスやスカーフを着用している人の場合は認識しにくいようだ。[5] この情報に基づけば、従来のパスポートや運転免許証の写真による確認よりもバイオメトリクス・システムのほうが、現状ではまだ不満を感じる顧客が多いといえるだろう。

3 ▶ CIOやデジタルマーケティング部門と連携する方法

本章の冒頭で紹介した、未配達時の『ニューヨーク・タイムズ』の対応にとても感心した私は、同紙の購読者の継続とCXを担当するベン・コットンにインタビューを申し込んだ。実施体制について質問したが、コットンのチームには、ITのシステム設計から担当する専任チームがいて、サービスプロセスを強化するために、いちいちCIOの承認を取らなくてもいいようだ。

新聞が届いていない、破損しているなどの報告を受けて配達するというプロセスは件数も多く、日常的な業務といえる。ストレスのないプロセス

をつくり上げ、利便性を追求することが、企業と購読者の両者にとって大きなメリットをもたらす。彼らが開発したアプリには、バケーション・ストップという機能が加わったそうだ。数クリックするだけで、休暇中の配達を止めることができるという。[6]

　とはいえ、カスタマーサービス部門に専任のITチームを抱えている例はあまり多くはないだろう。通常は、CIOやデジタルマーケティング（DM）の責任者と連携しなければならない。最近では、企業のIT予算やインフラ構築のかなりの割合をDMが計画して管理しているケースが多く、その中にウェブサイトやソーシャルメディアも含まれる。CIOやDMの責任者と連携するためのベストプラクティスをここで紹介したい。

▶ カスタマージャーニーマップを連携プロジェクトに活用する

　詳細なカスタマージャーニーマップを作成し、顧客の痛点を書き加えることで、カスタマーサービス、IT、DMの間の共通言語を確立できる。

　IT部門との間では、マップを使って機能強化したいプロセスを特定して共有ができる。IT側は、その機能を効率的に運用できるテクノロジーを調査し提案すればよい。エデュケーショナル・テスティング・サービスの副社長兼CTO（最高技術責任者）のダン・ウェイクマンによると、「最近の賢いCIOは、IT投資を計画するうえで詳細なカスタマージャーニーマップを活用している。もし、IT投資によって、CXが強化されないのなら、その投資はボトムライン（利益）に貢献していない」という。[7]

　DMとの間では、マップを使うことで顧客のメールアドレスや好みを取得するタイミングを特定することができ、さらにカスタマーオンボーディングを通して、顧客に提供するデジタルツールをより活用してもらえるようになる。

　カスタマーサービスから見た課題については、顧客の痛点の上位10を作成し、カスタマーサービス、IT、DMの3者による痛点分析を通して、シンプルなデジタルツール、プロセス改善、または能動的コミュニケーションによる痛点回避など、改善策のオプションを検討する。

　たとえばアフラックでは、最近社内で結成したサービスとITのタスク

フォースに対して、こんな指示がカスタマーサービスの責任者から出された。それは、最新のデジタルツールに飛びつくことなく、顧客の声に耳を傾け、顧客が求めているものを特定し、顧客にとって重要なものから提供するようにというものだった。

タスクフォースが最初に提案したことの1つが、領収書の発行だった。領収書の印刷機能はすでにあるとIT部門は指摘したが、実際にそのリンクを使ってみようとすると、ウェブサイトのトップページから5階層も下に行かなければ見つからなかった。社内の継続的改善部門からの提案で、トップページに領収書の印刷に直接飛べるリンクを貼ったところ、すぐに月間アクセス数が3万から10万に上昇し、その後の顧客満足度アンケートの結果が数ポイント向上した。[8]

▶ **メールアドレスや携帯番号を取得して、能動的コミュニケーションを実践する**

顧客への能動的コミュニケーションを実践するためには、何らかの電子アドレスを顧客から取得する必要がある。しかし、スパムメールなどに対する警戒が強まり、メールアドレスを取得すること自体が難しくなってきた。顧客に、重要なお知らせだけに限定して許可するというオプションを選んでもらうことで、メールアドレスやSMSを送信する携帯電話番号などの電子アドレスを取得できるだろう。

もう1つ、メールアドレスを最新の状態に保っておくのも簡単ではない。そこでリンクトインでは、いわゆる点検プロセスを毎週実施している。サイトのログイン時に、顧客が使用しているメインアドレス、バックアップ用アドレス、携帯電話の番号を示して、「変更はありませんか」と尋ねている。変更なしとワンクリックすれば、簡単にチェックが終わる。

▶ **顧客が求めているコミュニケーションチャネルを把握する**

顧客が利用したいコミュニケーションチャネルは何か、また、その利用度合いなどを把握しておく必要がある。たとえば顧客の要望は、「AとBについては電話で連絡してほしいが、CとDに関して電話はしてほしくない」といった具合だ。過剰なコミュニケーションで苛立たされたくないの

だ。

特にBtoBなどで、数多くの出荷を管理するような環境では、その傾向が顕著だ。すでに多くの企業では、サービス上のエラーやトラブルを顧客に伝える際に、深刻度に応じてチャネルを使い分けるようになってきた。

ある物流企業では、クライアントである石油会社からのコミュニケーションに対する要望が具体的に示され、両者で合意した。その内容は、工業原料の出荷が2時間以上遅れそうな場合は、メールで知らせる。4時間以上はテキストメッセージを送り、遅れが6時間以上になりそうな場合は担当者の携帯に直接電話する、というものである。

▶テクノロジーを使いこなせるようにオンボーディングする

顧客とのコミュニケーションを成功させるためには、メールアドレスの登録、利用したいコミュニケーションチャネルや頻度などにつき、オンボーディングプロセスの段階で確認するのがベストだ。同様に、企業側が提供するITツールも、オンボーディングで基本機能に精通してもらうことで、顧客と企業の両者にとってスムーズなコミュニケーションとサービスが実現するだろう。

たとえば、ラスベガスにあるネバダ・クレジット・ユニオン（信用組合）では、窓口の数が不足しているため、顧客にはモバイル端末アプリの使用を訴えており、さらにカスタマーサービスを利用するたびに5ドル課金するという有料化を発表した。支店のスタッフは、新規顧客に対して30分以上かけてモバイル端末アプリの使い方を教えている。アプリのダウンロードに始まり、最低3つの基本的な操作ができるようになるまでに30〜40分程度の時間を要するが、顧客はテクノロジーを喜んで使いこなしている。

▶すべてのデータベースを共通の顧客IDで連携する

顧客に伝えたい処理などの進捗、ミスやトラブルの発生、確認事項などの必要な項目を特定し、顧客に通知するためには、業務上のデータベース間で共通の顧客IDを使って連携させる必要がある。

それにより、CRM上でも同一のIDで顧客に通知することが可能になる。すべてのデータシステムを共通のIDで連携することはIT上の大きな課題だが、能動的・予知的なサービスを展開するうえでは不可欠だ。

▶CIOとの連携により、顧客とスタッフの軽微な痛点を解消する

　カスタマーサービス部門がCIOと連携した素晴らしい事例を紹介しよう。フロリダにあるバンカーズ・ファイナンシャルの元CIOジム・アルバートは、社内のカスタマーサービス、人事、フィールドサービス部門と連携し、非効率で社員を悩ませていたITシステムの課題について、軽微だが解決してほしい課題を特定した。

　そのうえで大型プロジェクトを1週間中断し、その週を「Do it！週間」と称して、IT部門のメンバーを総動員し、問題解決から、改修後のシステムチェック、リリースまでを行った。結果的には50近くのシステム上の不具合や弱点を解消したことで、CXと従業員満足度の向上に大きく貢献することができた。

---

4 ▶ テクノロジーの活用度を測る評価基準

　カスタマーサービスにおけるテクノロジーの活用度を測るための指標をいくつか紹介しよう。

▶新規顧客のITツール活用度

　企業が提供するモバイル端末アプリなどを新規顧客が使わなかったり、ウェブサイトを使わずに電話窓口にかけようとする状況があれば、ITツールを使いこなしてもらうためのトレーニングとインセンティブが不足しており、顧客へのオンボーディングプロセスは効果的でないといえるだろう。

▶ セルフサービスの利用割合

　最初のステップとしては、各ITツールの利用者人数などの情報をIT部門から取得する。たとえば、顧客との取引が行われているツールやチャネルごとの比率を割り出したい。私たちは類似した2つの金融機関で、電話、支店実店舗、PC端末、モバイル端末アプリ、ATMなどの利用者数の比率を比較してみた。1社ではモバイル端末アプリによる取引が全体の20%程度だったが、もう1社は65%以上だった。

　この数字の差が生まれた要因は、新規顧客に対するオンボーディングアプローチにあることがわかった。ネバダ・クレジット・ユニオンの事例を紹介したが、「顧客に対するオンボーディングを通じてITツールを使ってもらう」ことが必要になる。

　既存顧客がITツールを使いこなしていない場合は、新規顧客と比べてさらに厄介で、企業は必要以上のリソースをかけなければならなくなるだろう。

　セルフサービスの利用率を上げる現実的なアプローチは、1つはテクノロジーを使いやすいものにすること。もう1つは、積極的に顧客（ユーザー）を教育することだろう。

　第5章で紹介するが、チャールズ・シュワブは自社で開発したITツールのインターフェースや取引ツールを十分に使いこなせていないFA（ファイナンシャルアドバイザー）に対して、コンサルティングやトレーニングを提供している。FA自身にとっても、テクノロジーの活用によって取引処理の精度とスピードが上がり、顧客対応やステータスレポート作成の手間が省け、事務コストが削減するメリットを訴求している。

▶ 問合せ理由別の件数

　これは、テクノロジーの利用におけるわかりやすさや使いやすさを診断するために役立つ指標である。ヘルプデスクなどへの問合せ案件を管理するために発行されるチケットに、粒度の細かい分類コードを振り分けることが重要になってくる。たとえば、分類コードだけでも最低100項目以上あれば、テクノロジーを活用するうえで何が問題になっているのかを特定

できるようになるだろう。

▶取引タイプ別のエラー件数

　幸いにも、必要なデータは改めて作成しなくてもいい。すでにどのシステムでも、エラーの記録は残されているが、報告されていないだけだ。エラーのすべてを集計して報告している企業は少ない。IT部門は、顧客が注文し、入金に至るまでのフローが正確に行われているかについては気にしているが、注文や発送が未完了でもあまり関心がないようだ。

▶ウェブサイトでの検索エラー

　検索エラーが発生すると、その結果として顧客の不満につながるか、電話での問合せが増えて対応コストが発生する。検索エラーが生じた場合、社内には2つのデータが残る。顧客から役に立たなかったという苦情。もしくは、顧客に送られた「検索できません」の件数。こうしたデータでさえ、社内で共有している企業は1割程度にとどまる。

▶ビジターの内訳

　ウェブサイトのトップページに訪れるビジターを、新規と既存顧客で大別する。この指標はシンプルだが非常に重要だ。ほとんどの企業では、ホームページに訪れるビジターのうち、新規顧客の割合が少ないはずだ。ウェブサイトでの取引を行ったり、情報を得ようとしているのは既存顧客だろう。

　頻繁に利用する顧客には、端末ベースのメモリーを使って自動ログインさせるなど、パスワードや顧客ID入力の手間を省く工夫をして、ストレスを減らす取組みが求められる。

▶検索エンジン経由と直接ウェブサイトに訪れるビジターの割合

　新規顧客がウェブサイトに訪れるルートを、検索エンジン経由か直接かで分ける。SEO対策やクチコミ効果を理解するうえで役立つだろう。特に、成功しているBtoBの場合、新規顧客の5割以上は既存顧客のクチコ

ミだと考えられる。

第Ⅱ部

カスタマーサービスシステムの構築と運用

- ☑ カスタマーサービスは、CX強化のためにIT部門と全面的に連携すべきだ。
- ☑ カスタマージャーニーを作成し、顧客との取引や対応をシンプルにするためには、ITを導入する際の選択と優先度が重要になる。
- ☑ 能動的なサービスを実現するためには、メールやテキストメッセージなど、電子的なコミュニケーションチャネルが不可欠になる。
- ☑ 能動的なコミュニケーションや予知的な先読みサービスを実現するのなら、ERPなどの業務系システムとCRMとの連携が不可欠になる。顧客にとって重要な問題をすぐに解決するためには、カスタマーサービスがウェブサイトの少なくとも3分の1、理想的には全体のコンテンツに関与するのが望ましい。
- ☑ ウェブサイトは重要だが、今後は、モバイル端末アプリによる簡潔なコミュニケーション、顧客が必要とするタイミングでコミュニケーションするジャスト・イン・タイムの概念、そしてメールやテキストメッセージが重要な役割を果たすだろう。

ビジネスパートナーと
サービスを強化する
──リテーラーとアウトソーサーの場合

　取引顧客が消費者、法人のいずれの場合であっても、ほとんどの企業における販売活動は、流通チャネルやネットワークに依存しており、ECプラットフォーム、小売店、フランチャイズチェーンなどのさまざまな形態を通じて展開されている。ここでは、それらを総称してリテーラーとする。また、多くの企業がカスタマーセンターや物流の一部またはすべてを外部にアウトソーシングしている。

　リテーラーやアウトソーサーを活用することで企業は自社の強みに集中し、市場シェアの拡大に専念できるというメリットがある。一方、顧客との関係構築やカスタマーサポートの業務を第三者に任せてしまうことはデメリットになりうる。

　顧客マネジメントが手離れした瞬間に顧客との間に壁ができてしまうと、顧客からのフィードバックやエンゲージメントの機会を失ってしまいかねない。その結果、カスタマーロイヤルティが損なわれる可能性が生じる。

　本章では、リテーラーやアウトソーサーと連携するうえでの目標設定、リテーラーとの効果的な関係構築のベストプラクティス、カスタマーサービス業務のアウトソーシングにおけるメリットとデメリット、アウトソーシングのベストプラクティス、リテールチャネルやアウトソーシングを成功させるためのマネジメント指標について扱いたい。

1 ▸ リテーラーマネジメントの ベストプラクティス

▸リテーラーとアウトソーサーの活用で何をめざすのか

リテーラーとアウトソーサーを活用するうえでは、次の2つのゴールがある。

- 外部パートナーの力を借りることで、企業はより多くの顧客に販売することができる。効率的に市場シェアの拡大を狙える。リテーラーのチャネルを活用することで、マーケティングと営業活動のコストを抑えることもできる。しかし、顧客接点をパートナー企業に任せることになるので、顧客満足、ひいてはロイヤルティが損なわれないように、CXには細心の注意を払わなければならない。
- カスタマーサービスに必要なテクノロジーへの投資を外部に切り出したり、労働集約的な業務をアウトソーシングすることによって、企業は自社のコアコンピタンスに集中できる。

この2つのゴールを達成するうえでの課題は、高品質のCXを維持することにある。企業は、外部パートナー企業に事業の一部を委託しても、自社の価値観やブランドイメージを守らなければならない。

パートナーシップを成功させるうえでのカギは、関係構築、マネジメント指標、インセンティブの組合せにある。自社、パートナー、顧客の3者の関係が、誰の目から見てもウィン・ウィン・ウィンであるようにしたい。

▶ カスタマージャーニーマップを作成して合意する

どのようなリテーラーと連携する場合でも、事業全体に関係するCXの起点から完了までを描いたカスタマージャーニーマップを作成し、双方で合意することが重要になる。

カスタマージャーニーマップにはCXにおける主な段階（フェーズ）を設定し、顧客の期待と顧客が体験する主な痛点を書き込めるようにする。

手始めに、各フェーズに2つずつ、顧客の痛点と期待（まず痛点を書き込んで、それから期待）を書き込んでみよう。次に、各フェーズおよび具体的な痛点に対して、自社とリテーラーの責任範囲を記入する。責任範囲が決まったら、顧客に対してどのように対応すべきかをまとめた詳細なサービスガイダンスの作成に取りかかる。

ガイドラインを作成するうえで、カスタマーサービスやCXの部門責任者は、リテーラーと一緒になって作業に取り組むのが望ましい。表5-1を使って、①企業の責任、②リテーラーの責任、③共通の責任というステップで、各自の責任を明らかにする。さらに、具体的に想定される状況を書き込んでいく。誰が、何を、どこまでするのかについて合意した責任分担の範囲、各痛点に対応する責任者は誰かを、詳細なレベルまで具体的に定義することが求められる。

7つの中でも、営業、配送・オンボーディングのフェーズにおいて顧客の期待を満たす役割分担が最も難しいかもしれない。役割分担が曖昧なままだと、リテーラーのスタッフが当事者意識を持って担当できなくなり、委託企業に責任をなすりつけることになってしまう。

ある保険会社では、販売員や代理店のスタッフがすべてのミスを本社のせいにして顧客への説明を続けていたが、本社側の調査で、発覚したミスの3分の2が代理店によるものであることが判明した。

営業やオンボーディングのフェーズでは、顧客の期待を理解し、正しく設定することが重要な課題になってくる。製品やサービスが複雑になればなるほど、顧客の期待を満たすためのタスクが増えて、それ自体が難しく

表5-1 カスタマージャーニーの7つのフェーズにおけるサービスの責任分担

フェーズ	製品デザイン	マーケティング	営業	配送・オンボーディング	製品の使用	課金・請求	サービス
顧客の痛点							
顧客の期待							
痛点のためのガイダンス							
企業の責任							
リテーラーの責任							
共通の責任							

なる。

　たとえば、一見シンプルな食品についても、表示ラベルだけで相当な数の顧客の期待（知りたいことなど）があると考えられる。食品の温め方、原材料、開封後の冷凍方法、賞味期限など、一連の顧客の期待にいかに対応するかを決めておく必要がある。

　携帯電話や電気製品になると、販売店などのリテーラーにとっては、顧客教育やオンボーディングの責任範囲がかなり広がってくるだろう。メーカー側はウェブサイトなどで情報を公開し、販売店による顧客教育を補完しなければならない。たとえば、家電メーカーのダイソンやワールプールでは、製品自体にシールを貼って消費者を自社のウェブサイトに誘導し、わかりやすい動画などを使って顧客教育を徹底しようとしている。

　顧客に対するサービスの責任は、契約で具体的に明記されていない限り、販売店ではなくメーカー側にある。たとえ両者の関係が契約などで明確に定義されていたとしても、トラブルになりやすい。

　たとえば、トラクターのメーカーが、大型のディスカウントストアで自社製品を購入できるように販売網を拡大した。従来の販売店は、自分たち

の店で買った顧客以外には、サービスを提供しないと主張した。販売店側にすれば、ディスカウンターとの価格競争にさらされて十分な利益を確保できないうえ、ディスカウントストアで購入した顧客に対するサービスまで責任を押しつけられては納得がいかないだろう。

理想的にはメーカーが、消費者からの質問やトラブルに対する顧客対応マニュアルなどのガイダンスを提供するべきで、ガイダンスにはそれぞれの質問やトラブルに対する対応責任を明確に定義しておく必要がある。

たとえば、自動車メーカーの場合、保証期間内の故障は販売店が対応するが、保証期限を過ぎると対応責任はメーカーに移る。ただし、保証期間外でもメーカーとしての誠意を示すために2000ドルを上限に予算を組み、販売店に対して無償の故障対応を促しているケースもある。

まずは、痛点のリスク度評価を実施したうえで（詳しくは、第6章の顧客離反リスクを参照）、表のようにカスタマージャーニーを7つのフェーズに分解し、各フェーズで上位2つずつの痛点に関して、責任と顧客対応のガイダンスを明確に定義しよう。そうすれば、同業他社の中でも先進的な取組みとなるはずだ。

以下では、こうした取組みを進めるうえでのポイントを挙げる。

▶ リテーラーマネジメントのポイント

▶ 苦情を集めて現場での対応を奨励する

トラブルを抱えた顧客が苦情や疑問を伝えても、購入した販売店で解決できないとなると、わざわざその先まで苦情を申し出ないケースが多いだろう。したがってメーカーとしては、販売店などのリテーラーで積極的に質問やトラブルを受け付け、対応してもらうようにする必要がある。それと同時に、自社でも気軽に受け付けられる体制を備える必要がある。

また、リテーラーに提供するトレーニングやガイダンスには、顧客からの苦情や質問への対応の方針と手順についてもしっかりと組み込んでおくのが望ましい。

ある大手タイヤメーカーは、販売店の店先に掲げる看板を用意した。そ

のメッセージは、「XXXブランドのタイヤで、何かお知りになりたいことはありませんか？　ストアマネジャーが対応します。またはフリーダイヤルにお電話ください」というものだった。店側で対応するのが難しい問合せなどについては、メーカーのフリーダイヤルという選択肢を顧客に提供する必要がある。

▶顧客からのアクセスを担保する

　多くの場合、販売店は顧客が自分たちのものだと主張する。この主張は間違ってはいないが、メーカー側からすればエンドユーザーの体験や満足度を理解したいという想いが強い。そこで自社ブランドを守るためには、顧客からのアクセスを担保する必要がある。

　企業が顧客との接点を持つには、3つのシンプルな方法がある。

①顧客からの問合せの窓口となるフリーダイヤルの番号を至るところに表示する。

②自社のウェブサイトとフェイスブックなどのSNSで、顧客が問題を解決できるようにする。ほとんどのミレニアム世代はフリーダイヤルの前に、まずこちらを利用するだろう。ウェブサイトからチャットに誘導したり、フェイスブックのメッセンジャー機能を活用するなど、即時性の高いコミュニケーションが一般的になりつつある。メーカーにとっては顧客からの直接的なフィードバックを得ることができるし、それを建設的な方法で販売店と共有すれば、販売店サイドもこうした介入を好意的に受け止めてくれるだろう。

③さらに、オンライン上のアンケートを使って顧客の声を集める。クーポンなどのインセンティブで働きかけることで、顧客からのレスポンス率が20〜35％にのぼる企業もある。たとえば、ファストフードチェーンのカールスジュニアやチックフィレでは、レシートにオンラインアンケートの案内を載せて、回答者にはインセンティブがあることを伝えている。こうした場合、抽選方式よりも回答者全員が使えるクーポン券などが効果的だろう。

より進化した手法として、IoTを使ってエンドユーザーと直接的につながろうとしている企業がある。コカ・コーラでは、自動販売機にRFID[1]チップを埋め込み、販売機内の商品在庫量や機械故障の発生を自動的に検知できる仕組みを導入している。

自動車メーカーでも、カーナビやエンターテイメントシステムの利用状況をモニタリングして機能設計の充実を図ろうとする試みが、複数の企業で導入されている。顧客の利用状況をふまえて、あまり使われていない機能の操作説明やメリットを教えるショートビデオを、メールで紹介することもできる。

▶ リテーラーにおけるCXを検証する

販売店などのリテーラーから、トラブルや疑問で困った顧客からのフィードバックをメーカーが取得するには、できるだけ目に留まりやすいツールを使うのが効果的だ。

アンケートサイトへ誘導するウェブ上のリンクを、商品本体、レシート、ウェブサイトなどの目立ちやすい場所を使って案内する。フリーダイヤルの窓口も効果的だ。

BtoBの大手企業で、新規顧客に対しては本社から直接ウェルカムレターを送り、顧客の「第一印象」を把握するための満足度調査を実施している例がある。通信企業やIT関連企業でも、オンボーディングプロセスの効果を測定するために、契約後30日経過したタイミングで新規顧客へのヒアリングを実施している企業は少なくない。

▶ リテーラーに対するインセンティブが重要

顧客からのフィードバックチャネルを活用すれば、販売店やそのスタッフが顧客に対して取り組んでいるカスタマーディライトを把握することができる。

---

[1] 近距離無線通信を応用した自動認識技術。

顧客を第1に考える組織風土をつくり上げていくためには、リテーラーの現場で働くスタッフやマネジャーを称賛することが効果的だ。米国トヨタ自動車販売では、顧客満足度で高いスコアを獲得したディーラーを称賛するだけでなく、ディーラーのカスタマーサービス部門のマネジャーをイベントや旅行に招待している。ゼネラルモーターズや全米自動車協会でも、顧客から高い評価を受けたロードサービススタッフをご褒美の旅行などに招待している。

▶オンボーディング用のクイックスタートキットを用意する

　販売活動における効果的なオンボーディングをつくり上げるには、顧客が一目でわかるキットの開発がリテーラーのスタッフにとっても役立つだろう。顧客がそれを見て質問をするきっかけになるはずだ。ある企業では、クイックスタートキットの表紙タイトルに「(顧客が) 不愉快な体験をしないことを、私たちも望んでいます」というメッセージを書いたことで、たくさんの人に読んでもらえたという。

　ある通信企業や自動車メーカーのケースを紹介しよう。いずれも新規顧客向けの立派なウェルカムキットとして印刷物とDVDを制作したのだが、その結果はいまいちだった。特にDVDを受け取った顧客は、中身を見る前に「時間がかかる」と感じ、「後で見る」という行動につながってしまった。顧客は結局、そのウェルカムキットを使わないだろう。

　パナソニックやワールプールでは、販売店から顧客に手渡すための電子製品や家電製品の納品キットを提供している。そこには「クイックスタート」のページから始めてほしいと書かれているが、これに関しては賛否が分かれる。冊子全体をクイックスタート用ガイダンスと本マニュアル・製品保証の2部に分けて制作しても、結局のところ、ほとんどのユーザーは最初の1ページを読んだ時点で、残りには目もくれず、さっさと使い始めてしまうからだ。

▶業務管理ツール、ビデオ、教育、テクニカルサポートを提供する

　リテーラーの現場で顧客をサポートする効果的なアプローチを紹介しよ

う。

　金融大手のチャールズ・シュワブでは、自社商品を含む幅広い金融商品を扱う約2000人の独立系ファイナンシャルアドバイザー（FA）と提携しており、彼らに対して手厚い教育研修とコンサルティングの場を提供している。

　通常、1人のFAのオフィスでは、5〜20人くらいのスタッフが働いている。FAをサポートするシュワブ側のコンサルタントやサービスチームは、FAの下で働くスタッフに対して、金融取引に必要なITツールの操作から、業務運営のベストプラクティスまでを惜しみなく伝授している。シュワブが開発したITツールのメリットを彼らに訴求することも、研修期間の重要なテーマだ。

　シュワブでは、自社で開発したITツールの活用度を指標管理の対象にしている。FAやそのスタッフがツールの機能を使いこなしているかどうかを知るために利用実態をモニターし、FAにもフィードバックしている。ツールの利用頻度が少ない場合は、再教育の場を設けている。[1]

　ペットスマートでも、店のスタッフが使う教育ツールの活用度を、自社でモニターしている。毎月、従業員の9割がeラーニングプログラムを受講した時点でクイズやコンテストを開催するなどして、プログラムの利用促進に役立てている。[2]

▶ 従業員向けの割引制度を活用する

　リテーラーの従業員を対象とした自社製品の割引制度は、ぜひとも導入したい。自分たちが販売している製品やサービスを、自らがユーザーとして使いこなし楽しむことが重要だ。自動車メーカーを対象に行った私たちの調査では、自家用車を持っていない応対スタッフでは、やはり故障や修理の難しさが実感しづらい傾向があることがわかっている。

　ペットスマートでは、ペットを飼っている人を意識的に採用している。自社で販売している商品の割引制度も提供することで、従業員にもユーザーと同じ体験を持たせようとしている。

▶顧客からのフィードバックを活かすリテーラーを評価する

　リテーラーで起きたトラブルや、リテーラーの対応が原因で生じた苦情などを顧客から収集している企業は多い。その内容を簡潔な文書にまとめて、改善すべき箇所を明らかにしたうえでリテーラーと共有するのが望ましい。

　カールスジュニアでは、顧客からのフィードバック、オンラインアンケートなどの結果が、本社の情報サイトからダウンロードできる仕組みになっている。フランチャイズ店を管轄するフィールドマネジャーや各店舗のストアマネジャーがこの情報を活用し、改善活動に活かしている。しかし、なかには情報に見向きもしないフランチャイズ店もあるようだ。そこで、顧客からのフィードバックを使って改善活動を行っても満足度が上がらない店に対しては、本社からのサポートと訓練の機会を設けている。

▶現場からのインプットを活用する

　大手水栓メーカーのモーエンでは、自社製品を取り扱う住宅建設会社や卸売会社、大規模ホームセンター、配管工事業者などの、複数の流通チャネルなどから現場の声を取得するためのプロセスを設けている。現場からフィードバックされた情報は、共通のコードを用いてVOCデータとして分類されている。それにより製品の欠陥などが原因で発生する痛点を発見できるだけでなく、新しい製品やサービスの開発にも役立てている。

2 ▶ アウトソーシングするか、しないか

　もし、あなたが自社のカスタマーサービス部門の業務の一部またはすべてのアウトソーシングを検討しているなら、次の3つを参考にしながら、まず自社のサービスの基本的な目標設定から考えてほしい。

　①ストレスをかけずに解決する……トラブルで困っている顧客からの問

合せに対して、ストレスをかけずに解決することで、顧客のロイヤルティを損なわず、また、好意的な推奨のクチコミの拡散の可能性を維持することができる。顧客からの申し出に応える回答の有効性を測定するマネジメント指標の1つとして、第3章で紹介したカスタマーエフォートスコア（CES）が活用できる。

②解決後の提案がクロスセルにつながる……顧客の疑問やニーズが納得いく形で解決できた場合は、クロスセルを働きかけるのが望ましい。顧客に適切なタイミングで提案をする、不適切なクロスセルをしないなどの判断は、顧客応対にあたるスタッフ自身ができるようになるのが望ましいが、そのためには顧客に関する十分な情報が欠かせない。

③VOC分析により問合せ自体を減らす……サービスの現場では、顧客のニーズや期待に関して理解すると同時に、不必要な問合せを回避するための情報を収集し、分析することが望ましい。

アウトソーシングで生じやすい問題は、目先の成果を重視するあまり、上記の②と③が達成しにくくなることだ。管理者からのプレッシャーで、スタッフが、顧客にふさわしくない商品を、顧客の期待も確認せずに売り込むような状況が生まれているかもしれない。

もっといえば、スタッフが置かれた作業環境では、顧客からの問合せを将来的に予防したり、回避するための改善ポイントを収集できない可能性がある。スタッフが問題点を認識していても、効果的なデータの集計、分析、報告へと結びつかなければ、トラブルや問合せ自体を解消する取組みにはつながらない。

あるアウトソーサーが、こんなふうにつぶやくのを耳にしたことがある。「電話が鳴ると仕事が増え、われわれの売上げにつながる」。アウトソーサーには、質の高いデータ収集と分析に対するインセンティブが必要なことを物語っている。

3つの目標を設定した時点で、アウトソーシングの是非の問題が浮かび上がってくる。もしあなたの会社が、①の目標、つまり、顧客からの電話に応えて解決することだけをアウトソーサーに求めているならば、アウト

ソーシングが解決策になるだろう。

　もし、その他の2つの目標を達成したいのであれば、課題解決の道はあなたが考えている以上に複雑だ。そこでサービス業務をアウトソーシングする際の主なメリットと落とし穴を以下に整理する。

▶アウトソーシングのメリット

- 多額の設備投資をしなくて済む。アウトソーサーがカスタマーセンターという物理的な「箱」を用意してくれれば、コストをかけずに済む。しかし、在宅エージェント[2]を活用する場合には、その限りではない。
- テクノロジーを更新するためのコスト負担を避けられる。アウトソーサーがテクノロジーのオーナーとなりクライアントが利用者であれば、アップグレードコストの負担がなくなる。ただし、CRMがクラウドベースとなると、アップグレードコストの問題は弱まる。
- 問合せ件数などの増減に速やかに対応できる。アウトソーサーであれば、短期採用やスタッフを異動させるなどの方法で、クライアント業務の繁閑に迅速に対応できる。自社で従業員を雇用し、半年ごとの解雇や採用を繰り返すパターンに陥ると、コストがかさむだけでなく、サービス品質を維持することも難しくなる。大手のアウトソーサーの場合、クライアントごとに業務量のピーク時期が異なることを計算して、巧みに繁閑対応ができる。
- 人件費や不動産賃料が高い地域の企業にとっては、アウトソーシングすることでカスタマーセンターのためのスペースを自ら確保しなくても済む。さらに、人件費などが安いオフショアのカスタマーセンターを利用すれば、事業コストをさらに圧縮できる。

　　ただし、その場合もしっかりとした対策を打たなければ、サービス

品質が低下するリスクが生じる。もし何百万人もの顧客ベースを持ち、問合せの内容が比較的シンプルなものに限られるのであればアウトソースが解決策になるだろう。仮にアウトソーサーの組織内にキャリアステップがなくても、優秀な人材を長期間にわたって確保できる可能な国や地域も中には存在する。

- 24時間対応のサービスを行いたい場合、特に小規模な企業にとっては、アウトソーシングすることで面倒な要員管理の問題を解決できる。カスタマーセンターを自社で運営している企業の中にも、午前から夕方にかけては自分たちで行うが、夜間はアウトソーシングするというところも多い。深夜にまたがる勤務シフトは、たとえ要員数が2、3人でも、きめ細かいマネジメントをすることは難しく、また、予想以上にコストがかかってしまうケースが多い。

- 小規模でも満足のいくカスタマーセンターを運営したいが、それなりのマネジャーを雇用する人件費を考えて、アウトソーシングを選ぶ企業も多い。顧客対応の側面を考えると確かにそのとおりだが、VOCの取得とその活用を考えると、自前でマネジャーを雇う選択肢も視野に入ってくる。

▶ アウトソーシングのデメリット

- コンタクトセンターなどの顧客接点がアウトソーシングされることで、顧客との間に距離が生まれてしまう。マーケティングやオペレーションの部門にとっても、市場の変化を速やかにつかむことが難しくなる。月次報告会でデータがまとめられたとしても、電話応対のチームがマーケティングやオペレーション部門の担当者と日々やり取りするのには到底及ばない。アウトソーサーのコンタクトセンターを、自社の施設内に置くなどの工夫も考えられるが、この場合、不動産コストが自社の負担となる。

- 最近では、アウトソーサーが運営するセンターが、英語を第一言語としない国や地域、新興国に所在することも多く、スタッフがクライア

ント企業の製品やそれにまつわる文化自体に不慣れであることも珍しくない。CCMCの2017年の調査では、スタッフの発音やアクセントが重大な痛点として挙がっている。[3]

　スタッフのクライアント企業の製品や文化に対する理解度が高く、アクセントのクセも強くないことが求められている。この2つが担保されていないと顧客の不満につながりやすく、その結果、生産性も下がってしまう。フィリピンに拠点を置くアウトソーサーの顧客対応の通話をモニタリングしたところ、電話をしてきた（米国の）消費者がスタッフの言葉を聞き取れず、聞き返している場面が珍しくなかった。

　こんなケースもあった。ラスベガス郊外に住む顧客が地元のディーラーに苦情を申し出るために電話をかけてきた。所有している車はフロリダで何年か前に購入したものだったが、米国の地理に詳しくないスタッフは、ラスベガスの販売店を探すのにフロリダ州のデータベースを検索していた。さらに、スタッフ自身が車を所有した経験がないため、車の動きにフラストレーションを感じているオーナーの気持ちが伝わらない。

　ただし、オフショアのカスタマーセンターにありがちなアクセントや文化的背景の違いから生じる問題を解消したアウトソーサーもいる。これについては、次項で紹介したい。

● 顧客対応における直接的なコントロールが利かなくなり、市場の変化に速やかに対応することが難しくなる。一般的なアウトソーシングの契約期間は、ほとんどが3〜5年で、対応する業務量の上限と下限が決められているが、これだけでは不十分だ。アウトソーサーとの契約に柔軟性を組み込む必要がある。

● アウトソーサーは他のクライアントのニーズにも対応しなければならない。自社のために専任のマネジャーやスタッフを配置するとは限らない。

● アウトソーシングでは、入電自体を回避することでコストを削減しようという動機づけが働きにくい。あくまでも顧客対応サービスへの対価として料金が決められており、顧客対応自体を予防したり回避する

ことへのインセンティブが決められていないためである。

　ある医療用機器のメーカーで入電の内容を分析したところ、IVR
または代表番号から間違って転送されてくる入電が30％近くを占め
ることがわかった。間違った入電でも対応すればアウトソーサーの売
上げにカウントされていたため、間違いの原因となるマーケティング
メッセージを特定して改善するといったアクションにつながらなかっ
た。

　また、ある非営利団体では、取り扱う製品やサービスごとに問合せ
先が決められていて、50以上のフリーダイヤルのリストがパンフレッ
トなどに記載されていた。正しい番号を探すのが面倒なのか代表番号
にかけてくる会員が多く、そこからの転送ミスも生じていた。フリー
ダイヤルの問合せ先は、多くても3つくらいにまとめるべきだろう。

● 顧客管理に必要なマネジメントをすべて実施し、顧客対応の品質担保
　や市場（顧客）分析などのためのテクノロジー投資も行うなら、カスタ
　マーサービスにかけるコストはアウトソーシングと変わらないかもし
　れない。

● アウトソーシングした後も、業務のすべてを委託できるわけではな
　く、人材育成のためのトレーニング、品質管理のモニタリング、入電
　内容の分析、難易度の高い案件への対応などのために、マネジメント
　スキルの高い担当者を自社内に配置する必要がある。さらに、新しい
　問題への対応など、顧客対応に必要なナレッジ作成を迅速かつ継続的
　に行い、アウトソーサーのナレッジマネジメントに組み込む必要があ
　る。

● アウトソーサーの応対スタッフのキャリアパスが、現場業務のスー
　パーバイザーや専門性の高い応対スタッフ止まりであることも多く、
　高い離職率の一因となっている。離職率の高さが頻繁な新人採用、初
　期研修コストの増加、一人前になるまでのサービスの質が上がらない
　などの課題につながる。

● 一般的に、アウトソーサーの従業員をクライアント企業が採用できる
　ような契約にはなっていない。長期にわたって自社の顧客対応に精通

している人材でも、クライアント企業の別ポジションに昇格させることはできない。米国トヨタ自動車販売やザッポスでは、自社のカスタマーセンターのキャリアパスがマネジメント層にまでつながっており、スタッフは、顧客に寄り添えるカスタマーセンターの運営に積極的にかかわったり、マーケティング部門のポジションに就いたりしている。

▶アウトソーシングのベストプラクティス

カスタマーセンターのアウトソーシングにおけるメリット、デメリットを論じてきたが、委託先の日常的な監督、指標管理、契約条件の細かな見直しなどを通じて、リスクをコントロールすると同時にメリットを最大化することは可能だ。次に、品質の高いサービスを維持して、企業としてのレピュテーション（評判）を守るために実行すべきベストプラクティスを紹介したい。

▶顧客満足度などの測定

顧客対応を無作為抽出し、顧客満足度をEメールなどで継続的に測定することを、アウトソーシングの契約要求に盛り込む。満足度を測定する顧客アンケートの設問には、応対スタッフの説明のわかりやすさ、知識レベル、顧客ニーズに応えるための権限を備えていたか、対応後のフォロー、さらに対応後の顧客自身の推奨意向を含める必要がある。

▶つながりやすさの品質管理

入電後、応答するまでの待ち時間の目標値を60秒以内に設定する。電話の待ち行列において、（音声応答メッセージの後で）顧客が3〜4分待たされるケースは多い。60秒を過ぎると不満につながりやすくなる。応答できた件数と割合、応答まで要した時間について1時間ごとの実績データを把握する。特に長く待たされた事例については、詳しい報告を要求すべきである。

第2章で触れたが、電話で60秒以上待たされた顧客のほとんどは長いと感じるだろう。この不満を何か楽しいもので軽減する方法もある。ザッポスではジョークが聞ける選択メニューを用意している。同様にアフラックではアヒルの声が聞けるようになっている。

つながりやすさの指標管理に平均応答速度を使うべきではない。平均値はあくまでも50％の応答時間を示しており、半数以上は平均値以上待たされていることになる。着信件数の変動幅が大きく、つながりやすさの管理が難しい場合は、顧客を待たせずに一定時間内に自動的にコールバックするバーチャルキューなどのテクノロジーを採用すべきだろう。

▶顧客の要望を把握する

顧客の要望について、アウトソーサーの応対スタッフから直接ヒアリングできる機会を設ける。アウトソーサーのマネジャーを通さず、スタッフからのフィードバックを直接、かつ毎週または毎月など定期的に受けるのが望ましい。顧客の真の要望を知るため、アウトソーサーの顧客対応を、予告せずに遠隔でモニタリングできる条項を契約に盛り込んでいる企業も多い。

▶問合せの即時解決

顧客からの問合せに対して即時解決できるように、一次レベルの応対スタッフには必要な権限やツールを可能な限り与えるよう、アウトソーサーと取り決めておく。案件解決の次には、顧客のニーズに合わせたクロスセルの機会を見つけ出し、お薦め商品などの提案をオファーできる取組みも求めたい。

▶入電の回避

同じ内容の問合せが何度も繰り返されたり、入電自体を回避できる問合せに関しては、詳しいデータを提供するようにアウトソーサーに要求する。また、一次レベルで解決できなかった問合せについても、その原因を報告させる。こうした案件を分析することが入電回避につながるため、サ

ンプルの音声データの提出なども併せて義務づけている企業もある。

▶ナレッジマネジメントの重要性

自社の顧客情報やナレッジマネジメントなどへのアクセスをアウトソーサーに提供する。顧客の情報、顧客ごとの売上げ（購買額など）、顧客の置かれている状況などがわかれば、応対スタッフは顧客のニーズに合わせたクロスセルのオファーができるようになる。ナレッジマネジメントへのアクセスを持たせることで、顧客に提供できる基本的なサービスやオプションを含め、応対スタッフ自身が営業機会を見つけ出してオファーできるようになる。

なかには企業内の各部門から受け取った情報を、ナレッジマネジメントで一元的に管理する業務をアウトソーサーに委託している企業もある。彼らはナレッジを統合的に管理し、一部をウェブサイトからもアクセスできるようにしている。

▶スタッフの雇用

離職率を抑えて安定的な雇用を実現するためには、従業員のストレス緩和、キャリアパスの設計などに関する効果的な取組みが求められる。アウトソーサーのスタッフが2、3年間の業務経験を経てクライアント企業の正社員に登用できる制度をつくったところもあるが、素晴らしい戦略だと思う。

サービス部門での登用だけでなく、他部門も対象にしており、スタッフのモチベーション向上に役立っている。ある自動車メーカーでは、通常よりも20％ほど高い給与報酬で新卒者をアウトソーサーで採用し、2、3年後にその中で最も優秀な人材を自社のマネジメント候補生として採用する企業もある。

▶文化的な適応

中南米でコンタクトセンター事業を展開するカナダ系のアウトソーサーは、米国の消費者に対応するため、英語のアクセント矯正や、文化を学ぶ

集中的なトレーニングをスタッフに提供している。同社ではキャリアパスも用意しているほか、応対スタッフだけでなく家族にも一部適用できる医療保険を整備するなどして、従業員の安定的な確保に取り組んでいる。

▶人材育成

アウトソーシングの予算を見積もる際には、スタッフの初期研修だけでなく「ネスティング期間」を含める。ネスティングとは、スタッフが顧客対応業務に就いてから最低2週間は（業務内容が複雑な場合には長引く）監督者が頻繁にモニタリングしながらプレッシャーを与えずにスタッフを育成する期間を指す。スタッフが安心して業務内容や顧客対応のガイダンスを覚え、自信をつけることを目的としている。1年以内のスタッフ離職率を低く抑える効果もある。

スタッフ評価の結果が基準値に満たない場合には、補習的なトレーニングを実施する。その他、最低でも年1回はスタッフ全員に対して基本的なサービススキルを強化する研修を実施することが望ましい。優秀なベテランスタッフでも、情報検索や顧客対応などのベストプラクティスを学び直すことは必要だ。

▶契約上のインセンティブ

アウトソーサーとの契約に組み込むマネジメント指標には、現場のサービス業務範囲以上のものが必要になる。たとえば、スタッフの安定的な雇用、問合せ案件の分析、VOCの取得と改善提案などである。具体的には、電話、Eメール、チャット、ソーシャルメディアなどのチャネルごとの応答速度、顧客満足度、スタッフの離職率、回避できる問合せの特定、VOCデータの取得と改善提案などにつき、目標達成時のインセンティブを決めておくようにする。

3 ▶ リテーラーとアウトソーサーの成果を測る指標

カスタマージャーニーの一部を担う、リテーラーやアウトソーサーなどのビジネスパートナーの成果を測定するための指標を用意した。

顧客の期待を設定するところに始まり、オンボーディング、サービス、VOC活動に至るまでのプロセスを対象にしている。リテーラー以上にアウトソーサーの影響力が大きいと思われるので、アウトソーサーのための指標はより細かく、また厳密な内容となっている。

▶ リテーラーのためのマネジメント指標

- リテーラーが、顧客の期待を適切に設定する。顧客の期待が正しく設定されていないと、結果的に、製品の機能や性能に関しての問合せや苦情の件数が増える。期待を正しく設定することで回避できる問合せは多い。いや、そんなものばかりといってもよいだろう。たとえば、ランフラットタイヤはパンクしても25マイルは走行可能だが、道路の穴ぼこに弱く、交換時のコストも高くつくという説明が事前に顧客にされていないと、トラブルや疑問の問合せ件数が増えるはずだ。

- 効果的なオンボーディングプロセスを実施する。たとえば、高額商品を購入した顧客に対しては、顧客アンケートの設問に重要事項説明などが適切に行われたかどうかを入れることで、オンボーディングの質を確認することだ。

- リテーラーの現場スタッフからフィードバックを受ける。リテーラーの従業員からの直接的なフィードバックを、日常的に収集して業務に役立てる。社内の製品開発、品質、マーケティングなどの責任者が、リテーラーから提供された情報の有用性を評価して指標化する必要がある。

- 無作為抽出による顧客アンケートを実施する。トラブル体験の有無、トラブル体験後のコンタクト率／非コンタクト率、コンタクト後の解決率などを測定する。アンケート結果は、カスタマーセンターに報告のあった内容や製品保証関連のデータと統合し、関連づけることによって、CXの実相を明らかにする。

▶アウトソーサーのためのマネジメント指標

次に、アウトソーシングにおける6つの指標を紹介したい。いずれも長期的にCXを強化するうえで必要となる。

- オペレーション上のアクセス度を指標とする。アウトソーサーと合意した契約条件下でのコンタクト率（応答のサービスレベルなど）を測定すると同時に、コンタクトをあきらめた、できなかった顧客についての詳細（待ち時間ごとの割合など）についても報告を受ける。
- CESを測定する。電話やメールなどで問い合わせる前にウェブサイトで情報検索しようとしたときに感じたストレスと、カスタマーセンターにつながるまでに感じたストレスの2種類を、顧客接点の利用体験に関するアンケートなどによって測定する。
- 顧客の満足度を測定する。顧客満足度以外に、推奨意向、案件タイプごとの解決率、問合せに対して公平に対応されていると感じたかなどを満足度に関連づける。
- 適切なタイミングでエンゲージメントとクロスセルをオファーする。応対スタッフによる自己申告と対応品質モニタリング時に行う2つの確認方法がある。エンゲージメントやクロスセルのチャンスがあった際に、顧客に効果的な働きかけができたかどうかを測定する。
- スタッフの安定確保を評価する。従業員のリテンションとして、初期研修が修了した後の一定期間に辞めなかった新人スタッフの割合、カスタマーセンター全体で、一定期間に離職していないスタッフの割合を測定する（二次レベルや専門的な応対スタッフも対象者に含む）。

● CXの強化を目的とした現場からの改善提案と組織的な分析を評価する。アウトソーサーから取得すべき情報として、入電を回避できる案件の特定、顧客の不満を生み出すプロセスや手順など組織的な問題点、従来はなかった新しい問題点など、CX強化を目的とした現場の改善提案がある。新しい問題点を特定する場合、カスタマーセンターのモニタリングで特定できた割合（センター全体の数値に換算）、SNSへの投稿、企業に申告された苦情件数など、その問題が発見されたチャネル別件数を記録として残す方法がある。

KEY TAKEAWAY
実践のポイント

☑ リテーラーとアウトソーサーに顧客業務を委託することで、顧客との距離が生まれ、その関係性においてリスクが生じやすくなる。代替として、顧客との直接的な接点を維持するためのコミュニケーションチャネルやツールが必要になる。ウェブサイト、フリーダイヤルの窓口、顧客アンケート、顧客教育のための配布物に加えて、顧客からのフィードバックを求めているという企業メッセージを強調する。

☑ リテーラー、卸売業者、eコマース事業者などのビジネスパートナーと共同でカスタマージャーニーを描く。顧客の期待を設定する段階から、オンボーディング、カスタマーサービス、顧客からのフィードバックを取得するまでの活動全般において、各自の責任を明確にする。

☑ リテーラーやアウトソーサーとの契約において、彼らのスタッフを教育し、CXの状態を測定するメカニズムを組み込んだうえで、インセンティブや具体的なサービスレベルなどの要求項目を設定する。

☑ リテーラーの販売員が顧客に商品を薦めたり、競合商品よりも優先

的に案内するようになるには、その企業が信頼できるサービスを提供しており、問題解決を怠らないことが重要だ。

☑ 顧客対応業務のアウトソーシングでは、個々の問合せに対応することに加えて、その原因を特定し、予防や回避の提案を義務づけることが望ましい。同時に、そのためのインセンティブを設計する必要がある。

☑ アウトソーサーの従業員の離職を抑えるために、平均以上の給与レベルやキャリアパスを設けるなどの取組みを促す必要がある。

財務的成果と組織的な分析

第 **6** 章
Making the Business Case for
Customer Service Investments

カスタマーサービスへの
投資を科学する

　数年前のことだが、大手通信会社の新規事業担当本部長がプロセス改善が進まずに困っていたので、私たちが改善プロジェクトを引き受けることになった。

　同社の販売成績は好調で、ブランド調査結果を見ると、どの市場でも競合他社を抑えていた。CEOもCMO（マーケティング責任者）も現状に満足していたが、一方で解約率は年率20％に近かった。

　そこで私たちが顧客アンケートを実施して痛点分析をした結果、顧客の離反リスクが23％という結果が出た。アンケートで痛点を体験したと答えた顧客の大半は、サービス料金に不満を持っているとわかった。

　私たちが、痛点を体験した顧客の離反リスクと実際の解約率の値が近いこと、また、痛点の発生が同社の料金設定に対してネガティブな影響を与えていることを説明すると、CFO（最高財務責任者）はすぐに指摘を受け入れてくれた。

　私たちの分析では、解約率の約半分に影響している痛点は、社内プロセスを改善すれば簡単に解消できることがわかった。改善策を打たないまま

痛点を放置すれば、改善できるはずの解約率が月1%相当、今後も継続する。収益に換算すると月間約300万ドルに相当する。

さらに、不満を抱えた顧客は、1人当たり平均9人にネガティブなクチコミを拡散するという結果も出た。何も手を打たないで放置した場合、月間で生じる損失コスト（解約）をリスクとして示したことが功を奏したのだろう。CFO、CMO、CEOの3名から、改善策へのコミットメントを引き出すことに成功した。

カスタマーサービスで一般的に使われている評価指標は、改善活動に大きく役立つと思えないものが多い。サービスの良し悪しが、顧客満足度、ロイヤルティ、クチコミ、利幅に与える影響を把握している組織は稀だが、これらの値は、いうまでもなく収益に影響する。第2章で示したように、ほとんどの企業は間違った指標をサービスの測定基準として使って分析しているのだ。

たとえば、効率性を求めて、顧客からの問合せの通話時間を短縮すればCXを損ないかねないのに、カスタマーサービス部門の評価指標として採用している組織もある。しかし、実際は顧客対応の時間を短くするという方針は、顧客の不満を組織的に助長している可能性が高い。[1]

戦略的カスタマーサービスとは、財務的視点からサービスを定義することであり、その活動自体をCXへの投資として見なす。この見地に立てば、ほとんどの組織は真逆のアプローチを取っている。サービス部門やサービスに関連する活動をコストセンターと捉え、コスト削減が主な活動になってしまっている。

カスタマーサービスは収益維持と収益拡大の役割を担っており、それを戦略的な観点から見ることは、収益への影響を最大化することにつながる。戦略的視点を持つことにより、企業にとっての財務的貢献が数値化できる。そしてその結果は、相当大きなものになるはずだ。

---

[1] 入電のつながりやすさを確保するうえでは顧客応対に要する時間もキードライバーになるため、顧客との通話時間を含む応対時間をサービス指標の一部と考えるマネジャーも珍しくない。

たとえば、従来のコストセンター的なアプローチは、カスタマーサービスの処理能力を上げることに的を絞っている。つまり、応対スタッフが一定時間内に処理する件数を増やすことが、生産性の向上だと考えられている。しかし、この単純な手法では、逆にコスト高に陥ってしまう可能性が高い。

　そもそも顧客からのコンタクトは、最初に受け付けた時点で解決すべきなのだが、それができなかった場合、顧客は納得できる答えがもらえるまで何度か電話をかけてくる可能性がある。もしくは、その顧客の問合せをエスカレーションし、上級スタッフの対応への切り替えが必要になる。

　私たちが複数の業界で実施した調査では、1回目の対応でトラブルを完全に解決することができれば、2回目の対応で解決することに比べて、顧客満足度は20％高くなり、コストを少なくとも半分に抑えることができた。

　私たちが顧客対応を調査する際の標準的な調査票には、「問合せを解決するために何度電話をしましたか」という設問を組み込んでいるが、その結果と顧客満足度との間には高い相関性が認められる。2回目の解決になると満足度が20％下がり、3回目ではさらに10〜20％の低下が見られた。[1]こうなると、事後の対応で余計な時間を取られるだけでなく、時給の高いスタッフの対応に頼らざるをえない結果になってしまう。

　こうした状況を根本的に見直すため、本章では、良いサービスと悪いサービスの影響をお金に換算することで、組織にどのような財務的影響が出るかを検証したい。この分析によってサービスと収益との真の関係が明らかになるだろう。さらに、収益に最も影響度の高いカスタマーサービスの改善箇所を見つけ出すことで、投資の優先順位を決めるための材料も提供できる。

　第1章では顧客行動の結果を検証し（顧客満足、ロイヤルティ、クチコミへの影響）、第2章では顧客の期待に対して企業が設定する目標を明らかにした（プロセス、成果、財務的目標）。第3章から第5章にかけては、トラブルの予防と解決に関連する概念を紹介してきた。

　これらをふまえて、本章で扱う質問は、重要だがあまり問われることの

ない問題について考察する。すなわち、「解決すべきトラブルの優先度をどのように決定するか」、そして、「最も高い投資効果を得るために、カスタマーサービスの何を改善し、どこに投資すべきか」という問題である。

解決すべきトラブルの優先順位づけに関して、ほとんどの組織は、全く非科学的な手法に頼っている。典型的には、発生頻度が高いトラブルに着手する。もしくは、経営層レベルにまで届いた顧客のクレームについて急ブレーキをかけるような対処法のいずれかだろう。

トラブルを解決するための特別予算を計上していたり、解決後のインセンティブを設けている企業も稀だ。一般的には、カスタマーサービス部門の通常予算を使うか、トラブルの責任を取る主管部門の予算を充てるかのいずれかだろう。

また、社内に顧客関連の改善活動や品質部門が存在している場合も、収益強化よりも経費削減に的を絞りがちだ。ほとんどの組織は、カスタマーサービスへの投資が、本来であれば将来的な収益や利益に与えるものであるにもかかわらず、その経費をマーケティング活動への投資と見なしていないのである。

本章では、カスタマーサービスの改善にかかる経費を将来的な収益拡大への投資として見なす方法論と、具体的な分析方法を示す。カスタマーサービスへの投資がもたらす財務的な成果が明らかになれば、経営層、特にCFOに対する説得力が高まる。

カスタマーサービス部門は、景気が良ければ予算を積み、不景気になればカットするといったような、あればよいがなくても困らない部門ではない。投資による成果が可視化できれば、戦略的カスタマーサービスへの投資が、まさに今必要であり、先延ばしにすべきではないという経済的ロジックを示すことができる。反対に、財務的な見返りが理解されない限り、カスタマーサービスが収益を生み出す救世主であり、有効な装置として見なされることはない。

経営陣が、投資が遅れた分だけ何億という収益が棚上げになっていたことに気づき、認めた瞬間にカスタマーサービスの経済合理性が証明される。

1 ▸ 優れたカスタマーサービスへの 投資とリターン

　カスタマーサービスへの投資を考える場合、サービスの強化がもたらす見返り（リターン）を明らかにし、他の施策と比べても、CX全体の強化が収支表の収益（総売上）と利益の両面に最も早くつながることを証明しなければならない。

　すべての組織目標は究極的には収益目標、企業の場合は利益目標につながるはずだ。非営利機関であっても、予算目標を達成しつつ、会員数を増やして事業拡大を狙うだろう。そこで、カスタマーサービスについての重要な質問は、次の2つに集約される。

- 現状のCXやカスタマーサービス部門は、組織にどのような財務的影響を与えているのか。
- CXやサービスプロセスを改善することにより、どれだけのリターンがもたらされるのか。

　この問いに答えるためには、戦術的な問題解決の域を越えて、CXを戦略的な枠組みにおいて分析する必要がある。CXに不完全なところがあれば、その部分だけでなく、すべての顧客接点のサービスを含めて検証する必要がある。その結果、顧客のクチコミが拡散してマーケティング活動を補強し、さらなる新規顧客の獲得につながる可能性がある。反対に、マーケティング活動の効果を低下させ、顧客を失う結果にもつながりかねない。

　図6-1は、穴のあいたバケツの絵だが、バケツの中の水は顧客を表している。マーケティングと営業活動を通して顧客が上から注ぎ込まれる。素晴らしい体験をした顧客はロイヤルカスタマーとなり、クチコミを通して新たな顧客を連れてきてくれる。反対にトラブルを体験し、不満足な顧客

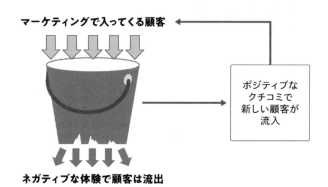

図6-1　｜　ポジティブなクチコミがマーケティング活動を補完する

は穴から漏れ出てしまう。

　トラブルの予防や戦術レベルのカスタマーサービスの現場における活動により、バケツの穴を小さくすることができる。もしもバケツの漏れを最小限にまで少なくできれば、好意的なクチコミによって新規顧客がバケツに注ぎ込まれるという持続的な好循環が生まれる。

　そうなれば、マーケティング活動に多大な投資をしなくても済むようになり、組織全体の効率化につながるだろう。または、浮いた資金を投じて斬新なマーケティング活動を積極的に仕掛けることで、競合他社の顧客を取り込んで市場シェアの大幅な拡大につなげられる。ファストフードチェーンのチックフィレ、金融・保険業のUSAA、レクサスなどはその成功例だ。

　私たちが2017～18年に実施したワークショップにおいて、年間売上げが500万～5000万ドルの企業90社のCEOにアンケートした結果、BtoB、特に専門性の高いサービス分野では、新規顧客の9割をクチコミで獲得している企業があることが判明した。さらに、2013年の調査からも、クチコミを通じて獲得した顧客は、そうでない顧客に比べてロイヤルティが高く、顧客価値は15～20％高く、価格に対する抵抗が弱いことがわかっている。[2]

CXやカスタマーサービスが財務面に与える影響を数値化するために
は、トラブルを体験した顧客とそうでない顧客の割合を計算し、さらにト
ラブルを体験しても申し出なかった顧客と、トラブルを体験した後にカス
タマーサービスの窓口やその他店舗などに問い合わせた顧客の割合を計算
する必要がある。

　さらに、問い合わせた後の満足度を、企業の対応に「満足した」「不満
が収まった」「不満だった」のそれぞれの割合を計算して明らかにする。

　ここまでの数字が揃うと、現状のカスタマーサービスに関する事業収益
上のリスクを計算することが可能になり、次の3つの基本的な改善策に対
する投資効果が計算できる。

▶カスタマーサービスの基本的な改善策

①トラブルの予防・回避への取組み……製品や事業プロセスの改善、
　マーケティングや営業における適正な宣伝文句、顧客への教育などを
　通じて、CXにおけるトラブルの予防や回避に取り組む。
②トラブルの申し出を促す……カスタマーサービスの対応を通じて問題
　を解決して満足してもらえるように、トラブルを積極的に申し出るよ
　うに顧客に対して働きかける。
③カスタマーサービスの強化……カスタマーサービス自体のパフォーマ
　ンスを強化し、トラブルを申し出た顧客を満足させる。

　最初のステップは、①トラブルを体験した割合、②トラブルを申し出た
割合、③カスタマーサービスの有効性（顧客満足度）の3つを測る指標を決
める。

　次に、収益増やコスト削減において最大限の影響を狙うために、改善で
きる箇所の特定と優先度を決める。

　カスタマーサービスの強化によって期待できる収益増は、コスト削減効
果の10〜20倍にのぼる。これは、これまでに改善に取り組んだ組織のほ
とんどで共通して見られる結果である。

購買前に始まり、代金の請求、再購買に至る一連のCXのすべての顧客接点で、トラブルを予防したり、トラブルを見つけ出して適切な対応を取る機会がある。金融大手のチャールズ・シュワブ、USAA、スターバックス、米国トヨタ自動車販売といったリーダー的企業はいずれも、戦術的サービスとしての顧客対応をCXの一環として位置づけ、自社の重要な競争優位性と見なしている。

顧客満足、ロイヤルティに関する大量のデータを集めて分析している企業は多いが、収益、クチコミ、サービスコスト、リスク、法規制に費やすコストへの影響度を数値化している企業は少ない。こうした影響分析が進めば、最初は懐疑的だったCFOも、カスタマーサービスへの投資を真剣に検討するようになるだろう。

▶CFOは数字の裏づけを求めている

CFOは、最終的な純利益を改善するための投資が何かを絶えず探し求めている。収益増、コスト削減、もしくは、その両方を改善することによって純利益を最大化できる投資を提案すれば、必ず支持してくれるだろう。

純利益率の強化に最も結びつくのは、ハイリターンであり、かつ企業の事業領域、ミッション、目標との整合性が取れている投資だ。その点で、カスタマーサービスの改善にかける投資は、一般的に他の投資と比較してもはるかに大きなリターンを生み出せる。

カスタマーサービスへの投資から生み出せる収益貢献の可能性をすべて考慮すれば、数百パーセントにのぼることも珍しくはない。

それなのになぜ、CFOやCEOはこの機会を見逃してしまうのか。皮肉にも、CFOの多くは直観的にカスタマーサービスへの投資が財務に大きな影響を与えることを理解している。ただし、カスタマーサービスの強化による収益への効果が必ずしもすぐに現れるわけではないし、簡単に説明がつくものでもないため、それが推論の域を出ないと判断しがちで、場合によっては懐疑的になってしまう。確かな証拠がなくて困っているのだ。

事実、カスタマーサービスの強化がもたらす財務的影響度を数値化することは、長年にわたって困難とされてきた。設備投資による生産性向上や販売強化を目的とした広告宣伝への投資のように、因果関係を結ぶ線が明確にできなかったからだ。

　私たちが、顧客損失モデル（Market Damage Model）と顧客離反リスクモデル（Market-at-Risk Model）を開発した理由は、まさにそこにある。

　この数値モデルを使って、具体的なCX、つまり、顧客が体験するトラブルや疑問、痛点、ディライトがもたらす収益への影響を、顧客ごとあるいは顧客タイプごとに把握できるようになった。CFOの多くはおそらく、一般的な顧客満足度のデータよりも、数値モデルによって得られたCXの収益への影響度のデータに関心を持つはずだ。

　長年にわたり、懐疑論者は顧客満足度と財務業績の相関性を疑問視してきたが、両者を結ぶものとしてカスタマーロイヤルティがあることは第1章で述べた。ロイヤルティは、アンケート調査で顧客の再購買意向や他者への推奨意向として測定でき、その結果を実際の顧客行動と照らし合わせて検証することができる。

　したがって、顧客損失モデルを使えば、カスタマーサービスの強化（トラブルの予防、トラブルの申し出率＝コンタクト率の強化、問題解決度の向上など）の投資効果を経済的価値に置き換えることができる。同様に、顧客離反リスクモデルを使って、特定のトラブルを改善することの財務上の効果を計算することができる。

---

2 ▸ アンケート調査から CXをモデル化する

　優れた分析は、その答え（結果）が現在の状況にぴったり当てはまる、明確な質問によって導かれている。

　トラブルが発生したり、疑問が生じたのに答えが見つからないというのは、顧客にとってはネガティブな体験だ。第2章でも書いたが、トラブル

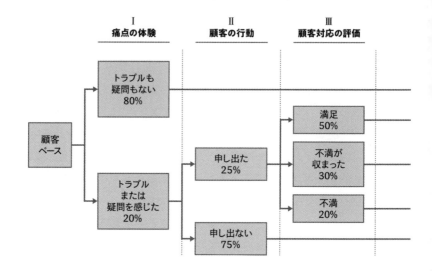

図6-2　CXにおける痛点発生の影響を示したスナップショット

I 痛点の体験 / II 顧客の行動 / III 顧客対応の評価

顧客ベース → トラブルも疑問もない 80% ／ トラブルまたは疑問を感じた 20% → 申し出た 25% ／ 申し出ない 75% → 満足 50% ／ 不満が収まった 30% ／ 不満 20%

を体験したすべての顧客が申し出るわけではない。

　図6-2は、BtoBビジネスにおいて、CXが5つに枝分かれした結果、それぞれのロイヤルティ値とクチコミの拡散度がどのようになるかを示している。これを見れば、トラブルを経験した顧客に申し出てもらうこと、そして、そこで満足してもらえるような対応をすることが、いかに重要かがわかるだろう。

　どのような組織であっても、次の3つの質問を定期的に自問すべきだ。

①最近の顧客対応では、どのような質問やトラブルが多いのだろうか。
②痛点を体験した後、顧客はどのような行動を取っているのか。
③痛点の発生が組織に与えている負担（コスト）は、いったいどれくらいなのか。収益損失や事後コストがかさんでいるのか。重大な痛点（トラブル）は何か。さほど重大でもない痛点にはどのようなものがあるのか。

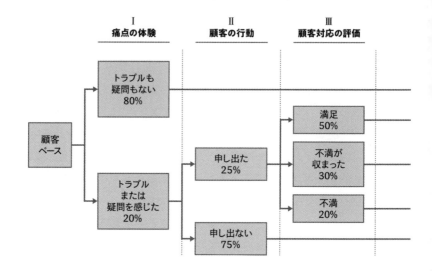

| | IV 市場への影響（顧客の評価） | | |
ABC社で 満足した	継続購買 したい	他者に 推奨したい	クチコミを 拡散した
81%	85%	69%	—
82%	**90%**	74%	**1.7 人**
52%	80%	52%	4.4 人
35%	**70%**	32%	**5.5 人**
40%	**75%**	40%	**2.9 人**

顧客にとっての痛点は、ロイヤルティやクチコミに作用し、結果として収益に影響する。この関係性が財務に直接的に与える影響は、全体的なサービス体験やトラブル単位のレベルで数値化することができる。

サービス体験のレベルでは、トラブルを予防できなかったことと、トラブルを完全に解決できなかったことによる損失を、顧客損失モデルを使って計算できる。さらに、ネガティブなクチコミの拡散によるマイナス影響も、損失額として数値化できる。

また、特定のトラブルから生じる財務的影響は、顧客離反リスクモデルを使って正確に数値化することができる。よって、各トラブル単位のレベルでは、痛点の離反リスク度に基づいて改善箇所の優先度を決定し、その予防措置に必要な投資が妥当かを判断することができる。

この2つの計算モデルは、精緻さを求めて複雑に使いこなすことも可能だが、わかりやすく説明するために、まず収益損失の現在値を計算し、次に3つの実践可能なサービス強化を実施した場合の効果を計算する。

概念的には、顧客損失モデルおよび顧客離反リスクモデルのいずれも、

「顧客を獲得しても嫌な体験をさせたら離反する」という前提に基づいている。トラブルやサービス体験の結果として顧客を失ってしまう確率を推定し、離反リスクのある顧客数に基づいて収益損失とネガティブなクチコミの影響度を割り出すものだ。

計算上の基本要素としては顧客価値を使う。まず、顧客の平均寿命を割り出し、それに1人当たりの年間収益を掛けることによって顧客生涯価値（LTV）を算出することができる。この顧客価値が、カスタマーサービスに投資した際のリターンを計算するうえでのベースとなる。

ところが、現実にはこのLTVや、1年、3年または顧客寿命に応じた顧客1人当たりの事業収益を指す顧客価値を把握していない企業が多いことに驚かされる。単純な疑問だが、もし1人の顧客がもたらす収益を理解していなければ、その顧客を維持するうえで使える経費をどうして決めることができるのだろう。

新規顧客を獲得する場合も同じだ。顧客価値を数値化することで、営業やマーケティングの手法、チャネルパートナーの選択、価格、カスタマーサービスなどに関して、データに基づく意思決定が初めて可能になるだろう。

シニアマネジャーが顧客価値の計算結果を受け入れないことがしばしばある。不正確だと考えてしまうからだが、精緻さはそれほど必要ではない。大まかで、控え目な顧客の平均的価値が決まれば、顧客損失モデルを活用するには十分だ。

顧客のタイプやサイズで顧客価値を考えることも不必要だろう。一般的に、カスタマーサービスはどの顧客にも等しく提供されており、誰が使っても同様のサービスが受けられる仕組みになっている。事業の総収益を顧客数で割り、数値を丸めればよい。年間の総収益で計算するのが最も控え目で適切だろう。

LTVの概念は広く知られているが、その値がよほど控え目に設定されていない限り、LTVに基づいて投資判断をするCFOはほとんどいない。1回の購入額を使うのもよいだろう。

クルマのように一般的な顧客が3年ごとに買い替える場合は、控え目な

数値として車両価格の3分の1を顧客価値として使う。多くの世帯で2台所有しているのであれば、1世帯当たり18カ月ごとに1台の購入が起きると考えればよい。

BtoBの場合、たとえば法人間の契約でクライアントとの関係が固定化しているようなケースでは、契約更新の有無や、追加購入のオプションサービスに対するクライアントの価格感度などが検討対象になる。

損失額を求めるもう1つの重要な要素がクチコミである。顧客が好意的なクチコミを拡散してくれれば収益に貢献するが、ネガティブなクチコミは損失をもたらす。ザ・チーズケーキファクトリー、USAA、ジェットブルー、チックフィレといった企業は、新規顧客の大半をクチコミによって獲得している。なかには新規顧客の70％以上がクチコミによるところもある。そうなれば、残りの30％にフォーカスした営業活動が展開できる。

このような状態になると、全費用に対するセールスとプロモーション費用の比率が相対的に低くなる。その結果、経営が好循環サイクルに入ると、顧客の期待を満たしたり、超えたりすることができるようになる。おのずとトラブルや痛点は減り、顧客満足とロイヤルティがますます高まる。

そうなると、トラブルを最小限に抑える方向へと組織は向かう。この場合の目標設定は、負の影響が大きいものから優先的に取り組むのが現実的だ。負の影響には、再購買が起きないことや、ネガティブなクチコミが拡散することで獲得できなかった新規顧客が含まれる。

3 ▶ 顧客損失モデル
——では、収益上の損失とは何か？

顧客損失モデルは、顧客の不満の結果がセールスに影響する損失額を計算している。この数字は、収益の総額に対する損失であり、特定のトラブルによって生じる損失ではない。つまり、顧客の不満が事業収益の全体に

及ぼす影響を試算することによって、顧客を維持するために必要なことを明確にしようとしている。

　顧客損失モデルは、1970年代に私たちがホワイトハウスの依頼を受けて実施した「企業と行政機関におけるクレーム処理の調査」の過程で誕生した。顧客損失モデルの開発から派生する形で、1980年代後半にゼロックスとモトローラから受託した調査において顧客離反リスクモデルが誕生した。私たちは現在も、この2つの分析モデルの検証を継続している。

　分析モデル自体の厳密さを守りながら、顧客損失の考え方をわかりやすく定義してみよう。

　最も上位のレベルで顧客損失と定義しているものは、トラブルを体験した顧客によって生じるセールスや収益の損失または損失リスクの推定額を示している。

　カスタマーサービスで取り組んだ改善活動の成果を識別するために、私たちはまず顧客の損失リスクの現在値を計算し、次に顧客を困らせたトラブルの解消、トラブルを解決するために申し出た顧客の割合、トラブルの効果的な解決、それぞれの改善に取り組んだ後の損失リスクと比較するようにした。

　トラブルのタイプ別に生じる損失を数値化する顧客離反リスクモデルの方法論については後述するが、このモデルではCX全体を俯瞰して優先度の高い施策を特定することができるようになる。

　ここでは、トラブルの発生とそれに対してカスタマーサービスがどう対応したか、またはしなかったかにのみフォーカスしたい。本章の最後に、ネガティブなクチコミの拡散による影響とカスタマーサービスとは無関係に起きる顧客の離反についても扱いたい。

▶ 損失額の推計に必要なデータ

　顧客損失モデルを使って損失額を測定するためには、社内データとアンケート調査の両方が必要になる。アンケート調査で獲得できるデータについて、わかりやすくするため、簡単な数字を使って説明しよう。

図6-3 | トラブルを体験した顧客損失リスクのモデル（現状分析）

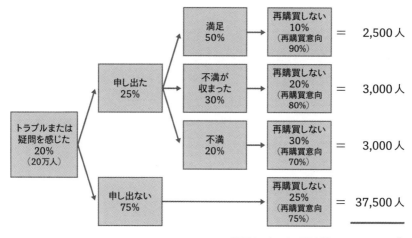

離反リスクのある顧客数 ＝ 46,000人

1人当たりの購買額を1000ドルとすると4億6000万円の損失リスク

- トラブルで困っている顧客の人数（20万人）
- トラブルを申し出た顧客の割合（25%）
- 申し出た顧客が受けたカスタマーサービスの対応に関する満足度（満足した50%、不満が収まった30%、不満だった20%）
- カスタマーサービスの対応に対する満足度別の「再購買しない」率（満足した10%、不満が収まった20%、不満だった30%、トラブルを申し出なかった25%）

　図6-3は、上の4種類のデータに基づき、顧客損失モデルの一部を使って計算したXYZ社における収益損失のサンプルである。[2]

---

[2] 離反リスクはトラブルを体験した後の顧客行動（苦情として申し出たかどうか）とカスタマーサービスに対する満足度によって枝分かれした顧客の非購買意向から離反率を算出する。図6-3〜図6-7は、この考え方を適用したものである。

今回の計算式では、トラブルを体験した顧客の約4分の1（4万6000人÷20万人）を失うリスクがある。また、トラブルを申し出ない顧客の、離反リスクが最も大きいことがわかる。

この例では、離反リスクのある顧客全体の約8割（3万7500÷4万6000＝81.5%）が何も言わないまま、企業から離れることになる。これが、トラブルの申し出を積極的に受け付け、カスタマーサービスへのアクセスをしやすくすべきだという私の主張のベースとなっている。

ロイヤルティが失われた結果、収益の損失リスクにつながるが、そこには3通りの顧客のシナリオが考えられる。

- トラブルを申し出ない顧客
- トラブルを申し出たが不満が残ったままの顧客
- トラブルを申し出て、不満が収まった程度の顧客

最後のシナリオだが、あなた自身がこれまでに受けたサービス対応で、「不満はある程度収まった、満足はしていない」という経験を思い出してほしい。

たとえば、自宅を訪問予定の工事担当者が約束の時間に現れず、所属会社に電話したところ、応対スタッフにこう言われたとしよう。「約束の工事を本日できず、申し訳ございません。工事担当者の訪問予定を明日で再設定させていただきますが、よろしいでしょうか」。それに対して、あなたはおそらくこう思うだろう。「自宅で工事担当者が来るのをもう一度待て、ということなの？」と。

他にも、スーパーで買いたかった商品が品切れだったので、お店のスタッフに問い合わせたところ、「誠に申し訳ございません。品切れはメーカーに伝えているのですが、まだ商品が到着しておりませんので」と店員は真摯に謝ってくれた。しかし、品切れで困った状態は解決しておらず、ロイヤルティは下がったままだ。

つまり、顧客のトラブルに対して満足のいく対応をするべきであり、不満を残したままにするのはもとより、不満を収める程度ではいけないこと

がわかる。

　では、トラブル自体を改善するという選択肢はどうなるだろうか。この場合、トラブルによって生じる損失額と改善にかかるコストを考慮に入れる必要がある。これに答えるために顧客離反リスクモデルを使うのだが、この中身については後述する。

　数字が単純明快でかつ論理的でなければ、CFOをはじめとする財務の専門家を納得させることは難しい。顧客が体験する痛点やサービス上の問題点によって、月次のセールスにおける損失額を示すことができれば、経営陣は出血を止めるための解決策を探るはずだ。

　顧客損失モデルを使うことで、現状の収益上の出血を数値化できるようになった。次に、顧客が体験したトラブルの特定、サービスへのアクセス（トラブルを申し出る顧客の割合）の強化、サービス対応の有効性（不満の顧客を満足に転換できた割合）のそれぞれにおける改善効果を分析しよう。

　顧客損失モデルのベースラインデータ（基準となる現在値）から、次の3つの施策のいずれか、または2つ以上を組み合わせることによって、離反リスクに及ぼす影響度を推定することが可能になる。

- ●顧客がトラブルを申し出た際に満足した顧客の数または満足度を向上させる。
- ●トラブルを体験して申し出た顧客の割合を増加させる。
- ●トラブルの件数や深刻化したトラブル件数を低下させる。

　上記の3つの施策を実行した場合、収益に表れる変化を見てみよう。具体的には、以下の4つの施策の効果を検討する。

　①トラブルを申し出た顧客の満足度を向上させる。
　②トラブルを申し出る割合を高める。
　③解決度とトラブルの申し出率の両方を強化する。
　④顧客を困らせているトラブル件数を減らす。

▶ トラブルを申し出た顧客の満足度向上と収益の関係

　顧客損失モデルによって、トラブルを申し出た後に満足した顧客の割合が増えると、顧客の離反リスクが低下することが明らかになっている。

　その一例として、解決度が50％から70％に向上した場合の影響を図6-4に示そう。解決度の強化策は、たとえば、応対スタッフが顧客対応に必要な情報へのアクセスを改善し、権限委譲を強化するなどで実現できるだろう。

　図6-4では、何もしなかった場合に比べて、解決度を向上させることで1500人（4万6000人－4万4500人）の顧客損失を防ぐことにつながる。手を打たなければ、収益損失のリスクは150万ドルに相当する。

▶ トラブルの申し出率向上と収益の関係

　トラブルを申し出る割合を25％から40％に上げてみよう。企業が積極的に受け付けた結果、トラブルの申し出の割合が40％になると、ベースラインより3万人多い8万人分の顧客がトラブルを申し出る計算になる。

　業務運営と財務の担当者はしばしば、問合せ件数の増加を不必要な仕事が増えたと見なしてしまう。しかし、もしトラブルを申し出た顧客を満足させることができれば、収益への貢献が非常に大きく、サービスでの対応コストをしのぐだろう。

　図6-5におけるサービス対応コストを1件当たり10ドルとして試算をしてみよう。

　トラブルを申し出る割合を40％に引き上げたことで、ベースラインより3万件増えている。この場合の投資対効果（ROI）を計算してみると、驚くべき数字になる。営業利益率を25％と仮定すると、顧客1人当たりの営業利益が250ドルになる。サービス対応に必要な経費30万ドルを投資した場合、ROIは100％にのぼる。

　計算の詳細は、以下のとおりである。

図6-4 | 顧客の満足度向上が収益に及ぼす影響

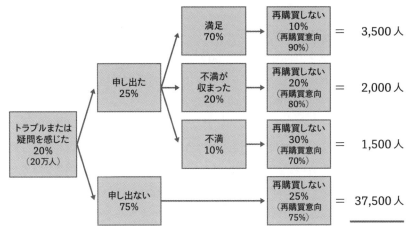

離反リスクのある顧客数 ＝ **44,500人**

図6-5 | トラブルの申し出率向上が収益に及ぼす影響

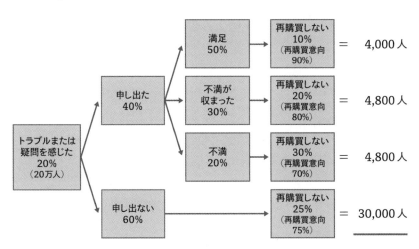

離反リスクのある顧客数 ＝ **43,600人**

- 電話1件当たり10ドルで3万件多い電話を受けることによる費用増額分が30万ドル
- 収益への影響は240万ドル
- 営業利益率を25%とすると、60万ドルの営業利益
- サービス対応の追加費用30万ドルに対する投資対効果は100%
  ……30万ドル÷（60万ドル－30万ドル）

　マーケティング、財務、業務運営の各部門からは、「なぜ余計な問合せを受けようとするのか」という意見が出るかもしれないが、不満を抱えた顧客をそのままにしておくと、離反リスクは避けられない。そのリスクに対して、これ以上の投資対効果の高い打ち手があるだろうか。

　もう1つ、新規顧客の獲得にかかるコストをマーケティング部門と確認してほしい。もし新規顧客1人当たりの獲得コストが20ドル以上であれば、新しい顧客を見つけようとするよりも、既存顧客を維持する戦略的なサービスを展開するほうが効果的なのだ。

▶満足度と申し出率の強化による収益への影響

　先の2つの施策、顧客対応の解決度と、トラブルの申し出率の両方を組み合わせて実行することで、総収益と利益の両面にかなりの影響が出ることがわかる。

　図6-6は、トラブルの申し出率が40%、解決度が70%になった場合だが、収益面で480万ドルが上乗せされる。

▶顧客を困らせているトラブル件数の減少と収益の関係

　3番目の施策は、能動的な顧客教育、誠実なマーケティング、業務運営面などの改善を通じて、顧客を困らせるトラブル自体を防ぐことである。

　図6-7では、トラブルの発生を25%減らした場合、顧客の離反リスク

図6-6 | 満足度と申し出率の強化が収益に及ぼす影響

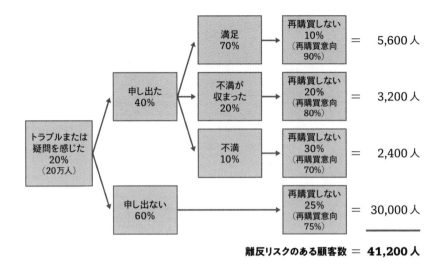

が相当抑えられるケースを示している。トラブルの予防策として、たとえば顧客教育に対して100万ドルを投資しても、高いROIが見込めるだろう。このトラブル予防の施策は、収益面に最も効き目があり、通常、最もコスト効率が高い。

　これまで述べてきた施策は、いずれも営業収益にプラスのインパクトが生じる。カスタマーサービス部門が、顧客の期待を裏切らないように営業プロセスの改善に直接的な関与をすることは難しいし、破損などの原因を探り、梱包プロセスの改善を主導できるわけでもない。

　ここで改めて確認すると、カスタマーサービスを戦略的に考えるとは、トラブル予防と事後のサービス対応の強化の、いずれのコスト効率が高いかを見極めることである。その意味からも、個々のトラブルが収益とクチコミに与える影響を理解する必要があるが、この点については、顧客離反リスクモデルで検討しよう。

　CXを強化するためには、経済的なインセンティブを発動させる必要がある。つまり、カスタマーサービス部門以外についても、責任の所在を明

図6-7 顧客を困らせているトラブル件数の減少が収益に及ぼす影響

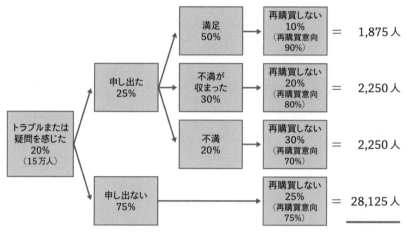

離反リスクのある顧客数 ＝ **34,500人**

らかにしなければならない。トラブルがあることを認識しながら、改善せずに放置していた結果として、生産性や収益が失われたことに対して取るべき責任は、それぞれの部門予算に組み込むべきである。

仮に、製造過程で化学物質の流出事故が起きて回収のためのコストが生じた場合、基本的には主管部門の予算でまかなうことになるだろう。その理屈にならえば、紛らわしいセールスプロモーションによって苦情が殺到し、その結果カスタマーサービス部門で50万ドルの追加経費が発生し、全社で200万ドルの収益損失につながった場合にどうすべきかは明らかだろう。

部門間の請求行為を可能にする「チャージバック」システムを使えば、各部門が是正措置を取る金銭的インセンティブが生まれる。実際、複数の大手消費財メーカーではすでに実践していて、あるトラブルが原因で不必要な苦情や問合せが殺到した場合、対応にかかった費用はカスタマーサービス部門から担当部門に請求される、といった仕組みになっている。

アマゾンのカスタマーサービス部門では、自らの役割にこだわることな

く、部門間の依存関係をマネジメントすることが決められており、その
ツールとしてサービスレベル・アグリーメントと、その積極的な運用が奨
励されている。[3]

　ただし、解決策の実行にかかった費用は、責任部門の運営予算で負担す
るのではなく、その目的のために設置した特別口座によってまかなうこと
になっている。こうしたほうが、根本原因を取り除くためには有効に機能
するだろう。

▶顧客損失モデルに対する反論に答える

　私たちは顧客損失モデルを長年にわたって使い続けてきたが、その妥当
性に対する反論もある。一般的なものと、それに対する私たちの回答を紹
介したい。

- 反論：顧客はアンケートで答えているようには行動しない。
  回答：その考えは事実に反する。デルタ航空、フリトレー、シスコシ
  ステムズ、アメリカン・エキスプレスなどでは、いずれも長期
  にわたって市場調査を実施した経験から、アンケートでの回答
  と実際の行動が一致していると結論づけている。どの程度一致
  しているかは企業単位で検証すべきだが、控え目に見ても5割
  は一致していると考えられる。

- 反論：ロイヤルティの高い大切な顧客は、基本的にトラブルを申し出
  てくれる。だから、彼らが申し出たときに満足させればよい。
  回答：私たちはさまざまな市場において調査を実施してきた。なかに
  は富裕層の投資家やプライベートジェットのオーナーも含まれ
  ている。その結果、20〜60％の顧客はトラブルを申し出ない
  という結果が出ている。大切なひいき客の行動も、平均的な顧
  客のそれと大差ない。

- 反論：計算モデル上の推定利益など、実際に実現できるものではない。
- 回答：現在の基準値となるロイヤルティを測定後、何らかの改善策を実行したとする。サービス品質やトラブルの報告件数などのプロセス指標には、すぐに変化が生じるだろう。再購買意向や推奨意向といったアンケートの回答結果も、向上が見られるかもしれない。これらの数値はいずれも先行指標であり、将来的な顧客行動を示すものだ。重要なポイントは、アンケート結果と実際の取引履歴を関連づけ、サービスやCXを改善した後、顧客の実際の取引を追跡してみることである。

- 反論：カスタマーサービスを強化したことでロイヤルティが向上したとしても、収益は別の要因で伸びている可能性がある。
- 回答：この意見はある意味正しい。なぜなら、サービス以外の要因が、顧客やその購買に影響を及ぼす可能性は十分にあるからだ。しかし、本当にそうであれば、カスタマーサービスの強化によってロイヤルティが向上していなくても、収益は高くなるだろう。

カスタマーサービスへの投資に対する懐疑論は世にあふれている。それも大事だ。分析手法の厳密性を高めるうえでも懐疑的な意見はなくてはならない。したがって、サービス改善に必要な投資の計画を立てるためには、前もってCFOのチームとモデル自体の検証をしておくことが望ましい。

顧客の生涯価値、好意的・非好意的なクチコミの影響、データ収集の方法論などの設定において、最初からCFOや財務部門のスタッフに参加してもらえば、より受け入れてもらいやすくなるだろう。周囲の理解を得ることができれば、投資計画に求められる厳密さを緩和することもできる。

最後に、CFOが顧客として最近体験した悪いサービス事例を聞き出してみよう。彼らはすぐに顧客損失モデルを受け入れてくれるはずだ。なぜ

なら、自分自身の体験が映し出されているはずだから。

▶ クチコミを顧客損失モデルに組み込む

マーケティングツールとしてのクチコミの重要性は広く知られているが、ネガティブなクチコミの影響が収益にどれほどの悪影響を与えているか、数値化を試みている企業は驚くほど少ない。

とはいえ、バイラルマーケティング[3]の新理論に始まり、マルコム・グラッドウェルのベストセラー『ティッピング・ポイント』、そして、バズマーケティングやソーシャルマーケティングを徹底的に実践する企業の登場は、まさにクチコミのマーケティング効果に対する理解が高まっていることの証しだといえる。

私たちが過去に実施した簡易的なクチコミ調査では、回答者が何人にクチコミを伝えたかを聞くだけで、購買につながったかどうかは推測の域を出なかった。しかし、最近の調査では、好意的なクチコミやネガティブなクチコミが購買行動に与える影響も数値化できるようになってきた。

CCMCがクライアントに実施した、個別企業を対象とした複数の調査では、何人に自分の体験をクチコミで伝えたかを質問した後、彼らが知りうる限り、何人が購買につながったかを質問した。ちなみに、この質問に関して、回答者の約半数は違和感がなかったと答えている。

調査結果を見ると、クチコミが購買に影響した割合は10〜50%であり、控え目に見積もると、好意的またはネガティブなクチコミが20人に1人の割合で購買に影響しているといえる。[4]

クチコミの影響度に関しては、オフライン（日常的な会話）またはオンラインの、どちらによるものかを調べる必要がある。18万6000人以上の消費者を対象にした調査では、オフラインのクチコミが購買行動により強い影響を与え、さらに他の人に伝える再伝達率も高いことが判明してい

[3] 主にSNSなどを介して、顧客が第三者に紹介し、クチコミを通じて不特定多数に広まるように仕掛けるマーケティング手法。

る。[5]

　通信会社など、消費者には数社しか選択肢がない寡占的市場では、ネガティブなクチコミのインパクトがより強くなる。説得力のあるクチコミが生じると、その企業は消費者の選択肢に残れなくなってしまう。

　反対に、多様なプレーヤーが参入している業界、たとえば、乳製品、銀行、靴などになってくると、クチコミの影響力は低くなる。なぜなら、最初から特定のブランドが決まっているわけでもなく、気に入らなければ選択肢はいくらでもあるからだ。

　好意的なクチコミは、詳細なものになると、その影響力が強くなる。とりわけ嬉しかった体験がストーリー化すると、買い手のモチベーションに響きやすくなる。

　私たちが実施したあるクライアントの調査では、好意的なクチコミを受けた少なくとも10人に1人の割合で、また、別のクライアントの調査では2人に1人の割合で購買行動につながっているという結果もあり、少なからず影響を与えていることがわかった。クチコミの推奨による影響力が、ますます強まっているという見方を裏づけているといえるだろう。[6]

　したがって、クチコミの数値化を顧客損失モデルに組み込むことが望ましい。すでに私たちもクライアント向けの調査で実施しているが、ネガティブなクチコミが何人に伝わったかを明らかにしたうえで、回答者から聞き出した購買行動への影響を顧客損失モデルに組み込むことで、売上げ損失を推定することが可能だ。

　たとえば、最近の保険業界での調査では、トラブルを申し出た顧客の満足度によって次のような差が生じることが明らかになった。対応に満足した顧客は、好意的なクチコミを2人に伝え、不満は収まったもののまだ満足していない顧客は、ネガティブなクチコミを4人に伝え、不満が残った顧客はネガティブなクチコミを6人に伝えていた。さらに、トラブルを申し出なかった顧客の場合、ネガティブなクチコミを2人に伝えていた。

　この数字をベースにしながら、控え目な仮説をもとに、購買行動にどれくらいの影響が出るかを推定すると、図6-8に示すように、クチコミが収益に与える影響を測ることができる。

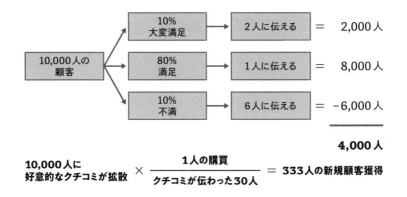

図6-8　　収益に対するクチコミの影響

この図を見ると、不満顧客が少ないにもかかわらず、ネガティブなクチコミによる影響が強く出ていることがわかる。満足した顧客が80％と非常に高いにもかかわらず、10％の不満顧客が、収益損失を日常的につくり出す原因となっている。もし、ネガティブなクチコミが伝わった先の20人に1人が購買を止めたとしたら300人（6000÷20＝300）の損失につながる。

一方で、好意的なクチコミもまた、収益に大きく影響する。クチコミが伝わった人のうち、30人に1人（3.3％）の割合で購買が起きたとしたら、月間で300人以上の新規顧客が獲得できる計算になる。このようにポジネガのクチコミの影響には相反する効果があるが、好意的なクチコミを増やすことができれば、当然、新規顧客の獲得という大きな成果につながる。

さらに、クチコミが通り一遍のものでなく、その内容に説得力があれば、購買につながる比率は、6人に1人（17％）と高くなる。BtoBの環境での調査によると、少なくとも新規顧客60％が他人からの推奨によるものであり、90％程度と高くなるケースも多い。

不満顧客を満足に転換することがいかに重要か、改めてわかっていただけたと思う。ただし、全体的な満足度を高く保ったうえでのことであるのはいうまでもない。

4 ▶ 顧客離反リスクモデル
──痛点ごとにリスクを数値化する

　経営幹部といえども、多くは日常的な事業活動において、どれだけの収益損失をこうむっているかを把握しておらず、顧客損失モデルの分析で初めて気づくようだ。総収益における損失額の数字だけでも、カスタマーサービスの戦略的な意味合いを考え始めるきっかけとなり、トラブルの予防、顧客にとってのサービスシステムへのアクセスのしやすさ、顧客対応による効果的な問題解決といった課題に関心を示すようになる。

　その次に彼らがする質問が、「どのトラブルから取り組むのが望ましいのか」というものだ。ここで、顧客離反リスクモデルが登場する。顧客離反リスクモデルは、その名のとおり、顧客またはマーケットシェアの一部を失うリスクを分析し、改善すべきトラブルの優先度を決定できる。

　どの企業も、自社の顧客がどんなトラブルを体験しているかは、日常的な顧客対応や取引を通じてある程度は気づいているが、顧客が困っている具体的なトラブルを調査するケースは非常に稀だ。ましてや、どのようなトラブルがどの程度収益に影響するかについて検討することはほとんどない。そもそも、企業に寄せられる苦情や問合せは、氷山（トラブルの全体）の一角でしかない。

　そこで、過去に生じた代表的なトラブルの一覧を顧客に示し、どのトラブルで困ったかをチェックしてもらう。この方法を取れれば、営業、口座の開設や登録、製品の設置、製品特徴、操作方法、保守、修理、課金請求など、顧客が忘れかけていたトラブルも思い起こさせることができる。どのトラブルが重大で、ロイヤルティをなくすきっかけになったかも明らかになる。また、その中でも最も深刻だったトラブルや、ロイヤルティが大きく下がったトラブルを選んでもらえる。

　その結果は、しばしば企業の思い込みに反するものとなる。たとえば、複写機メーカーの自社調査では、カスタマーセンターに寄せられる電話の

図6-9　　顧客離反リスクの計算式

トラブルを体験した 顧客の割合(%)	×	特定のトラブルの 頻度(%)	×	再購買しない顧客 (ディスロイヤルティ)の 割合(%)	=	顧客の 離反リスク(%)

中で緊急を要する案件のほとんどが故障によるものだった。

　しかし、私たちがトラブルを分類したうえで顧客にとっての深刻度を分析し直すと、製品の設置時に販売担当者と交わした約束が履行されなかったことに、顧客は故障による不満の4倍も「がっかりした」という事実が判明した。ところが、その問題について顧客がトラブルを申し出ることは稀だった。

　ほとんどの組織は、トラブルの優先度(または深刻度)を決める際に、頻度(顧客からの申し出件数)もしくは、シニアマネジメントレベルにまでエスカレーションされたことなどを判断基準にしている。

　しかし本来は、頻度も上級幹部へのエスカレーションのいずれも、企業に最も損失を与えているトラブルの判断基準にはならない。その分析手法の詳細については、第7章で解説するが、ここでは顧客離反リスクモデルを示すことにしよう。

　図6-9に示すように、顧客離反リスクモデルは、個々のトラブルの頻度とロイヤルティへの負の影響を掛け合わせて、顧客が離反してしまうリスクやネガティブなクチコミへの影響を測定する。

　各トラブルの離反リスクを計算するうえで必要なデータは、①全体を通じてトラブルを体験して困った顧客の割合、②特定のトラブルを体験した顧客の割合(特定のトラブルの頻度)、③確実に、または、おそらく再購買や契約更新をしないと回答した顧客(ディスロイヤルティ)の割合である。

　これらのデータは、通常はアンケートにて取得することが可能で、さらに社内の取引履歴のデータと照らし合わせることによって、その妥当性を検証して精度を上げていくことができる。

▶優先度の高いトラブルと改善策を導き出す

　顧客離反リスクモデルの目標は、限られたリソースを効果的に投下するために、ロイヤルティに最も影響度の高い（すなわち、収益に対して最も影響する）トラブルを特定することにある。

　第1章で述べたように、ロイヤルティについては、継続的な購買の意思と実際の購買行動を数値化することが最も有効なアプローチといえる。表6-1では、特定のトラブルに起因して顧客が離反するリスクの確率を測定し、トラブルごとの影響度を相対的に比較できるようにしている。

　表6-1では、ある企業において頻繁に発生しているトラブルを複数取り上げている。「在庫切れ」による取り寄せ（55%）、「納品の遅れ」（40%）、「請求ミス」（28%）の3つのトラブルの頻度が高いことがわかる。頻度で見る限り、「在庫切れ」が「請求ミス」のほぼ倍近い頻度で起きているが、顧客の離反リスク度は、ほぼ変わらない。

　「在庫切れ」による顧客の潜在的な離反の可能性は4.4～9.9%で、「請求ミス」による離反リスクも4.5～10.1%とほとんど変わらない。「納品遅れ」は2番目に頻度の高いトラブルだが、その離反リスクは3.5～4.8%にとどまる。

　これに対して「請求ミス」の頻度は3番目だが、離反リスクは頻度が最も高い「在庫切れ」と同じレベルに達する。したがってこの段階では、「請求ミス」と「在庫切れ」に何らかの施策が求められるという仮説が立てられる。

　ただし、どのトラブルの解決に優先的に取り組むかを決めるには、改善に要するコストも考慮しなければならない。「在庫切れ」のトラブルを解消するためには、生産プロセスの再構築や在庫の積み増しなどが必要になり、「請求ミス」と比較すると段違いに多額の改善コストがかかる。そこで、このケースでは、発生頻度では3番目だった「請求ミス」の改善から最初に着手することになった。

　もちろん、その他のトラブルについても、改善コストと効果を検討する

表6-1 | 離反リスクの計算例（上位6位）

トラブルを体験した顧客の割合（40%）	トラブルの頻度（%）	再購買しない割合（%）		顧客の離反リスク（%）	
		「確実に再購買しない」	「おそらく再購買しない」を含む	最小	最大
在庫切れのため取り寄せ	55	20	45	4.4	9.9
納品の遅れ	40	20	30	3.5	4.8
請求ミス	28	40	90	4.5	10.1
希望の納期内に届かない	18	5	10	0.4	0.7
製品の問題点を相談できる営業担当者がいない	11	50	80	2.2	3.4
払い戻しや調整が面倒	11	20	35	0.9	1.5

価値は十分にある。たとえば、「納品の遅れ」を改善するために、配送スピードを上げようとすると相当の投資が必要になる可能性がある。それよりも営業担当者が必ず守れる正確な納期を顧客に誠実に伝えるようにすれば、コストを抑えてトラブルの発生を抑えられるかもしれない。

　こうして改善するトラブルの優先度が明らかになったところで、次に改善策を決める。プロセス改善を通じてトラブルの予防措置を取るか、それともトラブルを積極的に受け付けてトラブルの発生時に効果的な解決策を提示するか、を選択するのである。

　このようにして顧客離反リスクの計算モデルを用いることで、最善の方法でカスタマーサービスにおける投資計画を作成できる。また、顧客が困っているトラブルとロイヤルティとの関係を結びつけ、カスタマーサービスとしてできる、さまざまな取組みとその成果を個々に検証することも可能になる。顧客視点に立ちながら、財務的観点から改善箇所の優先度を決定できるのだ。さらに、顧客損失モデルとの併用により、売上げ損失といった財務面の影響を推定することも可能になる。

5 ▶ 選択肢のない環境でも
顧客対応をおろそかにできない理由

　では、顧客にとってサービスを受けるにあたっての選択肢がほとんどなかったり、全くない場合はどうなるのだろうか。

　典型的な例としては、行政機関、公共サービス、鉄道などの国が認可する独占的事業が挙げられる。また、企業内の情報システム部門や人事部門なども、顧客である社員にとっては選択肢はない。このような場合、顧客の不満のあるなしにかかわらず、いわば「強制的なロイヤルティ」を強いられており、否が応でも顧客は、いつも同じサービスに頼らざるをえない。

　こうした状況では、選択肢が与えられている場合と比較して、顧客の期待値が低い可能性がある。とはいえ、顧客は信頼できる基本的なサービスを期待している。たとえば、電気料金の額が一桁違う請求ミスや、何度言っても郵送物が正しい宛先に配達されないなどについてトラブルを申し出る顧客は、相手が行政機関であろうが、公共サービス事業者であろうが、経営層へのエスカレーションも含めて、とことんまで問題解決を求めてくるに違いない。

　その際の問題解決に至るまでにかかるコストは、当然サービス提供側の負担となる。たとえば、あるトラブルが州の規制当局に持ち込まれたことで、対象とされた公益事業者が対応に要したコストは、自社に直接持ち込まれたトラブル対応のなんと600倍にも膨れ上がった。選択肢がないことが顧客対応をおろそかにしてよい理由にならないことを物語っている。

　また、選択肢がいつまでもないとは限らない。いつか選択肢が与えられたら、状況次第で顧客は自分の望むほうへと切り替えるだろう。たとえば、調理器が壊れて使えなくなれば石油からガスへ、またはガスから石油へと切り替えるだろう。経済的に余裕ができれば、公共交通の利用を止め、自家用車を購入するだろう。

あるITベンダーのエピソードを紹介しよう。大手だが、優れていると
はいいがたいサービスを提供していたため、私は「このまま続けている
と、競合が出てきたとたんに半数以上の顧客が乗り換えるだろう」と忠告
していた。実際、2年後にそのとおりのことが起きた。それまで我慢して
いた顧客は、新たに登場した競合ブランドにさっさと移ってしまい、その
ITベンダーは多大な損失をこうむったのである。

企業内の顧客（社内顧客）も例外ではない。たとえば、情報システム部門
は社員という顧客に対してサービスを提供しているが、直接的な事業収益
は一切発生していない。しかし、システムに関連するトラブルが収益源と
なる外部顧客にも影響を及ぼし、さらに未解決案件として上層部にエスカ
レーションされ、解決に時間を費やすようになればコストはどんどんかさ
んでいく。社内顧客であっても、お粗末なサービスのままでは、多大の事
後コストが発生するのである。

また、選択肢のない「捕虜」のような立場の社内顧客が、他社へのス
イッチに代わる自分なりの回避策を取るケースも多い。ある石油会社で
はIT部門に対する不満が募り、1つの部門が自らの予算で独自にプログラ
マーを雇ったケースがある。当然、その部門はスピーディーに対応してく
れるITサービスに満足したのだが、その反面、全社的な調整や効率性が
著しく損なわれる結果となった。

また、サービス対応に就くスタッフがストレスで疲れ切って、やる気を
失くして退職してしまったが、収益への影響を計算したところ、スタッフ
の年間給与の倍近くに相当する収益損失につながっているケースもあっ
た。[7]

顧客に選択肢がないことで対応をおろそかにしたことによる事後コスト
は、高い精度で試算することができるし、見込まれる損失額を数値化する
こともできる。これらの情報が揃えば、顧客にとって選択肢のない公共
サービスや社内サービスなどにおいても、不必要なコストや損失リスクを
もとに、改善すべきトラブルの優先度を決定することができる。

収益につながるという動機づけがないと、経済的な裏づけもあまり強制
力が伴わないが、少なくとも試算額を出せば改善活動にはつながるはず

だ。競争原理にさらされない者はいないといってよいだろう。

▶カスタマーサービスの収益効果を明らかにする

　本章では財務的な影響を中心に扱った。経営層にとっての刺激となり、トラブルで困った顧客による苦情や購買行動を検証するきっかけになることを願っている。

　私たちが最も訴えたい点は、CXにおける収益やクチコミの影響は数値化できる、ということである。最初はかなり多くのデータを集める必要があるが、その努力や費やしたコストの何倍にもなって報われるはずだ。

　社内部門を見渡すと、カスタマーサービス、市場調査、カスタマーインサイト、業務などに関連する部門はいずれも、顧客接点やその影響を理解するうえでの情報を蓄えているにもかかわらず、それを十分に使いきれていない。それどころか、せっかくの価値ある情報を眠らせたままといっても過言ではないだろう。

　戦略的カスタマーサービスにとって必要なことは、すべての顧客接点（タッチポイント）で取得したデータを集め、適切なタイミングで分析し、社内の関連する担当部署に共有することだ。この流れを継続的なVOC活動の一環として、さらにトラブルが生じて問題解決をする際に行うことが望ましい。これについては、次の第7章で扱いたい。

KEY TAKEAWAY
実践のポイント

☑ トラブルを体験しても申し出ず、黙ったままで他社にブランドスイッチしてしまう顧客によって失われる収益を課題にしている企業は少ない。

☑ 顧客の離反によって生じる収益損失を計算する際には、たとえCFOから「この数字は控え目すぎるのでは」という注意を受けた

としても、なるべく控え目な数字を使うべきである。特に顧客生涯価値（LTV）を使う場合には気をつけたほうがよい。数字が正しくても、信じがたいからだ。

☑ トラブル対応に満足した顧客の購買額が10％増加するという仮説を立てる。応対スタッフへの権限委譲を促進するなど、トラブル対応の解決力を強化すべきだ。

☑ アンケートなどでポジティブ、ネガティブの両方のクチコミの影響度を測り、損益にどのように影響しているか計算する。ネガティブなクチコミを減らし、ポジティブなクチコミを増やす方法を考えて実践する。

☑ アンケートで得た顧客の再購買意向と実際の購買行動とを突き合わせて定期的に検証することで、ロイヤルティ指標ともなる再購買意向の数字の信頼度を確保する。

☑ トラブルが生じた後で顧客対応するよりも、トラブルの再発防止に取り組んだほうが高いROIが得られる可能性が高い。

第 **7** 章　Be All Ears: Create a Unified VOC

顧客の声に
しっかりと耳を傾ける
──統合型VOCの構築

　本章では、カスタマーサービスにおける活動の中で最も重要といっても過言ではないVOCマネジメントについて扱う。まずは、VOC予算の話から始めることにしよう。

　大手の自動車メーカーでは、顧客アンケート調査にかかる予算を合わせて、VOC活動のために年間1000万ドルの予算を組んでいるという。どんなことも見逃さないようにVOCを取得して数値化しているというのだが、その取組みの中身を見ると、活動のほとんどがディーラーを対象とするものだった。

　本社の業務であるフィールドサービス、カスタマーサービス、製品自体の設計、製品保証などが、VOCの対象から外されている。ある経営幹部は、「本社レベルの活動や組織的な改善にかかわってくると、意思決定が複雑になる。ディーラーをメインの対象にしたほうが楽だ」と言うのだが……。

　先の自動車メーカーと同程度の規模で、全く対照的な会社がある。VOC活動の年間予算は、顧客アンケート調査の実施も含めて自動車メーカーの4分の1にも満たない。彼らは、自社のコンタクトセンターに残された顧客応対の履歴データを、音声分析テクノロジーを使ってリアルタイムで分析し、報告できるようにしているのだ。

　さらに、顧客へのアンケートに加えて、停電時の業務データやフィールドサービスで行ったトラブル対応も、VOCデータとして収集している。社内の各部門から報告されたデータは統合され、改善に向けた実行策につ

ながるように整理され、組織全体のCX強化の活動に貢献している。

　この会社では、VOCをマネジメントするプロセスがしっかりと構築されているうえ、改善に向けた提案も現場から広く集めている。たとえば、従業員にとってストレスのかかった顧客対応の報告や、社内の業務プロセスや方針についての意見などである。

　VOC活動にかける予算は他社と比較しても少ないほうだが、テクノロジーを非常にうまく活用しており、顧客アンケート調査、顧客対応の履歴、顧客の要望、事業活動上のさまざまなオペレーションデータや取引データなどを組み合わせることで、CXの全体像を把握することに成功している。

　この事例とは対照的に、一般的なカスタマーサービスにおけるVOC活用の程度はかなり限定的といわざるをえない。顧客の声を参考に応対スタッフの顧客対応を見直すなど、スタッフの応対評価が中心になってしまっているケースが多く、たまに顧客対応で使用する説明マニュアルの一部を改訂すべきかどうかといった判断に活用されるくらいだ。もしあなたの会社のVOCへの取組みがこの程度であれば、VOC本来の「旨味」を全く味わっていないことになる。

　CXにひもづくデータを各部門から横断的に収集し、分析結果を全社で積極的に共有するカスタマーインサイト部門が組織には欠かせない。もしまだ存在しないのであれば、カスタマーサービス部門の責任者がVOCをマネジメントする役割を担い、全社レベルの改善活動に関与すべきである。それが同時に、カスタマーサービス部門の業務負荷を大幅に下げることにもつながるだろう。

　本章では、現状のVOC活動を強化し、効果的なVOCマネジメントを行う方法について具体的に解説するために、次の5つのテーマを扱う。

- VOC活動の目標設定
- 効果的なVOCプロセスのポイント
- 社内データソースの統合
- カスタマーサービスにおけるVOCベストプラクティス

1 ▶ VOC活動の目標設定

VOCをマネジメントする目標は、組織内でも部門によって異なるだろう。

技術部門や品質管理部門の担当者にとってのVOCは、顧客にとって理想的な製品を開発するための仕様設計に役立てるものだろう。マーケティング担当者にとってのVOCは販売強化のためのもので、新規顧客にいかにアピールするかを判断する材料であると同時に、顧客を理解するための調査分析ツールとして位置づけているはずだ。

そして、カスタマーサービスの責任者にとってVOCは、顧客からのフィードバックであり、サービスプロセスの現場を改善するための材料となる。このように各部門の担当者の関心は異なるが、組織レベルでのCXを担当する経営幹部は、事業活動全体を俯瞰して、CXの起点から完了までを理解するためにVOCを活用したいと考えているはずだ。

部門別ではなく、企業単位でVOCをマネジメントすれば、次の6つの目標を達成することができる。

- 短期的、長期的な視点から製品やプロセス改善の課題を見つけ出す。
- CXをマネジメントするうえでの問題点を見つけ出し、その原因（従業員、製品設計、マーケティング、配送、顧客の利用法など）を特定し、改善策を打つうえでの優先度を決める。
- 特定のトラブルを改善した後の成果を追跡、検証する。
- CX強化を全社的な取組みへと発展させるための経済的なロジックを組み立てる。
- 具体的な改善プロジェクトを主管する部門を決定する。
- 信頼性のある客観的な手法で、CX強化による経済的な効果を数値化

し、検証する。

　顧客へのアンケートやグループインタビューなどは、CXに関する重要な情報を得る機会とはなるが、CXとひもづく詳細な業務オペレーションや組織内部に起因する問題点を把握するうえでは、ほとんど参考にならないといっても過言ではない。必要なことは、複数のデータソースを駆使して、CXの俯瞰的な実態を明らかにすることである。

　またVOCデータは、トラブルが発生した時点から直ちに役立てられるよう、必要に応じて詳細なレベルにまで整理して、いつでも使えるようにしておくことが望ましい。たとえば、顧客が「あんたたちは！」という怒鳴り声を上げた場合、その瞬間に音声認識システムが顧客の強い不満を探知し、現場監督者であるスーパーバイザーにアラートを送るようにする。

　1つ重要な注意点としては、VOCは現在の既存顧客の体験に関する全般的な情報であるという点だ。市場調査の中には、新規顧客の獲得を目的としているものがある。こうした市場調査とVOCを混同してはならない。市場調査とVOCを同義語のように捉えてしまうのは間違いである。その理由として3つ挙げられる。

- 顧客と未顧客の違い……市場調査とVOCをひと括りにしてしまうと、既存顧客についての分析と未顧客（より大きな市場）の分析が整理できず、結果として混乱をきたすことになる。
- 市場調査のタイムラグ……アンケート調査の場合、実際の購買やCXから数日、数週間、場合によっては数カ月経ってようやく報告書にまとめられる。そのため、どうしても数値と現実とのタイムラグが生じてしまう。過去に私たちが手伝った電子機器メーカーの調査では、アンケート結果がまとまった時点ですでに次期モデルの開発に取りかかっていたため、アンケート調査の結果があまり重視されることはなかった。
- 新しいアイディアの検証には不向き……顧客アンケートは、将来的な仮説に基づく製品やサービスのアイディアを検証するには不向きだ

ろう。その典型的な事例として、1970年代後半の出来事を紹介しよう。米国の金融機関が当時開発を進めていたATMのアイディアについてアンケート調査を実施したのだが、回答者の圧倒的多数がこのアイディアを真っ向から否定した。大切な預金を機械などに任せられない、生身の銀行員の対応でなければ不安だという意見が大勢を占めた。この調査結果とは裏腹に、24時間いつでもキャッシュを引き出せる体験をした顧客がすぐにATMの愛用者になったことは、改めていうまでもなくご存じだろう。同じような出来事は、航空会社のオンラインチェックインの導入段階でも実際に起きた。

2 ▶ 統合型VOCプロセスの ポイント

VOCデータは、CXのすべてのフェーズで取得できる情報を統合したものにするべきである。したがって、カスタマーサービスなど顧客接点で得る顧客からのフィードバックにとどまらず、はるかに大量の情報を扱うことになる。

顧客からのフィードバックを得る対象は、サービス全般とサービスにアクセスするチャネル、さらに、製品デザイン、マーケティング、営業、配送などに及ぶ。このすべてで、DIRFT（物事を最初に正しく実行する）の状態を把握できるようにするのが望ましい。

加えて、顧客からの直接的なフィードバックはなくても、顧客にとって痛点となる兆候を示すデータを含めるのが望ましい。たとえば、配送ミス、手数料を伴う不渡り小切手、水漏れの可能性を示す急な使用量の変化などである。これらは業務上のデータであると同時に、顧客にとってのトラブルの兆しが読み取れる情報でもある。

第3章で触れたように、効果的なVOCマネジメントで成功している企業は少ないのが実態だ。2012年に私たちが実施した企業調査では、顧客のフィードバックから表面化した問題点を取り上げ、その大半を改善でき

ている企業は、回答した3分の1程度にとどまった。[1)]

　さらに私たちは、2012年の調査結果を再検証する目的で50社を選び、カスタマーサービス部門の運営とVOC活動の評価を過去3年間にわたって実施した。その結果、VOC活動が効果的に機能している企業には、次の4つの特徴が見られることがわかった。

- CXの全体を対象にVOCデータを集めていて、顧客の期待値の設定に始まり、製品の利用体験に至るCXの起点から完了までのフェーズで、全体像を検証することを目的としている。
- 社内の複数のソースから取得したデータを統合して活用することで、VOCデータとしての信憑性、影響度分析、それに基づく発見と示唆の中身を強化している。データソースとしては、顧客アンケート、苦情の記録、従業員からの改善提案、顧客との応対履歴（カスタマーサービスと営業部門の両方から）、ソーシャルメディア、CXとひもづく企業内部のオペレーションデータ（たとえば、製品保証クレーム、約束の不履行、請求額の修正、遅延損害金、発送ミスなど）などがある。
- VOCデータの統合化からCXの全体像を作成している。つまり、顧客のライフサイクル全体のフェーズを対象にして、複数のデータソースをもとに、1つの合意された顧客像を描いている。
- 財務部門とその責任者であるCFOが、VOC分析とその報告内容の妥当性を受け入れ、支持している。これは、VOCの分析の結果浮かび上がった課題の大半を解決していくうえで非常に重要な要素といえる。

　企業アンケートに協力してくれた企業の経営幹部160人以上のうち約2割は、VOCから特定された問題の何パーセントまでが解決されたかを追跡していなかった。これでは、VOC活動全体の有効性を担保することはできないだろう。

　効果的なVOC活動を一言で表せば、CXの起点から完了までを対象とし、統合されたデータに基づいて全体像を把握し、その財務的影響を明ら

かにしてCFOが承認することにほかならない。

　残念ながら、ほとんどの企業のVOC活動を見ると、複数のデータソースから取得したデータを1つにまとめ上げることができていない。どの部門も、集めたVOCデータを自分たちの最も都合のいい形式で格納してしまう。多いところでは、7つの部門それぞれにVOC担当者が存在している企業もあった。

　これらを1つのVOCとしてまとめようにも、データ形式自体がバラバラであり、収集だけでなく分析するうえでも齟齬が生じやすい。こうした面倒な問題を解決するためには、VOCプロセスを最適化し、社内に分散するデータを組織全体で価値につなげる取組みが必要となる。

▶8つの成功要因

　VOCプロセスの最適化に向けては、次の8つのポイントを着実に実践していくことを強くお勧めしたい。図7-1に示した8つの成功要因はすべて論理的で、すでに企業のマネジメント層によって支持されているものばかりだ。

①VOCの担当役員の任命

　1人の担当役員がVOC活動全体を調整する責任を担うことが望ましい。それによって、VOCデータの収集方法に関する全社のガイダンスを提供し、部門ごとに断片化することを防ぎ、VOCデータの互換性を担保できるようになる。

　このリーダーシップを発揮できる役割を自発的に担当するケースもあれば、CXリーダーとしてシニアマネジャーが任命される場合もある。

　こうしたポジションや役割が存在しない企業の場合、カスタマーサービス部門や品質部門のマネジャー、COO（最高執行責任者）、CMO（最高マーケティング責任者）などが候補として考えられる。

図7-1　　統合型VOCプロセスの8つの成功要因

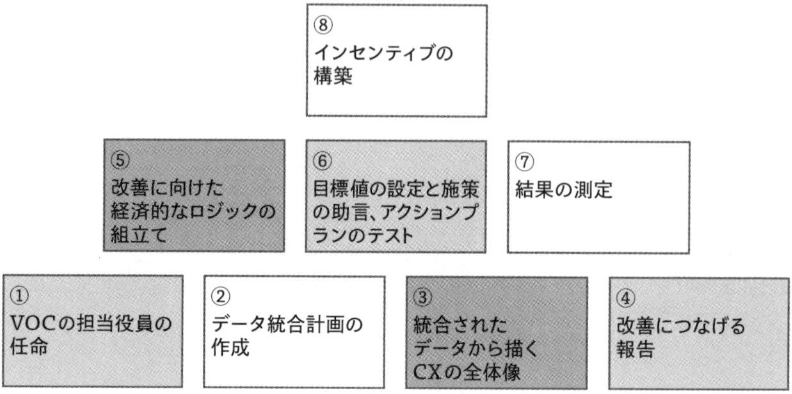

②データ統合計画の作成

　必ずしもVOCとして扱うデータを1つの部門に集約させる必要はない。大きな組織になれば、そんなことは実際には不可能だ。最初はバラバラな状態で社内に分散しているデータの統合計画を作成し、それに基づいてデータ収集を行う。次に、統合化を前提に決められた分類方法を標準化して整理するか、少なくとも部門横断的に調整する必要がある。VOCマネジャーの役割は、その計画を立てて実行することにある。

　すべての社内部門が顧客のトラブルを同じように描けるようになるには、正しく効果的な方法でトラブルを数値化して理解しなければならない。そのために必要となるのが、収集したデータの統合計画である。

　統合化にあたっては、社内で使用する用語も統一する必要がある。ある自動車メーカーの事例では、生産現場のエンジニア、営業とマーケティング部門、カスタマーサービス部門、ディーラーのサービス担当技術者が、顧客が困っている特定のトラブルを、それぞれが違う方法で記していた。

　たとえば、生産ラインのエンジニアが「部分組立品の不備と顧客のメンテナンス不足」と判断したトラブルが、サービス窓口担当者や担当技術者になると、「ブレーキ振動とエンジン停止の症状」と判断する、といった

具合だ。

　対照的にフォードでは、トラブルや徴候が見られた際に記述する内容の一貫性を担保する取組みを何年も前に始めている。まず、修理のために車がディーラーに持ち込まれた際に、サービスライターが顧客からトラブルの内容を聞き取って書き留めるための記述を重視することにした。

　そこでつくられたのが、トラブルで困った顧客向けの小さな冊子だ。「ガタガタしますか、それともカチカチですか？」というおかしなタイトルの冊子は、顧客がディーラーで、問題点を正しく表現して説明する手助けとなる。こうすることで、正しい診断と修理につながることを狙ったのだ。

　データ収集プランを立てるうえで、ソーシャルメディアやIoTから収集できるデータもVOCに含めるべきである。たとえば自動車メーカーの場合、従来のVOCプロセスへのデータ入力は分類コードを使い、さらにサービスライター、顧客、サービス担当技術者らが技術的なコメントを加える程度だった。

　しかし、現在では車のトラブル以外にも、製品の挙動、顧客が感じたことなどがオンライン上のレビューサイトやソーシャルメディアに大量に書き込まれている。それらのほとんどはテキストベースの情報で、データとして見なされていない場合が多いが、スクリーンスクレイピング[1]やテキスト／音声分析などのテクノロジーを活用すれば、一般の顧客やプロのレビュアーが書いたコメントを、従来と同じ分類方法を使って分析可能なデータに変換することが可能になる。

③統合されたデータから描くCXの全体像

　すべてのデータソースとチャネルから取得したデータは1つにまとめ、1つのルールによって統合することで、顧客の満たされていない期待、不満の原因やその影響など、CXの起点から完了までの全体像を描くことができる。

----

[1]　エンドユーザーへの表示を目的として出力したファイルからのデータ抽出を指す。

複数のデータソースから統合的な全体像をつくり上げるうえでは、以下の3つの課題がある。

- データ分類の互換性……アンケート、苦情、ソーシャルメディア、オペレーションで取得されたデータは、顧客の期待、トラブル、原因、ロイヤルティへの影響の観点でカテゴリー化できるようにする。そのため、データ分類の互換性が確保されていなければならない。
- 顧客ベース全体への拡大推計……顧客からの問合せから取得したコンタクト履歴やソーシャルメディアへの投稿などの件数は、顧客ベース全体を代表するものではない。そのため、母集団レベルでの推定値に置き換え、顧客ベース全体を反映しているデータ（たとえば、顧客アンケートやオペレーションデータ）との互換性を担保する必要がある。その具体的な手法である乗数の使い方については、本章の後半にまとめたベストプラクティス事例の中で紹介したい。
- データの構造化……VOCデータを構造化することにより、さまざまな部門やチームが複数の目的でデータを活用することが可能になる。共通する目的としては、新しい案件の特定、顧客満足の低下を回復させるための取組み、トラブルの予防や緩和するための施策の実行、すでに問題解決に取り組まれている既知案件の進捗などがある。さらに分析の段階では、トラブルがもたらす顧客損失について潜在的な可能性も含めて数値化し、最も優先度の高いものを明らかにするのが望ましい。

もう1つ加えるならば、データ共有の問題も無視できない。どの企業でも起きうる出来事だが、社内のある部門が持っている情報が他部門に共有されていなかったために、トラブル回避などの施策につながらないという残念な結果を招いてしまうことがある。

業務の効率化を考えれば、社内の誰に対しても、適切な情報を適切なタイミングで共有することが求められている。従業員の作業負荷や組織活動のペースを考えれば、能動的にVOCデータを供給するだけでなく、改善

の打ち手が取れるように、分析データの点と点を結んで「線」にして提供する必要がある。

　それによって問題がより明らかになれば、対応する役割を担う現場のマネジャーたちも、迅速に改善策を打つことができる。したがって、それらのデータを必要とする関係者には、アクセス権限を与えるべきである。

　必要な関係者が例外なく情報を共有できるという状態を、テクノロジーを導入して仕組みにすることができれば、大きな改善機会につながるだろう。将来的には、点と点を結んで線にするテクノロジーが、カスタマーサービスで重要な役割を果たすはずだ。

④改善につなげる報告

　いうまでもなく、社内の全員にすべてのデータを共有する必要はないし、したところであまり効果的ではない。過剰なデータは、問題解決どころか新たな問題を生み出すだけだ。

　VOC活動に携わる担当者は、誰がどんな情報を必要としているかを把握して、その先の顧客のゴールやニーズにふさわしいものにするために情報を選別し、部門ごとにカスタマイズする。多少のリスクを負っても、簡潔にまとめられた情報を能動的に提供する必要がある。

　また、トラブルに関する記述は具体的で、改善策につながるレベルの粒度であることが求められる。たとえば、「請求関係」だけでは改善につながらない。「プレミア会員口座の延滞チャージミス」くらいの具体性がないと、効果的な対応策が作成できない。重要な案件に関しては、改善に向けた手を打たずに放置した場合の毎月の損失額、改善に向けた方向性などの提案などを含む、1～2ページ程度の案件サマリーを作成するのが望ましい。書面以外に担当者の説明や動画などがあれば、より理想的といえる。

　歯磨き粉などで知られるコルゲート・パーモリーブで消費者対応のワールドワイド・ディレクターを務めたチップ・ホーナーによれば、社内報告書を読んだ後は、必ず作成者本人と面談していたという。報告書の内容を理解したうえで、改善策を承認する前に必要な質疑応答をするためであ

る。

　報告書を各部門に向けてカスタマイズし、面談をして内容を確認するのが手間のかかる仕事であることは確かだろう。しかし、その取組みは、必ず大きな成果となって報われるという。

⑤改善に向けた経済的なロジックの組立て

　顧客の期待が満たされないお粗末なサービス体験が、収益、クチコミ、リスク、利益にマイナスのインパクトをもたらす。これらが月次の損益に及ぼす影響を数値化し、現に発生している月間の損失コスト（問題があったことで生じるコスト）を明らかにすることで、経済的なロジックがつくられ、単なるVOCデータも改善を促す情報へと変換することができる。

　CFOをはじめとする経営層のためのレポートの冒頭で、改善に向けた経済的なロジックを強調しない限り、VOC活動は自己満足的な位置づけで終わってしまう。VOCを改善につなげるためには、手を打たないことによって生じる損失コストを明らかにする必要がある。

　VOC活動の経済効果を示す分析で犯しがちな重大な誤りは、顧客のトラブルに関連して発生する費用の分析（製品保証に対応するサービスコストや返品などによる売上げ減など）に終始してしまうことだ。これでは、苦情の件数が減れば関連コストも抑えることができ、損益の強化に貢献できるという発想にしかつながらない。実際は、苦情にまつわるコスト削減よりも、収益上の損失額が10倍も20倍も大きくなる。

　トラブルによって生じる本当の代償（コスト）を示す2つの事例を考えてみたい。

　ある企業の財務担当マネジャーは、卸売業者での品切れについて、「在庫を抱えるコストをセーブしたために売上げが下がって相殺された」と考えている。

　しかし、その理解は十分ではない。実際には、顧客は店舗まで足を運んだのに欲しい商品が買えなかったために、お目当ての商品以外の買い物もしなかった可能性が高く、今後もその店から遠のいてしまうおそれがある。影響は販売店だけにとどまらない。特に日常品の場合、品切れをきっ

かけにブランドスイッチしてしまう可能性さえある。在庫切れの状態は、将来の収益にネガティブなインパクトを与えるのだ。

2つ目は、ある医療装置のメーカーの事例だ。先進的なCFOが法規制対策として、製品の品質向上と苦情対応強化に向けた投資を検討し始めた。これまでにFDA（米国食品医薬品局）からの警告書に対応するために、1億ドルもの予算を費やした苦い経験があったからだ。

法規制対応やリスク管理の担当役員にとってみれば、品質向上と患者との関係強化のための500万ドルの投資は、さらなる警告を受けることによるブランドへの損失に比べれば格段に負担が軽い。災害保険に特約を付け足すようなものだ。

⑥目標値の設定と施策の助言、アクションプランのテスト

顧客のトラブルから問題点の特定がされた後、現状のまま手を打たないことによる損失額も計算したのだが、顧客のトラブルを解決する前に、まだ2つの障害が待ち受けている。

1つは、人材の問題である。新たに任命された改善を担当するマネジャーは、日常業務をこなしながら、新しい改善策の実施に一から取り組まなくてはならない。いうならば、改善タスクはマネジャーにとって付随的な業務なのだ。もう1つは、指標の問題だ。問題解決に取り組むうえでの成功判断基準である、品質、オペレーション、顧客満足度などの指標がマネジャーには伝わっていないことが多い。

VOC分析の段階で具体的な改善策や指標を推奨するのは、現場に踏み込む越権行為だと考えがちだが、むしろ現場のマネジャーは改善策の叩き案や「達成可能な」目標値を示せば、喜んで協力するだろう。

「達成可能な」とわざわざ記したのには理由がある。トラブルを完全に排除することは実際には難しいからだ。したがって、顧客の苦情を半減することをめざすといった、具体的な施策や達成可能な目標値を設定するというアプローチも、VOC活動において求められる。

目標値は論理的に導かれたものが望ましい。たとえば、現在のカスタマーロイヤルティのレベルが76%だったとすると、来期は80%をめざす

というのはよくあるパターンだ。では、なぜ80％なのかといえば、それほどの論拠がないことが多い。つまり、目標設定が論理的ではないのだ。

このような場合、第6章で紹介した顧客離反リスクモデルを使えば、改善機会を特定するとともに、その問題に最適な主管部門を任命し、改善に要する投資コストやその見返り（リターン）を計算したうえで、期待できるロイヤルティや満足度の向上幅を示すことができる。さらにいえば、改善の成果として、求められる状態に結びつけるためのプロセス指標を設定するのが望ましい。

改善活動をプロセス指標で管理し、変化の兆しが見られれば、ゴールとして設定した成果指標の向上にもつながるだろう。たとえば、請求ミスによる顧客不満の先行指標として、請求ミスの修正を求める問合せ件数が考えられる。プロセス上の問題解決が進めば問合せ件数も減り、不満低下につながると考えられる。こうした分析によって、顧客満足のゴールを達成するための改善プランを立案、実施できるだろう。

アクションプランは複数のシナリオを作成し、顧客の期待値とそれにふさわしいプロセス指標を設定したうえで、顧客へのメッセージや戦略を実験してみる。こうしたA/Bテストは、日常的に実践するのが望ましい。AARP（米国退職者協会）の会員コミュニケーションを担当するシニアバイスプレジデントのエド・オデイが次のように語っている。

> 「AARPは多様なタイプの会員で構成されており、社内の継続的改善プロセスにおいては、さまざまなコミュニケーションチャネルを活用して実験を行い、その成果を測定している。施策の効果を絶えず検証しながら、社内プロセスの構築を行っている。結果的に、AARPのサービスに対する会員の満足度は非常に高いレベルに達している」[2]

⑦結果の測定

CXと業績向上の両面に結びつく改善策が決定すると、実際の問題解決の実行フェーズに入る。多くの企業は改善計画を提出した時点で活動が終了してしまい、本当に目立った変化が起きたのかどうかを検証している

ケースは少ない。

いうまでもなく、効果把握のプロセスは欠かせない。VOCが提起した問題のうち何パーセントが実際に取り組まれたのかを測る必要がある。さらに、「問題は実際に解決したのか」という問いかけが必要で、継続的な活動については、「提案されたアクションプランの現状はどうなっているのか」「プロジェクトは進んでいるか」と自問すべきである。

VOCプロセス全体のパフォーマンスを測る基準としては、VOC活動において特定された問題点のうち、速やかに解決された事案の割合を数値として出すのが望ましい。これをCFOやその他の経営幹部に報告できなければ、VOC活動そのものの有効性が曖昧になってしまう。

⑧インセンティブの構築

VOC活動の役割が、顧客のニーズに能動的に働きかけ、ロイヤルティを強化することであるならば、VOCは戦略立案だけでなく、日常的な意思決定に連動させる必要がある。そのためには、上級管理者がVOCの戦略的重要性を認め、具体的な施策と結びつくインセンティブを設定し、そのための予算を組まなければならない。

VOC担当マネジャーは、重要な意思決定の場に同席し、それについて他部門の支持を得なければならないし、そのための働きかけが必要になってくる。このようにして考えると、VOC活動の必要性が組織内で理解され、提起された問題に管理者たちが積極的に取り組むような状況をつくり出すためには、何らかのインセンティブが必要なことがわかる。管理者のインセンティブ全体の少なくとも10％は、VOCに連動させる必要があるだろう。

3 ▶ 社内データソースの統合

片目を閉じたままで何かを見ようとすると、対象物との距離感がつかみ

表7-1 | VOCデータソースの強みと弱み

VOCデータソース	強み	弱み
顧客アンケート 設問票の設計次第だが、取引や顧客対応後、さらに企業との関係性について広範囲に把握することができる	• サンプリングが正しければ顧客ベース全体を反映したデータ取得が可能 • 定点観測的に継続し、変化を確認することが可能 • 顧客満足やロイヤルティの因子分析が可能	• 社内のオペレーションデータやコンタクト履歴と違い、アンケート実施時点から分析や報告に時差が生じる • コストがかかる
顧客接点のコンタクト履歴と苦情 顧客の期待や利用体験などについて顧客視点でのインプットがコンタクト履歴に残されている。従業員に対するポジティブなコメントなどもある	• 実際のCXを把握することができ、データ取得はリアルタイムに近い • トラブルの原因究明に役立つ • エモーショナルな側面も記録可能	• 各履歴データは、断片的であり、CXを代表するものはない • トラブルの発生件数などへ拡大推計する必要がある
社内のオペレーションデータ 顧客との取引や業務運営上のシステムに記録されたデータであり、顧客に対して行われた（行われなかった）ことが事実として把握できる	• CXを裏づけるデータとしてはマネジメント層にとっても信憑性が高く、問題解決に使いやすい	• 請求ミス、納期遅延の件数など、マネジメントに報告する目的で取得しているため、CXの一部の側面しか伝えてくれない
社内の品質指標 製品の品質検査、応対品質モニタリング、サービスへのアクセス品質など社内で測定されている品質指標を使う	• 顧客のトラブルの原因を示すこともある • サービスへのアクセス品質やそのプロセスの有効性についての実態が把握できる	• 現場監督者によるモニタリングなど、非常に労働集約的 • 応対品質モニタリングは、決められたスクリプトに沿った評価が主流で、顧客視点での全体像が把握しにくい場合がある
モバイル端末のデータ コンタクト履歴、苦情、アンケートなど、他のチャネルと同様に複数のデータが取得可能	• コンタクト履歴と同様、リアルタイムで取得可能 • 活用度が急速に増している	• 入力文字数の制約などもあり、データとしては詳細な記述ではなく不完全なものが多い
ソーシャルメディア • 顧客ベース全体から見るとまだ小さな層だが、ソーシャルメディアに投稿された内容 • コミュニティサイトなどは、ベテランユーザーの声も取得できる	• リアルタイムで取得可能 • コミュニティサイトの場合には、企業側の取組みに対してメンバーの有益なアドバイスや反応が得られる	• データ自体が不完全であり、その先の詳細な内容に関しては顧客にヒアリングすることが難しい • データ自体の品質にはばらつきがある
従業員の声 メールでの直接取得、社員代表で構成されるグループからの提案、社内アンケートなどで取得できる	• 顧客のトラブルの原因である社内プロセスの問題点や顧客起因かどうかが特定できる • トラブルによって生じる現場の非効率を把握、測定できる	• 従業員アンケートの多くは、CXをテーマにしていない • 従業員からのコメントに対してフィードバックしないと問題

にくくなるのは、一方向からのデータに頼ると遠近感が限られてしまうからだ。同様に、一種類の顧客データだけに頼っていると、目に映る風景は危険なほど歪んでしまうおそれがある。

　そうした事態を回避するために、以下で紹介する7つのデータが役立つ。いずれもCXをより正しく理解するうえできわめて有効な情報ソースであるが、その多くは、ほとんどの組織であまり活用されておらず、未開発の領域だといえる。

　まず、顧客アンケートと顧客接点で記録されたコンタクト履歴について考えたい。その理由は2つある。1つは、顧客アンケートは、カスタマーサービスが顧客満足度、ロイヤルティ、クチコミに及ぼす影響を把握するための基本的な手段であること。もう1つは、アンケートとコンタクト履歴はどちらも、ほとんどの企業で活用されているデータソースであるからだ。

　この2つのデータソースは重要ではあるが、これだけではVOCを説得力のあるものにするにはまだまだ足りない。特にアンケートは多くの企業で実施されているものの、CXの全体像を把握するには十分でないことが多い。アンケートの望ましい方法論や運用については、第8章で詳しく解説したい。

▶アンケートデータ

　顧客アンケートにはさまざまな方法がある。複雑な構造のリレーションシップ型、顧客対応後のフォローアップ型、ウェブサイトを使ったポップアップ型、CXの一部を切り取って掘り下げて調査するパルス型など、実に多様だ。

　顧客アンケートの結果は、カスタマーロイヤルティやクチコミの実態を把握するうえでは最も信頼度の高いデータソースであり、CXの起点から完了までの全体像を顧客視点で捉えるのに役立つ。統計的に妥当なサンプリングを行っていれば、苦情や顧客対応のコンタクト履歴よりも、顧客ベース全体のCXをより俯瞰的に捉えることが可能だ。

ただし、アンケートにも限界がある。その難点をここで挙げておこう。

- バイアス（歪み）に注意……アンケートの設計やサンプリング次第では、データにバイアスが生じる可能性があり注意すべきだ。たとえば、固定電話による電話アンケートを実施した場合、携帯電話しか所有しない顧客は対象から外れてしまう。
- コストがかかる……対面や電話を使ったアンケートは、それなりのコストがかかる。
- タイムラグが生じやすい……アンケート結果を顧客データと突き合わせてデータ集計と分析をすると作業時間がかかり、報告までにタイムラグが生じてしまう。CRMに組み込まれているアンケートアプリを使えば、リアルタイムで分析することも不可能ではない。
- 顧客視点にとどまる……顧客へのアンケートだけでは、顧客視点からのインサイトを得ることはできても、顧客の体験したトラブルが事業プロセスのどこに起因したのかについては具体的に説明できない。
- 現状分析が基本……将来的な仮説を検証することは難しい。

結論からいえば、アンケートはVOCデータの重要な一要素ではあるが、VOCマネジメントのベストプラクティスから見ると、アンケートだけに頼るのは得策ではない。

▶顧客からのコンタクト履歴

多くの企業は顧客から問合せを、苦情か問合せのいずれかに選別している。通常、苦情は別コードで分類され、問合せより重みづけされた重要な情報として扱われる。

しかし、中身をよく見てみると、苦情も問合せも、顧客は同じ出来事についてコンタクトしてきているというケースがよくある。趣旨は同じでも、顧客からより強く訴えられたものが苦情として分類されているのだろう。

その一方で、顧客の困りごとやトラブルを聞き取っても、苦情として記録されないことがある。たとえば、サービス料について質問があってコンタクトしてきた場合、これを問合せと取るか、それとも苦情と取るかは判断の分かれるところだろう。

自社の製品について、在庫がある小売り店舗の場所を教えてほしいという質問が入った場合も同じことが考えられる。製品を購入する場所についての単純な質問なのか、それとも製品が買いたくても見つけられないという苦情なのか、どちらの可能性もある。

実際には、問合せが現場で解決できず、上司にエスカレーションされない限り、ほとんど苦情とはされない。上司と話したいとリクエストされたり、本社の社長室に電話が入ったりした場合だけ、苦情に分類されるのである。

顧客対応時のコンタクト履歴は、通常は電話、IVRシステム、チャット、メールなどのカスタマーサービスにおける顧客対応が生まれた時点で作成される。データのメリットはアンケートのように時差がなく、実際のCXの直後に情報化される点だ。また、顧客の感情もこの時点でつかめる。さらに顧客の苦情を録音して、経営層や製造部門のスタッフに統計データと一緒に音声を提出すると、数字以上に影響力があることがわかる。

こうした録音や応対スタッフが残したメモなどの体系化されていないデータも、最近では手動、または音声会話分析やテキスト分析機能を活用してコード分類できるようになってきた。

コンタクト履歴は顧客が問合せをしない限り生まれないデータであり、全体から見ると小さい割合にすぎないため、そこからCXの全体像を把握することは難しい。顧客が困り、疑問を持っても問合せに発展する割合が低いことも問題だ。

また、トラブルの内容によってもコンタクト率は変わる。問合せか苦情かにかかわらず、企業にコンタクトするほどではないもの、たとえば延滞料金などについて問い合わせてくる顧客は少ない。一方、誕生日にプレゼントした組立て玩具の一部のパーツが足りないと、問合せのコンタクト率

は高くなるはずだ。

　第2章で解説した乗数の概念を使えば、トラブルの種類によって乗数が変化することがわかる。トラブルで困った顧客の50%が問い合わせてくる場合には、問合せ件数を2倍にすることで、実態のトラブル件数を推定することができる。この乗数が100や2000に跳ね上がるケースもある。どのようなトラブルや疑問が生じても、問い合わせてくる顧客の割合は低いと考えたほうがよい。

　さらに、問い合わせる先も1つではなく、複数の顧客接点が使われる。そのため、それぞれの顧客接点で受けた問合せにふさわしい乗数を掛けて、顧客ベース全体でそのトラブルを体験している顧客・消費者の推定値を割り出す必要がある。この時点で顧客のコンタクト履歴は、アンケート結果や業務のオペレーションデータと照らして整合性を取る必要が生じる。

　苦情がエスカレーションされる際には、もともとのトラブルが何だったのかを記録すると同時に、エスカレーションされた理由も記録するべきだ。最初に対応したプロセスが他とは違っており、一貫性がなくばらつきがある可能性を示しているからである。そしてコンタクトセンターだけでなく、インターネット、テクノロジーを活用したセルフサービスなどを通じて取得したコンタクト履歴も、スピーディーにCX活動へフィードバックして役立てることができる。

　さらにコンタクト履歴から、トラブルの原因、顧客の期待や行動などを理解することもできる。こうした情報を活用することで、トラブルの再発防止に役立てることが可能になる。

　一例として、ある加工食品メーカーの苦情対応について紹介する。スパゲッティソースにカビが見つかったというクレームが入った。マーケティングや健康上の理由で、防腐剤の使用を中止した直後のことだった。

　消費者からの声を分析してわかったのは、ソース瓶の開封後2週間以上経過すると、冷蔵庫で保管していてもカビが発生してクレームにつながるということだった。そこで、「開封後は冷蔵庫に保管し、7日間以内にお召し上がりください」というメッセージを加えたところ、クレーム件数が

劇的に減少した。

　最後に加えておきたいのは、顧客からのポジティブなコメントがスタッフのモチベーション向上に役立つということだ。スタッフの対応が素晴らしかったという顧客のお褒めの言葉（または苦情）を取得して、即座にマネジメント層に伝えるツールは数多く出回っている。

　顧客がスマートフォンからワンクリックで入力・送信できるものもあるし、なかにはロケーションを特定できるツールもある。グーグルマップの機能を使い、顧客からのメッセージを受けて2分以内に、位置情報から把握した担当拠点のマネジャーに送信できる仕組みになっている。顧客からのフィードバックをすぐに従業員と共有し、朝のミーティングなどで紹介できれば、スタッフにとっては大きなモチベーションにつながるだろう。

▶オペレーションと例外対応の指標

　顧客が何で困っているかなどの情報を得るうえで、社内のオペレーションや例外対応の指標を活用することができる。これらの指標は、顧客がトラブルに気づくよりも前に数値に表れることがしばしばあり、先行指標としても使える。まず企業内で起きたことが、その後顧客の体験に影響するという流れだ。

　たとえば、フェデックスやUPSの場合、何らかの事情で空港が閉鎖された時点で、約束の配送品を予定どおりに配達できないことがわかる。会社が取ったアクション（意図したものでないにせよ）と顧客の反応の間に「原因と結果」があるので、指標を用いてマネジメントすることが可能になる。

　オペレーションの指標としては、受注したオーダー件数や取引の状態を把握したものがある。例外対応の指標としては、オペレーションミスなどがある。たとえば、エラーメールは企業側で管理している顧客アドレスが正確でないことなどを示している。

　その他にも例外対応の指標としては、ウェブサイトのダウンタイム、クレジットカードの無効取引、配送ミスなどがある。これらの数値は、顧客

が実際に困るよりも前に社内で把握できるため、CXを予知できる指標ともいえる。さらに、返品、保証請求、請求額の修正なども、信頼を損なったかもしれない顧客の体験につながっている可能性がある。

業務部門のマネジャーは、顧客アンケートや苦情よりも、業務システムから得られるオペレーションの情報に頼る傾向がある。業務部門自身が報告書としてまとめているデータなので、それに反論すること自体が難しいのだ。例外処理やエラー処理に関するデータも報告されているが、CXにおけるマイナス要因として見なされていない。納期遅れや受注ミスがその一例だ。

たとえば、卸売業者における品切れを考えてみよう。店に納品された鶏肉が通常よりも足りなかったとする。通常の平均販売量と比べれば、今日1日で何人の顧客が鶏肉を買えずにがっかりしたかが容易にわかるだろう。仮に600人としよう。鶏肉が1日品切れ状態だったというよりも、600人もの顧客を失望させたというほうが事態の深刻さが伝わってくるはずだ。

さらに、このデータをアンケート結果と重ね合わせてみると、小さなロジスティック上のミスがカスタマーロイヤルティに与える影響から、収益損失額を見積もることができる。このように、オペレーションのデータからは、CXに関するさまざまな気づきを得られる。

▶品質指標

品質指標としては、製品やサービスの検査結果以外にも、サービス提供やサービスへのアクセスの評価指標が存在する。製品の検査結果は、傷や組立てミスがないかなど、物理的な品質しか見ていない。

製品のデザインが気に入らないとか、宣伝文句を誤解していて、期待外れでがっかりしたなどのトラブルについては、製品検査の対象から外れているようだ。また、サービスの品質には、カスタマーセンターのスタッフと通話中に待たされた保留時間や、スタッフの対応に対する評価などがある。

ほとんどの評価者は、応対スタッフの適切なマナーや顧客への思いやり、さらに「問題対応にはご満足されていますか」といった形でクロージングしているかどうかを中心に見ている。

　しかし、VOC活動の観点からすると、顧客の問合せの理由や背景を理解することにより重きが置かれるべきだろう。たとえば、顧客対応時に顧客に確認できることには次のようなものがある。

　「今回はお手数をかけてしまいましたが、お問い合わせいただく前に、私どもとして問題を予測し、回避することはできましたでしょうか」。こうした問いかけから、顧客の問合せの背後にある理由や背景を理解することができるだろう。

▶モバイル通信によるコンタクトや顧客対応

　電話からモバイル通信にシフトすると、新たなVOCデータが生まれる。一例を挙げれば、モバイル端末で使用されるテキストメッセージ、GPSを活用したチェックインアプリなどの履歴情報である。

　テキストメッセージの利用は増大傾向にある。カスタマーサービスのインバウンドチャネルとしてはまだ確立されていないが、サービス訪問や医療予約などの確認をする際のアウトバウンドチャネルの一手段として使われるなど徐々に普及が進んでいる。

　チェックインアプリは、顧客が該当する店舗に入ったり、近くまで来るとアプリが自動的に起動する。企業側はアプリユーザーの電話番号を認識することができ、顧客にはポイントやクーポンなどのオファーが届く仕組みになっている。基本的には電話、メール、ウェブの延長線上にあるデータと考えればいいが、膨大なデジタルデータを扱うための大容量のサーバーが必要になる。

　モバイル通信にシフトしたことで顧客の期待値は高くなっていて、ユーザーはリアルタイムの反応や返答を期待するようになりつつある。

▶ソーシャルメディアなどの体系化されていないデータ

ソーシャルメディアやオンラインレビューサイトへの投稿、オンラインコミュニティとのメールのやり取りなどから取得する情報は、主にテキストベースとなる。担当者が実際に目を通している場合もあれば、テキスト解析ツールを使って内容を把握しているケースも多い。

これらの情報の特徴は、幅広いテーマから顧客の声が集められる点にある。トラブルの数や原因がわかる場合もあれば、特定の言葉が使われる頻度、顧客の期待、感情レベル、企業側のメッセージに対する反応、ロイヤルティの損失などさまざまだ。

ソーシャルメディアと顧客対応時の通話録音は、データを「人間らしく」するうえで非常に貴重だ。「85人の顧客がトラブルで困っている」とする報告も大事だが、実際の録音された会話を再生することで、顧客の感情が伝わり、聞き手に対するインパクトも大きくなる。

私たちのクライアントであるニューヨークの公共事業体は、組織内で共有されるレポートで、顧客の生のコメントを紹介していた。罵詈雑言の類いも含まれたレポートは、組織内で最も読者の多い社内資料の1つだった。

第2章で触れたように、一般的な認識とは異なり、ほとんどの消費者は最初からソーシャルメディアに投稿することはない。他の人にあまり知られないように苦情を申し出るのが一般的で、店舗などに直接苦情を伝えたいときはモバイルアプリが重宝しているようだ。2011年のインテリレスポンスの調査では、ソーシャルメディアを使った企業とのコミュニケーションのうち、苦情はわずか1%以下だった。[3]

この数値は、同じく2011年に私たちが実施した調査[4]の結果と全く変わらない。さらに、2017年の同調査では、消費者が1年間を振り返って最も深刻なトラブルで困った製品・サービス分野として、ケーブル、携帯電話、コンピュータなどが挙げられたにもかかわらず、ソーシャルメディアを使った企業とのコミュニケーションのうち、苦情が占める割合は4%増の5%にとどまった。少なくとも2017年時点においては、ソーシャルメ

ディアが苦情を申し出るチャネルとして確立されていないことを裏づけた。[5]

　その一方で、アルゼンチンに拠点を置くプロアクションの2012年の調査では、苦情のなんと25%が最初からソーシャルメディアにアクセスしてくるという。[6]

　また、CCMCの日本のパートナーであるラーニングイットが共同で実施した日本市場における調査の中で、化粧品と浴室設備のメーカー2社で、ソーシャルメディアを活用している消費者が10%以上いることがわかった。[7]

　このアルゼンチンと日本の調査結果からは、市場環境が著しいスピードで変化する中において、世界中のどの国や地域、市場でも一貫して見られるルールは、もはや存在しないといえるだろう。

　オンラインコミュニティは、特に法人顧客にとっては、顧客が抱える問題や対応を理解するうえで有益なデータソースといえる。会計ソフトのインテュイットは、何千人ものユーザーが利用するオンラインコミュニティを運営している。ユーザーは何か問題が起きるとすぐにコミュニティに報告し、相互にアドバイスをして助け合っている。

　インテュイットの顧客は、何か問題があっても苦情として本社に申し出るよりも、ユーザー同士で情報を交換して解決することに慣れているようだ。インテュイット自体も複数のフォーラムを主宰することで、ユーザー間の会話を観察し、学習する機会を得ている。

　企業が活用するソーシャルメディアとしてはフェイスブックが重宝されているようだが、ゼネラルモーターズの場合は、ソーシャルメディアからのインプットにおけるフェイスブックの占める割合は7%のみで、大半の情報はカーマニアが集まるオンラインコミュニティから得ている。

　オープンテーブルやトリップアドバイザーなどのオンラインレビューサイトも同様だ。ポジネガ両方の偽レビューが増加していることが指摘されているが、CXの分析にとって貴重な情報が集まってくるのも事実だ。加えて、好意的で具体的な内容のレビューがスタッフのモチベーション向上に役立つことも、ソーシャルメディアをデータソースの1つとして活用す

べき理由として挙げられる。

ソーシャルメディアのコミュニティやレビューサイトを効果的に使うためには、苦情やコンタクト履歴と同様、そこで得た情報を市場全体で見た場合の数値に変換しなければならない。

▶従業員の声

顧客の声に耳を傾けるためには、CXに影響を与えるプロセスに就く従業員に質問し、彼らの意見に耳を傾けることも必要となる。

CXに関する従業員の声は、大きく2つのタイプに分けられる。従業員アンケートと、社内のメールやメッセージングシステムを使ったプロセス改善への提案だ。

従業員も、顧客のトラブルを顧客視点で見ることがある。問題は、こうした観察をいかにVOC活動に反映するかだ。従来の従業員アンケートは、従業員の満足度を測るものが多く、対象も報酬、福利厚生、上司との関係などが中心で、その他に社内研修、昇進に関しての項目を含める場合もある。

こうした項目は、CXの強化に直接的に貢献するわけではない。ただし、業務上のフラストレーションにどのようなものがあるか、その原因や問題の頻度、さらにその問題に費やす時間などを調査することは、CXの理解と分析に貴重な情報源となる。

また、業務プロセスの問題点をすぐに報告できる仕組みも、新しい問題を見つけ出すうえで有益なデータソースになる。ここで得られる情報は、アンケートや品質検査からでは集められないものが多い。

たとえばある航空会社では、搭乗員のリーダーは到着後30分以内に必ず、フライト中に起きた顧客を困らせたトラブルの上位3つを簡潔に報告しなければならないというシステムを導入した。1日に2000フライトを運行する大手航空会社では、毎日6000件の指摘が、ほぼリアルタイムで報告される。

▶ データソースごとの強みと弱みを理解する

CXを理解するための7つのデータソースを挙げた。それぞれに課題もあるが、どれも異なるユニークな視点を提供してくれる。

CXの包括的な分析から学んだことだが、カスタマーロイヤルティを予測する判断材料として最も有効な情報は、顧客がトラブルで困っているかどうか、そして、企業としてそれにどう対処したかを理解することにある。ゆえに、カスタマーサービスにおける顧客対応で記録として残されたトラブルのデータは、必ずVOC活動に反映させなければならない。

顧客満足やロイヤルティを生み出したり損なったりする要因は、複雑に絡み合っており、単一の手法で簡単に理解できるものではない。ただし、顧客満足とロイヤルティを築き上げ、維持していこうとする組織にとって、複数の情報ソースを活用するVOCプロセスが欠かせないことは明らかであり、通常はカスタマーサービスのデータがその中心的な基盤になるだろう。

7つのデータソースの強みと弱みをまとめた前掲の表7-1を参考にしながら、すべてのデータソースを収集し、統合することをお勧めしたい。

4 ▶ カスタマーサービスにおける VOCベストプラクティス

本章の前半で解説した、効果的なVOCプロセスのための8つの成功要因について、具体的なベストプラクティス事例を紹介しよう。どのケースも、組織に影響を及ぼす分析を強化するうえで役立つだろう。

▶ 乗数を使って異なるデータソースを統合する

乗数とは、カスタマーセンターで受けた問合せ件数と、実際の市場全体

（顧客ベース全体）でそのトラブルを体験した人数との比率を指している。苦情として受けた件数に一定の乗数を掛けることで市場全体のトラブルの発生件数を推定するが、理想的には苦情のタイプごと、たとえば請求、営業、マーケティングで乗数を割り出すことが望ましい。

乗数は、たとえば10：1のように、比率で表すことができる。この場合、カスタマーサービスに問い合わせた1人に対して、10人がその同じトラブルを体験して困っているという状態だ。乗数を割り出すことで、コンタクト数から実際のCXの実態へと拡大推計することが可能になり、改善策を打つうえでの投資計画の作成に非常に役立つ。

ジョン・ロスマンは『アマゾンウェイ』で、カスタマージャーニー全体を通じてすべての顧客対応やトラブルに対して「体験指標」を設定することが望ましいとしている。[8] ここでいう体験指標とは、顧客の苦情やアンケートの結果と実際のオペレーションデータ（たとえば、オペレーションミスのような）とをひもづけて、発生頻度にまで数値化したものだと解説している。

このデータの統合化に必要なステップは次のとおりだ。まず乗数を使ってコンタクト履歴から顧客ベース全体に反映させた推計値を導き出して、次にその値をアンケート結果やオペレーションデータに基づくトラブルの発生頻度と対比させるなどして一連の検証作業を行う。たとえば、配送の遅延が発生した頻度は、過去のオペレーションデータから確認することが可能だ。同様に、配送遅延に関する顧客からの問合せや苦情の件数も確認できる。

では、実際に乗数を使ったケースを見てみよう。

図7-2では、顧客へのアンケートを実施し、配送遅延を体験したかどうかを尋ねた後で、苦情として申し出たかどうか、また、申し出た場合は、どのチャネルを使ったかを聞いている。配送遅延を体験した25％が苦情を申し出たことがわかる。

さらに彼らが、カスタマーサービス、営業担当者、ウェブサイトの3つのチャネルに分散する形でコンタクトしていることが判明した。表7-2によれば、コンタクト率から割り出した3つのチャネルの乗数は、順番に8、

図7-2 | コンタクト率から割り戻した乗数を使って
実際のトラブル件数を推計する

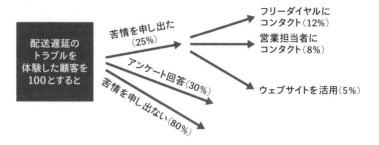

表7-2 | 配送遅延を体験した顧客数を推計

データソース	コンタクト率	コンタクト件数	乗数	拡大推計値（顧客ベース全体）	左記データをもとにした推計値
カスタマーサービスへの苦情	12%	25	8	200	
営業担当者への苦情	8%	15	12	180	175
ウェブサイトへの報告	5%	7	20	140	
物流部門の報告				100（物流からの報告）	

12、20となる。このような乗数の幅は、サービスが平均的で競争力になっていない企業に共通している値だ。

　同じアンケートで、配送遅延を体験した顧客のロイヤルティと体験していない層のロイヤルティを比較することで、トラブルが与えるロイヤルティへの影響を推測することもできる。

　さらに表7-2は、予定納期に配達できなかったトラブルの、乗数を割り出すための材料を示している。コンタクト件数を乗数に基づいてスケールアップすることで、トラブルを体験した顧客の総数を算出している。ただし、乗数はあくまでも大まかな数値なので、チャネルごとの推計値には、

図7-3　配送遅延から生じる月間収益損失の推計

配送遅延を体験した顧客数（推計値）	×	ロイヤルティの損失率	×	顧客価値	=	配送遅延から生じる月間収益損失
175	×	8%	×	$100,000	=	$1,400,000

ばらつきが出るのは避けられない。

　以上のようにして導き出した3つのチャネルごとのトラブルの推計値と、社内に残っていたオペレーションデータ（遅配の記録）を比較検証した。その結果、配送遅延を経験した顧客の数は、物流部門の予想をはるかに上回るものだった。

　さらに図7-3では、表7-2で求めた配送遅延のトラブルを体験した顧客の推計値に、ロイヤルティの影響と顧客価値を掛けることによって、配送遅延から生じる月間の収益損失額を推測している。

▶トラブルの案件報告を高い粒度で行う

　VOCを改善活動に結びつけるには、トラブルについての詳細情報とコンタクト履歴の分類構造の2つが非常に重要になってくる。改善に結びつくように細かく分類するために、必要なコード項目数は通常、50〜100程度になる。

　顧客対応のコンタクト履歴のみならず、ソーシャルメディアなどから取得したデータもCRMの階層型のコードを使って分類できるようにする。CRMを操作する応対スタッフは、まず大項目（たとえば、請求関連）を選択した後に、中項目（請求額の修正／注文品発送）、小項目（修正／誤発送）を選択する。このときに時間を使わずに、原因分析に必要な粒度の高い情報にするためにも、コード体系をしっかりと構築しておく必要がある。

▶顧客対応の品質モニタリングの目的

　ほとんどの企業では、カスタマーセンターにおけるスーパーバイザーや品質担当者が相当な時間を費やして、顧客対応の品質モニタリングを実施し、応対スタッフの対応力評価などを実施している。

　その一方で彼らは、顧客が問い合わせてきたコンタクトの中身をモニタリングしながら、「なぜこの問合せが入ってくるのだろうか」「もっと最適な対応方法はないのだろうか」と考えることはないようだ。

　品質モニタリングでは通常、応対スタッフごとにサンプルを抽出して評価をするが、それが仮に無作為抽出ならば、あまり意味がない。なぜならば、カスタマーセンターに入る電話の大多数はシンプルで対応が難しくないものだからだ。モニタリングをするのであれば、対応が難しくて課題の多い案件を選ぶべきである。

　また、モニタリングで使用する評価シートには、どうすればコンタクトそのものを減らせるかに関するメモ欄を用意してはどうだろう。

▶専門家による補強

　ほとんどのVOC分析チーム、特にカスタマーサービス部門のVOCチームは、スタッフが足りなくて困っている。一時的にでも他部門から補強できるのであれば、オペレーションスタッフ、継続的改善チーム、IT部門のいずれかが望ましい。

　継続的改善チームは、社内の業務プロセスに関する洞察を提供できる。IT部門は、社内のオペレーションデータ、特に例外対応のデータにアクセスできるように協力してくれるほか、ITの活用で効率化できるプロセスの推奨などもできるだろう。

　その他、営業、マーケティング、ブランディングなどのスタッフであれば、顧客がなぜ間違った期待を抱いてしまったのかについて、貴重な意見をくれるかもしれない。

ある自動車メーカーでは、ブランディングと営業部門に属している分析スタッフが、月に2日間程度、VOC分析を支援することになっている。結果的に改善活動を推進しやすくなり、経営幹部も受け止めやすい内容になった。

▶VOCレポートに含めるべき項目

　レポートに盛り込む項目には、経済的なロジック、アクションプラン、進捗を測るプロセス指標がある。

　レポートには、分析や解釈の手間が必要なデータの塊をそのまま載せるのではなく、要点を簡潔にまとめるのが望ましい。データを使う場合もストーリー仕立てにして、経済的なロジック（たとえば、改善の手を打たずにそのまま放置したり先延ばししないように、月間の損失額を示すなど）や改善策を加えるのが望ましい。

　改善策は、経験豊富な分析スタッフから社内横断的に助言をもらって作成し、改善後の目標値、進捗を把握するためのプロセス指標なども追加するようにする。多くのVOCマネジャーはレポートした後も、社内の各部門の理解と合意を確認するためにブリーフィングを行っている。

　VOCデータや調査結果に対する組織的な支持を得るためには、以下のような施策が必要だろう。

- VOCに基づいて改善に成功した2、3の部門を取り上げるなど、ポジティブなニュースから始める。
- 改善すべき案件ごとに、アクションプランとパイロットテストの計画を加える。
- データ以外にも、顧客との通話の録音データや顧客の発言を引用して、リアルな人間味を加える。
- 現状のパフォーマンスの水準を批判するのではなく、さらに強化した場合の収益貢献を示す。
- 顧客への能動的コミュニケーションでトラブルを回避したり、予防で

きる機会を特定する。

▶主体的な取組みを促進する
アクションプラン作成のセッション

経営層向けの報告には、取るべき実行策（アクション）を明確に示し、それぞれのプロジェクトを担当する部門を提案する。実行可能なプロセス指標と目標値を設定して進捗管理を行う。

主体的な取組みになるように、VOCチームはデータの詳細な説明の機会を設け、アクションプラン作成のセッションを主導する。セッションには、継続的改善チームがファシリテーターとして参加し、参加者の戦略立案、責任範囲、必要なリソース、目標値、スケジュールを決定する。

▶VOC活動の成果を祝福する

VOCチームは、社内コンサルタントとして支援し、改善の成功はできるだけ目立つ形で発表する。改善に携わった部門やチームの貢献を称え、改善の成果をローテクな方法で（1枚のニュースレターを貼るなど）従業員と共有する。

同様に、顧客にもVOCで問題点を発見し、改善したことを伝える。顧客の声に耳を傾けているというメッセージを改めて伝えることで、今後の継続的改善活動につながるだろう。

5 ▶ VOC活動の
評価指標

VOC活動の専任担当は、提案した内容が改善につながることが「見返り」となって報われる。加えて、結果的に顧客満足度が向上し、顧客が困っていることの減少につながることが嬉しいはずだ。VOC活動の推進からもたらされる成果の指標を次に紹介したい。

- 問題の特定とその改善効果を明らかにする目的で活用するデータソースの数……少なくとも2つ（理想的には3つ）の種類のデータを使って、問題に対する改善策の投資対効果を作成することが望ましい。企業内の各部署にプロセス改善を求めた場合、可能な限り、オペレーションデータ、さらに顧客からの意見を活用するべきだろう。

- 現状のオペレーションの向上に対して、VOCが効果的に使われているレベル……VOC上の課題として特定されたもののうち、3カ月以内に、カスタマーセンターにおける何らかの改善に採用されて実施された案件の割合を指す。

- VOCデータの社内ユーザーのうち、改善策を実行した人の割合……カスタマーサービス部門内だけでなく、社内のさまざまな部門のVOCユーザー（VOCレポートを役立てるために受け取った人）のうち、1度でも何らかの改善策を実行した人の割合を指標とする。年2回のアンケートから作成する。

- 製品や業務プロセスの改善策が活用されるレベルの測定……VOCレポートに基づいて提案された改善策のうち、過去12カ月間で実際に採用された割合を指標とする。提案が採用されなかった場合は、VOC活動に基づく提案が十分に説得力のあるものでなかった可能性がある。提案の件数を減らしてでも、説得力を高めて確実に採用されるようにするのが望ましい。

- 顧客が体験したトラブルのレベルを下げる……顧客がトラブルを体験する確率の低下率を指標とする。年に1度実施するリレーションシップ・アンケートで測定する。アンケートは傾向が把握できるように、複数年度にわたって実施するうえでの一貫性が求められる。

☑ カスタマーサービス部門が作成するVOCレポートには、製品やサービスの改善、カスタマーセンター内のプロセス改善、顧客対応にあたるスタッフの評価と称賛、という3つの目標がある。

☑ VOCは複数のデータソースから取得したものを組み合わせることで説得力が高くなる。データソースには、顧客対応のコンタクト履歴以外に、オペレーションデータ、従業員の声などがある。

☑ VOCを分析するためには、顧客接点で取得したコンタクト履歴やアンケート結果と、オペレーションデータの統合が必要となる。そうすることで、社内的にもデータの信憑性を担保できるはずだ。

☑ VOCレポートは、全社単位で作成すると同時に部門単位で作成する。各部門のニーズに合わせてカスタマイズする必要がある。

☑ VOCに基づいて改善を提案する場合、痛点を放置した場合に生じる収益損失を明らかにすることが、改善を促すためには効果的である。

☑ 特に優先度の高い問題に関してはVOCレポートの中で、改善案の示唆、効果を測定するプロセス指標、成果指標、担当する主管部門を明らかにする。

☑ VOCにおける改善を支援するために、社内の継続的改善チームの助けを借りる。そうすることで、アクションプランニングがスムーズに進むだろう。

☑ 四半期ごとに改善活動の進捗を確認し、VOCレポートで改善後の成果を共有することが望ましい。

「当社に満足していますか」式アンケートの終焉

　多くの企業が実施している年1回の顧客アンケート調査（満足度調査）だが、実際のところ、経営陣と顧客のいずれからも嫌われているものの1つに数えられるだろう。「時間の無駄」「旧態依然のやり方では何の変化もつくり出せない」という率直な悩みが聞こえてくる。

　しかし、アンケート調査を同様に実施しながら、顧客の声をもとに改善活動やイノベーションに積極的に取り組み、素晴らしい成果を生み出している企業もある。いったいどこが違うのだろうか。

　市場調査やVOC（顧客の声）を集めて分析し、結果データをしっかりと活用できている企業と、多額の予算をかけても目立った成果にほとんど結びついていない企業と、どこに違いがあるのか、それを検証するために4つのステップで考えてみたい。

　最初に「調査結果をどう活用したいのか」というコンテクスト（調査の目的と対象範囲）を整理したうえで、アンケート調査の設計・分析・アウトプットと、3つのステップに移りたい。

1 ▶ アンケート調査の　コンテクストを整理する

　自社の業績を伸ばすには、対象となる市場、すなわち顧客をしっかりと理解する必要がある。そのためには何よりも顧客の声を集めて理解した

い、というのが多くの企業の共通点だろう。しかし、顧客を対象としたアンケート調査を成功させるには、まず何よりも、調査結果をどう活用したいのかという目的を明確にしておく必要がある。

アンケート調査の目的は、大きく2つに分かれる。事業の戦略的な目標を立てたいのか、それとも設定した目標が達成されたかどうかを確かめるのかで実施する調査が違ってくる。戦略的な目標を設定するための調査であれば、自社のCXの現状レベルを把握したうえで、組織的な問題点を明らかにし、ゴール設定の方向性を決める。そのためには、まず現状を把握するための、ベースライン調査が必要になる。すでに方向性も決まっており、打った施策の成果として目標値を達成できたかを検証するのであれば、追跡（トラッキング）調査が必要になる。

一般的に実施されている市場調査だが、顧客アンケートの対象範囲をもとに次の5つに区分けした。

①応対（トランザクション）アンケート……個々の顧客対応の成果を測定するために顧客アンケートを実施する。
②リレーションシップ・アンケート……カスタマージャーニー全体（または、ほぼ全体）を対象として、顧客が体験する痛点がカスタマーロイヤルティや顧客満足に与える影響度を測定する。
③競合比較アンケート……既存顧客を対象に、自社と競合他社のCXを比較する。
④マーケットリサーチ・アンケート……主に既存商品または将来的な商品化を対象に、消費者の購買意向を調べる。
⑤パルスアンケート……新しい出来事に対する意識調査を行う。一般の消費者だけでなく、従業員を対象とするものなどもある。

表8-1では、2つの広義な活用目的と、5つの調査の対象別に顧客アンケートを整理した。たとえば、「顧客の声」を組織全体にフィードバックしたいのであれば、①～③を活用することが考えられる。

また、活用の目的から顧客の声を把握して現状を把握するベースライン

表8-1 | 顧客アンケートの目的と対象

調査対象 / 活用の目的	① 応対	② リレーションシップ	③ 競合比較	④ マーケットリサーチ	⑤ パルス
	個々の顧客対応	カスタマージャーニー全体	カスタマージャーニー全体または一部	特定の製品やサービスまたは一部	特定のテーマや出来事
現状把握と戦略的目標を設定するベースライン調査	• 顧客満足度などの現状レベルを把握し、組織的な課題を明らかにする • 満足因子の特定・経済的な影響・優先度評価などを扱い、事業目標の設定に役立てる				新しいテーマや出来事に対する意識を調べる
戦略や施策を検証する追跡(トラッキング)調査	• 戦略や施策の成果として、掲げた目標値の達成度を検証する				意識の変化を検証する

調査と、戦略や施策を検証するトラッキング調査の2種類に大別される。

ベースライン調査とトラッキング調査はいずれも、個々の顧客対応、全体的なCX、競合比較に適用できる。基本的には既存顧客を対象としており、新規顧客の獲得、または既存顧客に新商品をマーケティングしたい場合には、④のマーケットリサーチを実施する。

▶目的を明らかにしたうえで調査を設計する

調査の設計段階に入ると、調査結果が改善活動や施策につながるように、社内の各部門（品質管理、CX推進、カスタマーインサイト、財務など）との連携を開始する。品質管理やCX推進は、調査結果をもとに根本原因分析や施策のパイロットテストの実施において連携する。カスタマーインサイト部門は調査設計、財務は案件の投資対効果の算出においてサポートしてもらえるだろう。

調査設計は、施策によって期待できる財務的な成果を具体的にイメージしたうえで進めるのが望ましい。たとえば、収益貢献を目的とするのであれば、カスタマーロイヤリティの強化、顧客によるクチコミの拡散から期

待できる新規顧客の獲得などについて検証できる設計を行う。さらに、顧客の価格感度（価格に対する不満など）を検証することができれば、その分析結果は、適切な価格設定や価格の維持につながる。

また、業務プロセスの効率化を求めるのであれば、CX上で生じる痛点やストレスポイントを特定できる調査項目を盛り込みたい。

調査結果に基づいて、収益貢献度を計算する場合も、財務部門の協力を得て妥当なパラメーターを使用すべきだ。たとえば、顧客生涯価値（LTV）を使う場合でも、経営陣を説得するには、数字の妥当性が求められる。財務部門であれば適切な助言を期待できるだろう。なお、LTVについては、複数年度にわたる数字を使うと、今度は経営陣を説得することが難しくなる。控え目な数値を使うべきだろう。

調査結果から明らかになった問題を解決する責任部門の担当役員や幹部とは、あらかじめ合意形成をしておくことが望ましい。調査から明らかになった問題点に対しては優先順位づけをし、適切な担当部門を指名するという調査後の流れを決めておく。

さらに、CX強化の施策は、ほとんどの場合、組織横断的に取り組むべきものが多い。重要案件には担当役員を指名するが、実施段階で他部門への協力要請が必要になることも十分に考えられる。その際の手続きも前もって決めておくべきだろう。

調査を実施する設計が決まれば、少なくとも6年間は継続することが望ましい。調査設計が変われば、それに連動するKPIも変わる。組織全体の改善活動にも大きな影響が生じるだろう。社内で合意されたKPIはそう簡単に変えるべきではない。管理指標の変更は、組織全体の責任やオーナーシップ（当事者意識）をリセットしてしまうため、慎重に考えるべきだ。

▶改善のアクションにつながるストーリーをつくる

CSアンケートの結果を見た後の人々のリアクションは3つに分かれる。まず、何事もなかったかのような反応をする。アンケートの分析結果が、幾何学模様にしか見えないのか、それとも、結果と日々の業務の間につな

がりが見出せないために無反応なのか。

　次に、結果が悪いとそうなりやすいが、分析結果がわからないと訴えたり、自己防衛的な反応になる人もいる。データ自体が自らの体験とつながらないためなのか、複雑すぎるのか、または信頼できないと主張する人もいる。最後に、内容は理解しているが、「それでどうしたの」と反論する人だ。

　そこで、アンケート結果を使って組織が現実的な改善策を立案するには、ストーリーテリングの手法が効果的だ。顧客の体験をストーリー化することによって共有しやすくなり、改善への投資計画自体が立てやすくなるだろう。

　さらに、問題点を放置し、何の改善策も打たなければ、離反リスクが残り続け、収益損失が止められないことを数字で示せば、迅速な改善が急務であることを経営陣にアピールすることができる。

　そして、重大な痛点を特定するだけでなく、その痛点が起きる原因にさかのぼっての改善、顧客がその痛点を体験したとしても解決するための選択肢を示すなど、点と点を結んで線にしていくことで、ストーリーとしての打ち手が見え、効果的な実行策へと移りやすくなるだろう。

　実際に、ある金融機関が、このストーリーテリング手法を活用して成功している。顧客アンケートの結果を社内全体で共有する組織風土は以前からあったが、各本部長も参加して年に1度、2時間ばかりのパワーポイント・プレゼンテーションだけでは、「変わらなければならない」という掛け声だけで終わってしまい、結局のところ何も変わらない状態が続いていた。彼らが変化し始めたのは、アンケート結果を共有するプロセスそのものを根本的にやり直したからだ。

　まず、改善テーマの優先度を決定するのは上級幹部の仕事であり、それは以前と同じなのだが、組織全体が当事者意識を持って改善活動にかかわる体制がつくられた。組織横断的なチームには権限が与えられ、1日がかりのワークショップでは、決められた順序に沿って対話を重ね、顧客満足とロイヤルティ強化の施策を練る、というアプローチが採用された。新しい手続きが導入されて改善活動には弾みがつき、現在、同社の顧客満足度

は業界ランキングで第1位になった。

▶成功する見込みのある目標値を設定する

　顧客満足度が危機的状態に陥ったことで有名な交通機関から相談を受けたことがある。顧客満足度指標 (CSI) が下がりっぱなしの同社はニュースでも報道され、役員たちは非常に懸念していた。企業としてのメッセージを示す意味もあり、経営会議ではCSIの目標値を80に設定すると決定された。目標値レベルにはあまり積極さが感じられなかったが、66という現状、年間で5ポイントも上がらない状態がここ数年続いていることを考えれば妥当な数値にも思えた。

　しかし、目標値の設定は、社内外に発信するメッセージのためでもなく、妥協の産物でもないはずだ。CSI値が高い企業の特徴は、まず段階的な成果を積み上げていくアプローチを取り、長期にわたる継続的な取組みを前提にした目標値を設定している。目標値は、現在および過去のパフォーマンス (最高値、最低値のばらつき、平均値の推移など)、統計的な観点からの検討 (統計的有意性など)、さらに現実性 (組織は目標値を受け入れることができるのか) などをふまえて、論理的に、慎重に、入念に算定するべきものだ。

　目標値の設定につきまとう課題だが、そもそもどんな指標を採用するかも決めなければならない。目標指標には2通りのやり方がある。1つは、単一指標を決め、それを徹底的に追求する。たとえば、総合満足度やNPS (ネットプロモータースコア)[1] などがある。もう1つの方法は、2つ以上の指標を使って、重みづけをしたうえで組み合わせる複合的な指標 (インデックス指標) がある。いずれも長所短所があり、それなりに課題がある。

---

[1]　顧客ロイヤルティを測る指標。企業やブランドに対しての愛着や信頼を測るために他者への推奨度を11段階のスケールで測定し、上位2位をマークした推奨者 (プロモーター) から下位7位の批判者を差し引いたネット値で評価する。同様のネット評価には、ネットレピュテーションスコア (NRS) などがある。

単一指標の場合、評価点を操作できてしまうというデメリットがある。マネジャーがその気になれば、「コーチング」の名の下に行われる回答者へのアプローチができないわけではない。単一指標のメリットは、現場のマネジャーに理解してもらいやすいし、指標自体を財務的なインパクトに置き換えることが可能だ。

一方、複合的なインデックス指標は、満足度、ロイヤルティ、推奨意向などを組み合わせることで「真のロイヤルティ」を定量化できるという考え方だ。学者やコンサルタントが提唱するものの、インデックス指標はステークホルダーへの説明が難しいし、構成している各指標にばらして分析しない限り、具体的な「動き」が隠されてしまう。

次に、目標管理に使う指標のベストプラクティスとして3つのポイントをまとめた。

- 方法論はともかく、シンプルであること。指標が何を測定しているのか、計算式はどうなっているかなど、ステークホルダーが混乱すれば、指標そのものが不適切と判断されてしまうおそれがある。
- 指標の重要因子（キードライバー）を特定し、科学的に実証する必要がある。つまり、指標がなぜ変動するのか、その影響因子を説明する必要がある。数字の変化が説明できないような指標は結果的に使われなくなってしまうだろう。因子分析が正しく行われれば、指標に基づいて継続的な改善活動の手段が見えてくるはずだ。
- もはや常識のように考えられているが、ブランドロイヤルティ、特にNPSが究極の指標というわけではない。業種業界を超えて私たちが40年以上にわたって継続してきた市場調査の中で、顧客の動きを把握するには、総合満足度が統計的にも勝っており、特にBtoBでは感度が高い指標だということがわかってきた。

NPSを測定しても改善活動には結びつきにくいという点についても触れておきたい。NPSの測定結果からは切迫感が伝わりにくいのか、測定したというだけで安心させてしまうようなところがある。たとえるなら、

地球温暖化の見込みについてデータを使った議論に市民を巻き込もうとしているようなものかもしれない。

　NPSの値が大まかなので、組織全体の関心を引き寄せ、想像力を湧き立たせるのが難しい。NPSでCXを考えるのは、地球温暖化を考えるうえでの海水温度やCO_2に似ている。不安を煽る指標として役立つかもしれないが、その数字をもって組織の担当役員や部門に戦略を任せるのは難しい。

　また、NPSが特定のライフサイクルや組織の活動にひもづいているわけではないので、誰かが主体的に取り組む、ともなりがたい。当事者として誰かの具体的なアクションを期待するには、具体的な要因にたどり着く必要がある。

　組織的な問題解決に取り組むには、調査結果を裏づける信頼性の高い組織診断のデータが必要になってくる。調査結果のスコアで一喜一憂する前に、分析された内容にひもづくプロセス指標などをしっかりと収集する必要がある。問題点が見つかっても具体的にカスタマージャーニーのどの箇所にひもづいているかを見つけ出す必要がある。

　NPSの数値は、0〜10のスケールで評価したうえで、7と8に評価した回答者が除外されるが、この層だけでも顧客ベース全体の3〜5割に相当する。これはNPSに限らず、調査結果の一部だけに注目するべきではない。

　私自身は、顧客のロイヤルティやクチコミによる負の影響が数値化され、収益損失へのインパクトが可視化されることで企業の改善活動にドライブがかかる場面を数多く見てきた。離反顧客の数を推定し、それによる月間の収益損失、CX上の問題点から生じるクチコミの負の影響などがあれば、財務的な意味合いにおいて解釈していくことが出発点になるだろう。

▶調査の結果を実運用に落とし込む

　CCMCでは、私たち自身の継続的改善の取組みの一環として、すべての調査プロジェクトの事後調査としてクライアントに対するアンケート調

査を実施している。設問票の項目には、クライアント対応のさまざまな側面における満足度、総合満足度、他者への推奨度が含まれているが、最も重要な設問は、「今回の調査結果に基づいて、具体的なアクションを取りましたか」というものだ。

　クライアントの9割以上が、顧客アンケート調査の結果に基づき改善策を講じていると回答している。一般的に見ると、調査結果に基づいて何らかの施策を講じている企業は少数派だろう。アンケート調査の効果を向上させたいと考えて、あらゆる技術的なベストプラクティスをチェックしている企業でさえ、CXに対して有効に作用する取組みができずに終わってしまうところが多い。

　その理由は、アンケート結果から得た発見から、改善活動や日常のオペレーションに落とし込むプロセスが弱いためだ。日常的な業務において意味のある変化をつくり出そうとすると、私たちがアクションプランニングと呼ぶステップを強制的に実施する必要がある。顧客調査の究極のゴールとして、漸進的、持続的なCX向上を実現したいのであれば、アクションプランニングが、結果を生み出すための魔法の万能薬になるだろう。

　アクションプランニングとは、具体的な実行策（アクション）を特定し、オペレーションに落とし込み、実行するための計画的な持続プログラムであり、長期間にわたって大多数の顧客に影響する重要因子を選び出すことで、高い顧客満足度に結びつけることにある。

　アクションプランニングは、社内外の関係者（少なくても8名〜多くて50名）で構成される部門横断チームで、調査結果から明らかになった3〜5つの優先課題に対してアクションを検討する1日のセッションを実施する。

　アクションプランニングを通じて重要なことは、調査結果での発見や示唆から組織的な仕組みや行動の変化へと結びつけていく点にある。アクションプランニングのセッションで決めた内容は、現場の活動に落とし込み、その進捗を追跡できるプロセス指標の設定が望ましい。

　アクションプランニングを社内の公式なプログラムとして実施することで、社内の限られたリソースを顧客にとって最も重要なファクターに集中させ、具体的な改善策へと結びつけることが可能になる。

このステップを組み込むかどうかで、顧客調査に投入したコストに対する見返りがきっと劇的に増えるはずだ。社内で認められたアクションプランニングを実施することで、アンケート結果を現場に反映できる組織風土をつくり、低コストで目立った業績を達成できるようになると、顧客満足度やロイヤルティを持続的に向上できる可能性が高くなるだろう。

2 ▶ 顧客アンケート調査の ベストプラクティス

次に、アンケート調査のベストプラクティスとして16項目を紹介したい。調査の設計、分析フェーズ、調査結果の報告の3つのステップに分けたが、調査の実践のヒントにしてほしい。

▶調査の設計

①調査結果を経営陣が真摯に受け止めることが必要だ。悪い知らせから組織の弱みを明らかにすることが収益強化につながる道筋であることを付け加えておきたい。[1] 私自身は長年にわたって調査を続けてきたが、報告会の冒頭でこう伝えるようにしている。「もし報告会が終わって、皆さまの悩みごとが増えていなければ、それは私の仕事が間違っていたことになります。皆さまを喜ばせるために調査プロジェクトをしたのではなく、企業としていかに儲けるかを議論するために調査を請け負っているということを忘れないでいただきたいと思います」

②自社の顧客ベースを対象にアンケート調査を実施する場合、アンケート依頼書には、これまでに顧客からの声を受けて取り組んだ改善事例を共有し、今回の調査についても学んだことを90日以内に公表する旨を約束することが望ましい。あるファストフードチェーンでは、「皆さまからの声をもとに、BBQソースを復活させることにしました」

と書いたことで、回答率が非常に増えたという。

③顧客アンケートを行うチャネルは、顧客にとって便利でわずらわしいものでないことが望ましい。顧客対応後の電話アンケートやIVRは企業側にとっても便利である。Eメールを使ったアンケートは、顧客にとって都合の良いタイミングで回答できるという便利さがある。

④回答データの信頼度を確保するために、サンプリングと回答者属性の必要要件を決定する。データの信頼度を95％程度にしたいのであれば、サンプル数は最低360は欲しい。1000以上あればより望ましい。性別、年齢、購買予算など、顧客ベースの人口動態を考慮してサンプルを取得する必要がある。

⑤CXの起点から完了までをカスタマージャーニーとして描き、LTV全体をカバーする調査が望ましい。一般的には製品やサービスの品質、請求などに対する不満を集めることはあるが、営業活動やマーケティングも当然対象にするべきだ。手法としては、カスタマージャーニー全体を通じて顧客から聞こえてくる代表的な声をもとに10〜40の痛点リストを作成することで、顧客の不満をアンケートで聞き出しやすくすることができる。痛点リストは、カスタマーサービスに寄せられた履歴データなどから作成できる。リストを使うことで実態に近いトラブルや件数を把握できるようになる。その数は少なくとも想定の3倍以上に及ぶだろう。

⑥Eメールの最後に、調査から学んだ課題について詳しく知りたい場合は、電話またはメールで本人に直接コンタクトしてもよいかどうかを確認しておく。回答者の大半は、こうしたフォローアップコールに合意を示し、電話またはメールアドレスを提供してくれるだろう。直接ヒアリングなどのフォローアップ調査によって問題点をより詳しく理解することで、報告内容を生々しいものにできる。

▶分析フェーズ

①回帰分析を使ってロイヤルティや満足の重要因子を特定する。さら

に、トラブルの発生頻度とロイヤルティへの影響度を掛け合わせることで、重大な痛点を特定することができる。

②CX強化などの施策立案において、顧客離反による収益損失、クチコミの影響、顧客の価格感度、業務プロセスの効率性や従業員のフラストレーションなどに基づいて、経済的なロジックを作成する。問題となる痛点やトラブルごとに、収益面の損失やクチコミの影響を月次で算出する。問題が年間の事業収支に与える影響を語ると、経営陣は数カ月かけて詳細な調査を実施することを求めてくるが、月次ベースの損失を提示すると「今すぐに取り組むべきだ」という指示に変わるだろう。

③トラブルの改善に関して具体的に示唆する。社内の品質管理やCX推進などの部門の協力を得て調査結果の分析を深掘りすることで、次の3つの基本戦略に基づいて適切な対策を立てることができる。(A)問題の再発防止策。(B)問題を解決できるように、顧客が申し出やすい環境をつくり出すなどして問題を表面化させる。(C)問題を効果的に解決することで顧客のロイヤルティを守る。

④調査結果に関連する情報として、顧客の声(CRMなどに残された対応履歴など)、トラブルに関連するオペレーションデータ、従業員の声などを使うことによって、調査の報告内容をより克明なものにすることができる。たとえば、問題点が製造、流通、請求などにかかわる場合には、それに関係するオペレーションデータや従業員の声などの社内データを使ってアンケートから明らかになったトラブルの発生頻度などを裏づけられるだろう。通常、3人に1人程度の顧客の声しか企業に届かないため、データの裏づけによって、アンケート調査の妥当性を検証することが重要になる。[2]

▶調査結果(アウトプット)の報告

①調査結果の報告では、コップの水が足りないと指摘するよりも、すでに半分は埋まっているというアプローチが望ましい。具体的な部署や

マネジャーを批判するのではなく、プロセス改善の機会を明らかにすべきだ。問題点を指摘して、「その改善に取り組まず、放置することで毎月損失する収益がこれだけある」という点を強調することで、積極的な改善への流れをつくり出しやすくなるはずだ。

②個々の痛点を改善する指摘とともに、CX強化の全体的な施策に対する成果を明らかにするべきだ。個別のアクションをまとめ、顧客満足度やロイヤルティのレベルをどこまで向上できるかを提示する。満足度やロイヤルティの目標値を任意に決定しているケースが多いが、具体的な改善策との組合せで達成レベルを明らかにするほうが現実的だ。たとえば、顧客満足度を82％から88％に、NPSを5から30に引き上げるといった現実的な目標値の設定が望ましい。任意で決めたものは目標値として信頼性がなく、誰もが本気で取り組もうとしないだろう。

③CXのアンケート調査から明らかになった痛点と、現場の業務に就く従業員が選んだ痛点とを合わせてみると、約5割は重複するだろう。この数字は、プロセス改善などで解決できる痛点に対応することは、従業員のフラストレーションでもあることを物語っている。

④調査結果は、報告をする部門に応じてカスタマイズするべきだ。報告を受ける部門にとって重要な項目を、3～4つほどに絞って議論する。報告書が取り組むべき優先度の高い問題点としている中に、自分たちに関係する課題が含まれていないと、関心を失ってしまうだろう。

⑤顧客アンケート調査で確認できた顧客の体験や行動、さらにこれからの意向（たとえば、製品やサービスの継続意向または非継続意向、他者への推奨意向など）と、その後の顧客行動との間にどれくらいの差異が生じるかを検証することをあらかじめ財務部門と約束しておく。6～18カ月間の検証期間を要するが、検証することによって、その後のCFOの支持を得やすくなるはずだ。

⑥調査結果を受けて、企業として取り組むことが決定した改善策のうち、3～6つ程度の主なものについては、顧客や従業員に伝えるのが望ましい。

▶ 大切なのはアンケートのその先

　以上、顧客アンケート調査の設計から実施までのステップを議論してきた。設計や実施方法に甘さがあると、まず従業員がその結果データ自体を信用しなくなるだろう。さらに顧客は、企業に失望し、アンケートに回答するのは時間の無駄だと感じるようになってもおかしくはない。

　その一方で、顧客アンケートの設計から実施までのステップを適切に実行し、企業の改善につながっていることが明らかになれば、顧客からの驚くほど素晴らしいフィードバックがあるはずだ。

　一例として、ハーレーダビッドソンの顧客がアンケートの回答時に残したコメントを引用したい。「ようやく、顧客アンケートに本腰を入れて取り組んでいるようです。本気で問題解決したいのですね」

　また、ある金融機関のCEOには、54通のメールが届いた。それらはすべて「こうしたアンケートを受け取って非常に喜んでいます。顧客が体験しているトラブルに真摯に向き合い、改善しようという姿勢に感銘を受けました。今後も御社のロイヤルカスタマーでいたいと思います」という主旨のものだ。

　ここにベストプラクティスとして挙げた16のステップを踏むことで、あなたの企業も、こうした称賛を顧客から受けるはずだ。

KEY TAKEAWAY
実践のポイント

- ☑ 顧客へのアンケート調査において最も重要なポイントは、影響因子を見つけ出すことにある。さらに、重要因子にひもづく社内のプロセス指標、特定した痛点に関するVOC、従業員からのフィードバックなどを揃えることで、より効果的な改善策に結びつく。
- ☑ カスタマージャーニーの起点から完了までの全体像を対象にしたリ

レーションシップ・アンケートを少なくとも1年おきに実施する。対象範囲には、営業やマーケティング活動における顧客接点やCXを含めるべきだ。アンケート調査から的を絞るべき箇所が見つかれば、追跡（トラッキング）調査を毎月または四半期で実施する。

☑ アンケート結果が悪い内容であっても、特にマネジメント層は真摯に受け入れるべきだ。そこに企業成長や収益拡大の機会が隠されている。良い結果だけを期待していては、アンケート調査に掛けた費用の見返りは少ないだろう。

☑ 改善活動を加速させたいのなら、CXや顧客満足度の測定結果を、信頼度の高い方法で財務的なインパクトに結びつける。

☑ アンケート調査の結果を報告する場合には、各部門のニーズに合わせた内容にカスタマイズすべきだ。さらに、短い時間でも各部門との報告会を設けることで、改善への関心を高めることにつながるだろう。

☑ 組織全体において当事者意識を高め、アンケート調査の結果を改善活動へと積極的に巻き込んでいくためには、アクションプランニングのステップが重要になる。対象にする問題点は具体性の高いものに絞り、プランから改善活動に落とし込むうえでの指標管理が求められる。参加者の目的意識を高め、アンケート調査の結果を真摯に受け止め、改善に活かす組織風土をつくり出す効果がある。

☑ アンケート調査の結果は、社内の従業員だけでなく顧客とも共有するのが望ましい。アンケート結果を受けてどのように改善しているかを伝えることで共感につながり、両者からの貴重なフィードバックを受けることにつながるだろう。

未来に向けた組織づくり

第 **9** 章　Going beyond Basic Service:
Engagement and Delight

期待を超える
サービスをつくる

　ある自動車メーカーが掲げるゴールに「絶えず顧客の期待を凌駕しよう」という表現がある。同社はこの概念を展開すべく、従業員には、「絶えず顧客のエンゲージメントを考え、ディライトをつくり出す」と説明していた。

　しかし、このゴールには問題がある。その3つの理由を挙げたい。

　第1に、顧客の期待を「絶えず」超えるのは不可能に等しい。第2に、経済的とはいえないだろう。多くの場合、顧客の期待はすでに高く、それをさらに超えるディライトをつくり続けるのは、非常にコストがかかり、また現実的ではない。最後に、エンゲージメントとディライトとは、いったい何であるかの定義ができていない。

　エンゲージメントをつくり出すという表現が、カスタマーディライトと同意語のように使われることが多いが、2つは別の概念だ。エンゲージメントとは、顧客との関係強化を目的として、顧客の信頼感を醸成するために何か魅力的なものや行為を提供することであり、その対象は個人だけでなく、顧客の集団（コミュニティ）も対象となる。

一方、ディライトは、個人が喜ぶものをサプライズのように届ける行為を指しており、常に個々の顧客を対象にしている。この2つの言葉は、しばしば混同され、すべての顧客対応に欠かせないものだと思われたり、間違って使われることが多い。

　そこで本章では、まずエンゲージメントとディライトの定義と目的を明らかにしたい。そのうえで、対面でのサービス、電話やその他のデジタルチャネルの顧客対応におけるベストプラクティスを紹介しよう。そして最後に、エンゲージメントとディライトの成果を測定する指標を解説する。

1 ▶ エンゲージメントと ディライトの定義

　カスタマーエンゲージメントは、企業が顧客と交わす関係性であり、その状態を示すと同時に、企業側の行為を指す言葉でもある。その対象は、1回きりのありきたりな顧客対応に始まり、継続的な関係の中で情緒的な要素を持ち込み、顧客との関係性をしっかりと築き、信頼を獲得し、他の誰かに推奨してくれるようにするまでと、広範にわたる。

　顧客をエンゲージするという行為を指す場合は、顧客対応や顧客接点において、顧客との関係を深めていく連続的な試みを意味する。

　一方でカスタマーディライトは、好意的なサプライズであり、顧客にとって思いがけない嬉しい体験を指す。些細な出来事もあれば、大きな出来事の場合もある。

　退屈で仕方がないフライトで気の利いたコメントに気分が晴れた、レストランで朝食を済ませて帰ろうとしたときに思いがけず持ち帰り用のコーヒーが用意されていたといったことが、顧客にとってのディライトになる。同様に、ホテルでチェックインしたときにスイートルームにアップグレードしてもらったら、とても嬉しい気持ちになるだろう。

　このようにカスタマーエンゲージメントとカスタマーディライトの違いはあるが、共通する4つの目的がある。

①関係性の強化……効果的なカスタマーエンゲージメントは、顧客との関係性や信頼感をより高い状態へと導いてくれる。顧客とのエンゲージメントが非常に高くなると、そうでない層に比較して、「必ず再購入する」と答える割合が3倍になる。[1]

②クチコミを生み出す……顧客が嬉しいと感じるサービスを提供することで、その企業の顧客対応が人々にとって注目すべきものとなり、好意的なクチコミ（日常的な会話でのクチコミ以外にオンライン上の書き込みもある）が拡散されるようになる。さらに、エンゲージメントが「非常に高い」と回答した顧客の90％が、その企業ブランドについて好意的な推奨をするというアンケート結果がある。「やや高い」と答えた回答者の場合の60％と比べても非常にクチコミ効果が高いことがわかる。[2]

③クロスセル……顧客のエンゲージメントが高まり、信頼感も強くなると、同じブランドの他の商品やサービスに対する購買意欲も高まる。

④顧客のコミュニティに価値を見出す……企業として提供できる価値を学習やエンターテイメントの形で提供することによって、自己強化的なプロセスを生み出し、顧客はブランドの持つ固有の価値が自分以外の顧客にもあることを再認識する。

---

2 ▶ カスタマーエンゲージメントのベストプラクティス

カスタマーエンゲージメントには1回限りのものもあれば、一連の流れをプログラムとして設計するケースもある。前提として、企業が顧客を信じ、大切に思っていることを顧客に示すことが重要な要素になってくる。

専門家やユーザーによるオンラインコミュニティを企業がサポートすることによって、エンゲージメントを高めることもできる。こうしたコミュニティを通じてエンターテイメントや価値のある情報を顧客に届けること

ができれば、有益な活動のスポンサーである企業への評価が高まるだろう。

カスタマーエンゲージメントにおける重要なポイントは、まず「顧客のことを覚えている」という状態をつくり出すことである。そのうえでエンゲージメントの手を打つ。顧客対応が始まる時点で顧客に関する情報が何もない場合は、顧客対応の冒頭で「顧客の気持ち」を汲み取ることを試み、それに応じたエンゲージメントを行うのが望ましい。

ここでは、「顧客のことを覚えておく」ためのテクニックをいくつか示し、カスタマーエンゲージメントのベストプラクティスを紹介しよう。

「顧客のことを覚えている」状態とはどのようなものか。たとえば、レストランやコーヒーショップでは、店員が客の姿を確認した瞬間に、相手のことを覚えていたかのように振る舞うことがある。店舗などの対面サービスで行われている手法だが、カスタマーセンターや法人顧客の対応にも応用できる。顧客が誰かわからない場合には、スタッフはまず自分から名乗り出て、手伝いを申し出て、しっかりと顧客の言葉に耳を傾けるといい。

顧客のことを覚えているかのように対応したスタッフの気さくなアプローチと、杓子定規な対応がどのような違いを生むかを対比してみたい。

まず、チップ・ベルの著作『スプリンクル』の一節から引用しよう。

　　「彼自身があるコーヒーショップに足を踏み入れたとたん、背後から店員が『おはようございます！　ご注文は何にしましょうか。お好きな席にどうぞ。お席につく前にすぐにお持ちしますよ！』と冗談交じりに、気さくに話しかけてきた」[3]

一方、ジェフ・トイスターは『サービスの失敗』の中で、ホテルにチェックインしようとして断られた顧客の事例を紹介している。[4]

　　「『お客様の予約が見当たりません。残念ながら、ホテルの部屋はすべて満室です』とフロントであっさり断られてしまった。その対応に顧客

は激怒し、結果的には警備員につまみ出されるという散々な結果を招いてしまう」

前者は店員が顧客の気持ちを察して、好意的なコネクション（接し方）をつくり出しており、後者は顧客に寄り添う気持ちを示さず、顧客の反応すら一切考えていない。

トム・ピーターズは近著『新エクセレント・カンパニー』の中で、従業員の最も大事な特性は「聴き上手」になることであり、また、「好奇心」（この場合は、顧客を知りたいと思う気持ち）がなくてはならないと説いている。

そして、元ニューヨーク市長のマイケル・ブルームバーグが『ヴァニティ・フェア』誌のインタビューで語った次の言葉を引用している。「人が成功するうえで最も重要な特性は好奇心だ」[5]

▶ツールを活用して「顧客を覚えている」状態をつくり出す

では、顧客がたまにしか来店しないビジネスで、店舗スタッフも顧客が誰だかすぐには思い出せない場合にはどうすればよいのだろうか。

ハーレーダビッドソンのディーラーで使っているテクニックを紹介しよう。営業担当者は新車購入を記念して、顧客がハーレーにまたがっている写真を撮影し、後日その写真を顧客に届ける。担当者は同じ写真を顧客ファイルに挟んでおく。毎朝、サービススタッフがメンテナンスや修理の予約を確認する際に、顧客ファイルに挟まれた写真を見て、その日の来店予定客の顔と名前を一致させる。こうして、来店した顧客の顔を見て、瞬時に名前で呼べるようにしているのだそうだ。[6]

米国のペット専門チェーン大手のペットスマートでは、来店した顧客を1人のスタッフが確認すると、インカムを使って顧客とペットの名前を同僚と共有し、すべてのスタッフが対応できるようにしている。[7]

リッツ・カールトンでも、宿泊客を出迎えるベルキャプテンが、ゲストの荷物を車から降ろした直後に、名前をフロントデスクに伝えるといった連携プレーを行っている。その他にも、顧客接点でのプロセスに顔認識シ

ステムを導入し始めている企業も増えている。

「顧客を覚えている」ために必要なツールとして、カスタマーセンターにはコンピュータと電話を統合するCTIがある。問合せ者の電話番号またはIVR（自動音声応答）で取得した情報をもとにデータベースから必要な情報を特定し、顧客情報と併せて直近3回の応対履歴が自動的に引き出せるようになっている。こちらはシステムを活用した連携プレーといえるだろう。

最近では、顧客の個人情報を守るために、問い合わせてきた顧客の本人確認が重要課題になっているが、このステップは、顧客がコンタクトしてきた理由を確認した後に行うのが望ましい。

CCMCがある金融機関を対象に調査した結果、問合せの約30%は、顧客自身の口座にかかわるものではなく、一般的な手順や企業側のポリシーにかかわるものだった。こうした問合せに対しても本人確認をすることは時間の無駄だし、顧客との間に不必要な壁を設けてしまう。

顧客応対のスタッフは、過去の顧客情報と履歴から、または顧客と言葉を交わす最初の15秒間で、顧客が誰であるかを確認し、そこからラポールを発揮するようにする。ラポールとは、相手との間に心理的な壁をつくらない状態を指す。つまり、顧客が話しやすい状態をまずつくり出してから、顧客のニーズや考えを把握するステップに入るということだ。

顧客情報を見れば、最後にいつ何を買ったかや問合せ内容などがわかる。それをもとに、「先月お買い求めのランニングシューズの履き心地はいかがですか」という具合に会話を進めることができる。

顧客の履歴情報が残っていなかったり参照できない場合は、来店したお客が常連客か初めての客かさえ判断できないレストランスタッフと変わらない。その場合は、応対にあたるスタッフは、まず自分を名乗り出て、顧客に自由に話させるきっかけをつくる。

そこで、しっかりと相手を「聴く」のだが、第1の目的は、事務的な必要性からではなく、顧客の気持ちや考えを理解するうえでの「手がかり」を見つけることにある。[8]

▶エンゲージメントとディライトのための助言

カスタマーエンゲージメントやカスタマーディライトをつくり出すうえで参考になる本がたくさん存在する。そこから引いた有名な専門家たちの見解と、私のこれまでの知見を合わせて以下にまとめた。

- 顧客の過去の購買、サービス対応、購入して利用している製品などの履歴を参照しながら、顧客について理解している状態を相手に示す。
- 顧客が求めていることを予測し、能動的にオファーする。たとえば、朝に1杯のコーヒーを勧めるように。
- 顧客に無料のアップグレードや無料クーポン券を提供する場合、相手が誰かと一緒にいるところで行い、顧客へのロイヤルティを他の人にも示すとより効果的である。
- 非常に大切な顧客については、「家族の友人をもてなす」ように接する。高級ファッションで知られるミッチェルズのCEOジャック・ミッチェルは、自著『顧客を抱きしめよ』の中でこうアドバイスしている。成功している小売店やBtoBのスタッフは、得意客の飼っている犬の名前や、ゴルフのハンディキャップくらいはしっかりと覚えておくものだ。大切にされていると顧客に感じさせる。また、顧客を信頼して接客を楽しんでいる、それを伝えるパーソナルタッチが「顧客を抱きしめること」だとミッチェルは定義している。[9]
- 顧客をアシストするための教育や情報提供によって、製品の価値をより多く享受してもらう。さらに、フラストレーションやストレスを避け、CXを快適なものにするための情報を提供するのも効果的だ。旅行でアムトラック鉄道を使った際、途中から乗り込んでくる乗客に対して車掌のアナウンスがあった。「席が混み合っておりますので、お仲間同士で並んで席を取るのが難しいかもしれません。でも、誰かとお友だちになるチャンスですよ」と。乗客には事前に状況を伝え、ユーモアを交えて不満を和らげようとするメッセージは、ディライト

を生み出す効果がある。

- 顧客への信頼が将来への投資と考える。たとえ顧客の行為にルール違反に近いものがあったとしてもだ。チップ・ベルが自著で引用している例をここで紹介しよう。

  スタンリー・マーカスという高級ブティックでの出来事。1935年にダラスで初舞台を踏んだ新人女優がドレスを返品したいと言ってきた。そのドレスはどう見ても使用済みだったが、お店は彼女のリクエストに応じた。理不尽な顧客に思えたが、彼女はその後30年以上にわたってそのお店を愛用し、多くの買い物をしてくれただけでなく、富裕層の友人を数多く紹介してくれたという。マーカス自身のコメントが素晴らしい。「彼女を信じたことが、素晴らしい投資になった」10)

- 同様にジーン・ブリスは、『あなたの母にも同じようにしますか?』で、顧客を信頼することの重要性を説いている。顧客と企業との相互的な関係をつくり出すには、顧客を自分の母親だと思って接するべきだと主張している。11)

- 善い行いを通じて顧客の気分を良くする。チップ・ベルがフィラデルフィアの地元で愛されているピザのお店を紹介している。その店は、ホームレスの人々を助けるために、客がピザ1切れを1ドルで買うたびに、ホームレスへの1ドル寄付を募っている。寄付者がホームレスの人々へのメッセージをステッカーに書き込むと、それが後日ホームレスの人々に贈られる。そのステッカーがピザの引換券になるという仕組みだ。12)

- 顧客対応に備えて「顧客を理解する」というステップでペルソナを活用する。ペルソナとは、顧客をタイプ別に分類し、顧客との関係構築で最も重要な一面を特定しながら、各タイプのパーソナリティを簡潔に描いたものを指す。顧客応対にあたるスタッフが応対した顧客のペルソナを複数のタイプの中から選んで履歴に残すだけで、次にその顧客に対応するスタッフは、ペルソナ情報を参考にすることができる。

  全米でレンタカーを展開するエイビスでは、顧客のペルソナを6タイプ用意し、各ペルソナが好みそうな車種やオプションを設定した。

オンラインで予約を受け付ける際に、顧客自身にペルソナを選ばせている。顧客に選ばせることで、企業側で顧客をペルソナ分類する手間が省ける。

● 顧客への気遣いを示す（トム・ピーターズは、サービスの特質としては2番目に重要だとしている）。まず顧客の状況を訪ね、顧客が話しやすい状況をつくる。[13]

　　たとえば、高級百貨店のECサイトを運営するニーマン・マーカス・ダイレクトのマネジャーは、次のような例を挙げている。「問合せや買い物などの本来の目的以外の何かについて質問することが重要です。たとえば、「今日はどんな1日でしたか」とか、「犬の鳴き声が電話から聞こえますが、犬種は何ですか」といったことです。顧客との会話をパーソナライズしたければ、冒頭から売り買いの話はしないのが望ましい。

● 顧客の名前を呼んで挨拶することで、満足度やエンゲージメントを高めることができる。ただし、何度も名前を読んだり使い方が不適切だと（丁重すぎるなど）、マニュアル的なコミュニケーションだと見られてしまう。電話対応の場合、CTIで相手の名前がわかっている状態で「ジョーンズ様でよろしいですね」と切り出すのは全く問題ない。

● 顧客はエンターテイメントも求めている。化粧品メーカーのオールドスパイスの動画広告シリーズがYouTubeで大評判となり、なかには200万回以上のアクセスを記録したものもあった。

● 「15秒であなたも有名人に」のように、自社のウェブサイト上で顧客を紹介するものもある。ファストフードチェーンのチックフィレでは、「牛感謝デー」なるものを毎年開催している。顧客やそのペットが牛に扮装して来店するのがお約束となっていて、公式フェイスブックには顧客の動画が多数投稿される。扮装した顧客は店員の喝采で迎えられ、無料のサンドイッチが振る舞われるなど、非常に楽しい1日なのだ。

　　スターバックスもMyStarbucksIdea.comを9年間続けた。顧客からアイディアを集め、投票が多かったアイディアは商品化し、顧客の

貢献を写真入りで称賛した。その後サイトは縮小されたが、9年間にわたってスターバックスのイノベーションの源泉になったのは間違いない。

- 企業の存在目的や顧客のためにソーシャルグッド[1]を掲げる。スターバックスは、エシカル（倫理的に公正）なコーヒー豆を調達していることを強調している。また、社会起業家が立ち上げたブランド「エトス」の水を買えば、1本当たり5セントの寄付が水問題に直面している国や地域の水道インフラ支援に回されると訴えている。

- 顧客に有益な、独創的なアイディアを提供する。特に、BtoBの顧客は絶えず新しいアイディアを求めている。ソーシャルメディアを中心としたアナリティクスの専門会社アンメトリックでは、マーケターがインスタグラムに投稿できる23のアイディアをまとめたインフォグラフィックス[2]を発行した。たとえば、そのコンテンツの一部が、ホリデー、スポーツイベント、季節行事などにリンクできる。14)どれもありふれた題材ではあるが、インフォグラフィックスで紹介されているサンプルは、平凡なテーマでも独創性によって魅力的に見せられることを教えてくれる。

▶ コミュニティを使って関係性を強化する

エンゲージメントの取組みは、個々の顧客を対象にすることが多いが、オンラインやオフライン（対面型）のコミュニティを対象にした取組みも可能だ。

たとえば、会計ソフト大手のインテュイットがスポンサーとなって、企業の会計担当者や公認会計士が、会計や税務に関する情報を共有できるコミュニティを運営している。コミュニティの形を取ることで、複雑な税務上の質問に答えるリスクを避けることができるのがインテュイット側には

---

[1] 環境やコミュニティなど、社会に良い影響を与える活動。
[2] 文章や数字だけでは伝わりにくい情報を視覚的に表現したもの。

メリットだ。

オフラインのコミュニティとしては、スターバックスの店舗で見かけた光景を挙げたい。犬の大好きなおやつをボウル一杯に用意することで、愛犬家のコミュニティがあっという間に生まれる。

私の知り合いは、犬と散歩する際には必ず近所のスターバックスに立ち寄るらしい。目当てはおやつボウルなのだが、彼女も何らかの飲み物を買うので、スターバックスはわずか5セント程度の投資で毎回最低でも1ドルの純益をあげている。

オンラインコミュニティは、同じ状況にいる顧客同士がつながる仕組みで、きわめて効果的に機能する。医療分野では、メイヨー・クリニック、MDアンダーソン癌センター、イノヴァ・ヘルス・システムなど、いずれも患者とその家族が特定の医療に関して情報交換するフォーラムを主宰している。

米国臨床化学会は検査技師が交流できるコミュニティを主宰している。このコミュニティはオンライン上でしっかりと情報交換ができるように設計されており、検査のプロセス、機器のメンテナンスなどに関する質問を投稿すれば、適切な回答やアドバイスが受けられる仕組みになっている。さらにコミュニティでは、毎月8都市でミーティングを開催している。会員間の交流を促進する目的で開催しているものだが、こちらも会員のための価値に大きく貢献している。

3 ▶ カスタマーディライトの ベストプラクティス

カスタマーディライトは、サプライズと喜びをもたらしてくれるものである。チップ・ベルによると、ディライトはその場の思いつきで行ってもよいものだという。

もともと思いがけない行為がサプライズとなって誰かを喜ばせることにつながるのだから、ディライトはその多くが、想像力と独創的な発想から

生まれる。専門家や私たちの過去の経験から得た知見に基づいて、成果が実証されているプラクティスをここで紹介したい。

- 事例を示しながら、独創的かつ安上がりなディライトを推奨する……サウスウェスト航空は従業員向けに、フライト中やゲートエリアでの休憩中に楽しめる冊子を配布している。最も醜い運転免許証の顔写真や靴下の穴が一番大きな写真を投稿した従業員には、25ドル分のギフト券が贈られている。会社は、気晴らしや馬鹿馬鹿しいことを考えた従業員を褒め称えている。[15]

- リスクを恐れないことを従業員に推奨する……トム・ピーターズ曰く、「最もたくさんのチャレンジをした者が勝つ」。イノベーションは「まず試してみる」という発想から生まれるのだそうだ。彼によれば、1950～80年のゼネラルモーターズの戦略は、「構え、狙え、撃て」というものだったが、1981～2000年のマイクロソフトでは、「構え、撃て、狙え」に変化した。そして、イノベーションでは最も成功を収めたグーグルやフェイスブックでは、「撃て、撃て、撃て」になったと結論づけている。[16] ピーターズによれば、まず実験するというアプローチがベストなのだ。

- プロセス改善や顧客の反応を見るために、A/Bテストなどの実験と、その検証を数多く実施する[17]……アマゾンは、毎年1万件以上のA/Bテストをオンラインで実施し、慎重な測定分析から多くを学習している。[18] 企業は、応対スタッフに新しい対応を試すことを推奨し、顧客の反応をアンケートなどで検証するのが望ましい。ほとんどのアイディアは失敗に終わるかもしれないが、それでも数多くの独創的で素晴らしいディライトが見つかるはずだ。

- 単純な顧客対応にもユーモアを持ち込むことで顧客を魅了し、印象深くできる……スティーブ・カーティンの『顧客を喜ばせよ』では、1章をまるまる「意図された適切なユーモア」に捧げているが、その分析は最高だ。サービス提供者は顧客の心理を読んで不適切なユーモアを避けるべきだとする一方で、新しい発想で試してみると、ユーモア

のセンスを組織的に活用して顧客の心に残る印象を与えることができ、好意的なクチコミにつながるだろう、としている。

カーティンはまた、各地の観光局は地元の警察より連携し、州外からの観光客の駐車違反を大目に見るなど、取締りルールを変えるべきだともアドバイスしている。実際、ワイオミング州シャイアンでは、州外のナンバープレートが駐車違反をしていた際に発行する通知書には、次のように書かれてある。

「よう！　元気かい？　ワイオミングのシャイアンにようこそ！ところで、貴殿の駐車違反なのですが、見たところ、州外から来られたお客様のようなので、気持ち良く滞在していただくために、今回の違反は大目に見逃すことにしました」。旅行者はさぞかしホッとすることだろう。[19]

▶落とし穴 ── やりすぎに注意

次に、顧客にエンゲージメントやディライトを届けようとして失敗するポイントを3つにまとめた。

- ディライトはすべての顧客対応において実践する必要はない。毎回試みると、ぎこちなくなり、むしろ効果を失ってしまうリスクがある。
- エンゲージメントとディライトは、それなりの手間をかけても、ロイヤルティやクチコミの拡散にほとんど効果がないケースもしばしばある。
- ディライトを試みたことで、逆に顧客やその知り合いとの関係を損なう可能性もある。顧客の中には、親しくされることを恥ずかしく思う人もいるし、ある顧客に親しくしている分だけ、他の顧客におろそかになるという見方もできる。アマゾンがA/Bテストを繰り返すように、実験する際には必ずその成果を慎重に検証する必要がある。

続いて、エンゲージメントとディライトを試すうえで気をつけるべき落

とし穴を整理しよう。

- エモーショナルコネクションやディライトを求めていない人にはすべきでない。たとえば、ニューヨーカーのほとんどはいつもせっかちで、典型的にこのタイプの人種だ。彼らは最低限のコミュニケーションで事を済ませようとする。
- 企業が顧客と友だちになろうとするべきではない。ジャック・ミッチェルは、小売店で働くスタッフは思いやりのある友人のように接するべきだと言っているが、それをカスタマーセンターに適用するべきではない。特にオンラインの顧客対応においてはそうだ。マーケター向けの情報サイトである『マーケティングリサーチ・ジャーナル』に発表されたケラー・フェイ・グループの分析によれば、ウェブサイトやオンラインコミュニティ上で価値のある情報やエンターテイメントを探し求めている人も、それを運営する企業と友だちになりたいとは思っていない。[20]
- 顧客の期待をはるかに超えようとするのは、お金の無駄遣いに終わってしまうリスクが高い。ただし、応対スタッフがディライトできる機会があると気づき、うまくいくと確信すれば別だ。

  ザッポスでは、顧客を喜ばせるタイミングを見つけ出すトレーニングを実施している。週末の披露宴のためにどうしてもブライダルシューズを必要としている花嫁がいれば、スタッフは彼女の地元の靴店にかけ合って彼女に必要な靴を届けるだろう。なぜなら、披露宴の席で200人の参加者全員がその話を聞くことになるから。しかし、彼女が普段のパーティーに必要な靴を探しているなら、ザッポスもそこまではしない。

- 顧客の側からディライトを期待してしまうことがある。近所のコーヒーショップで毎日のように犬のおやつが無料で用意されていると、飼い主はそれを当然のことと思って期待するようになる。おやつがないと、顧客は期待外れでがっかりするだろう。

▶エンゲージメントとディライトの効果を測る指標

　カスタマーエンゲージメントとカスタマーディライトに適用できる2種類の共通指標がある。1つ目の指標は、エンゲージメントやディライトを試みた回数と、そのうち成功したと判断した件数。2つ目の指標は、実際のインパクトを測定するものとなる。2種類の指標を解説する。

●エンゲージメントとディライトの試行回数と成功率……顧客応対のスタッフが、エンゲージメントやディライトを試みた場合は、CRMなどの顧客管理ツールにその履歴を残す。少なくとも試みたかどうかを判別するフラグを立てるか、実施済みを示すコードを入力する。たとえば、特別配送手配、無料アップグレードなど、顧客に対して行ったことをコード番号で入力し、分類できるようにする。さらに、エンゲージメントやディライトの成功の可否、成功の程度などを自己評価して記録に残す。

　このように顧客情報に記録することで、スタッフが成功したと判断した結果と実際の取引履歴を照らし合わせて検証できる。また、次にその顧客がコンタクトしてきた際に、別の応対スタッフが記録を参照し、過去の履歴を参考にしたうえで、どう対応すべきかの判断ができるだろう。

　また、エンゲージメントやディライトの対象となった顧客にアンケート調査を行うことで、ロイヤルティやクチコミに成果として表れたかどうかを検証することができる。アンケートは該当者全員か、そうでなくてもできるだけ多くのサンプルを得るのが望ましい。

●インパクト測定……エンゲージメントやディライトを継続するうえで重要となるのが、顧客へのアンケート結果からそのインパクトを測定した指標だ。エンゲージメントの対象となった顧客の満足度、ロイヤルティ、クチコミのレベルと、エンゲージメントを受けていない顧客のそれらとを比較する。多くの場合、エンゲージメントやディライト

が、ロイヤルティや満足度を10〜20％引き上げる効果があるはずだ。

　オンラインや対面でのコミュニティなどの場合でも同様に、ディライトやエンゲージメントの対象となった顧客のロイヤルティ、クチコミによるインパクト、さらにコミュニティの使用頻度、閲覧ページ数、ソーシャルメディアの共有などを測定することで、顧客に対するエンゲージメントやディライトのインパクトを数値化することができる。

KEY TAKEAWAY
実践のポイント

☑ エンゲージメントは顧客との関係を強化するものであり、ディライトは好意的なサプライズをつくり出すことを意味する。いずれも成果としては、信頼、ロイヤルティ、クチコミにつながる。

☑ エンゲージメントを成功させるためには、まず、「顧客のことをわかっている」という状態をつくり出すことが望ましい。エンゲージメントの前に顧客の履歴を参照できるようにしておくか、それができない場合には、顧客応対の始まりの段階で相手の気持ちを汲み取るなどする。

☑ 能動的な顧客教育やトラブル回避のための情報提供などは、エンゲージメントとディライトに効果が見込めるだけでなく、サービス対応コスト削減にもつながる。

☑ エンゲージメントとディライトを生み出す最もクリエイティブなリソースは、間違いなく顧客応対の最前線に立つスタッフである。

☑ エンゲージメントやディライトがロイヤルティやクチコミに及ぼす効果を測定し続けることで、新しい革新的な取組みへと発展していくだろう。

☑ ディライトがマニュアル的になってしまうと、それが「当たり前品質」となってしまい、効果が見込めなくなるリスクがある。

顧客中心の企業文化を
つくり上げる
──従業員満足を高めて、実行力を上げる

　午後7時、大手ホテルチェーンが経営するホテルにチェックインしよう
としたときのことだ。フロントデスクのスタッフが困った顔になったと思
うや、「あなた様のご予約ですが、本社システムを通じて昨晩にキャンセ
ルされていますね。あいにくですが今夜は満室の状態です」。

　誰がどうやってキャンセルしたのかがわからない、という曖昧さが明ら
かになったところで、フロントデスクの彼は直ちに「近くのホテルを探し
ましょう」と申し出てくれた。そして、すぐに別のホテルの部屋を見つけ
てくれた。

　自分の知らないところで予約がキャンセルされていたことに不満だった
が、ホテル側のミスが原因だと特定できなくても、すぐにトラブルを解決
してくれた。私はそのホテルを再び利用するだろう。

　フロントデスクの担当者が取った行為は、ホテルには何の売上げにもつ
ながらないが、顧客対応に熟練しており、実行力があるスタッフであるこ
とはわかった。

　本章では、人材不足の状況下において、顧客を中心に考え、実行力があ
り、リスクをいとわない企業文化をつくり上げ、維持することをテーマに
したい。

　最初に、フロントラインに立ってサービス業務に就くスタッフのモチ
ベーションをつくり出すうえで、金銭的な報酬以外に考えられる3つの基
本的な要素から考えてみたい。次に、企業文化を生み出す方法に焦点を絞
り、スタッフの支援と彼らを評価するプロセスについて取り上げる。これ

らのプロセスとしては、採用、トレーニング、人材育成、インセンティブ（報奨）、応対評価がある。

　最後に、現場を管理するスーパーバイザーと経営幹部の役割を考えたい。そして、カスタマーサービスの役割をより戦略的な方向へとシフトさせ、その位置づけを高めるにはどうすべきなのかについて考えたいと思う。

---

1 ▶ 応対スタッフが 求めているもの

　サービスに就く人材を募集し、採用・確保することがますます難しくなってきた。2つの理由が考えられる。

　1つは、全国的に人材不足で売り手市場が続いていること。

　そして、もう1つの理由として、ソーシャルメディアの普及により、従業員の側が雇用主である企業を評価する時代に入ったことが挙げられるだろう。賃金水準が上昇する一方で、オフショアにあった多くのカスタマーセンターが米国本土に戻りつつある。

　グラスドア・ドットコムのようなソーシャルメディアサイトは、あらゆる規模の企業に関する詳細な従業員フィードバックを掲載している。投稿者の1人が、「働く人が避けるべき7つの企業タイプの特徴」と題されたブログを発表して話題になったこともある。[1]

　私たちは1000社以上の組織のサービス環境を診断してきたが、そのデータによれば、従業員は次のことを求めている。①他社に引けを取らない報酬、②仕事における成功、③正当な評価、④キャリアアップできる環境の4つだ。

▶他社に引けを取らない報酬

　従業員には生活賃金が必要であり、地域の労働市場において就業者のス

キルに見合ったものでなければならない。人事とカスタマーサービスの責任者に確認したい基本的な質問の1つは、「その地域の他のカスタマーサービスにおける報酬レベルと比較して引けを取らない報酬を出しているか」というものだ。

　大半の企業は比較データを活用していないが、他社と比較調査をするよう私たちは勧めている。調査を実施した組織のほぼすべてにおいて、結果は人事担当者を驚かせる内容だった。

　私たちの助言としては、業務における各ポジションに対する報酬は、周辺地域の中央値よりも10%、できれば15%多く支払うべきだ。この助言に対して財務担当者から反論が聞こえてきそうだが、コストに対するメリットを考えれば報酬を高く設定する必要性は明らかだ。

　従来の分析から、離職コスト（従業員の離職に伴って新人を採用してから一人前にするまでにかかる費用）は半年分の報酬に相当するといわれているが、これでも相当に控え目な数字だろう。ベテランスタッフの場合、離職を決めてから辞めるまでの3カ月間は意欲を失っても当然だ。そうした影響も含む損失も考慮すれば、離職に伴って直接的に発生するコストの5倍以上になると見込んでもおかしくない。[2]

　企業がスタッフへの適切な投資をした場合、離職率を抑えることに伴う見返りは1年以内に現れるはずだ。ある大手自動車メーカーがコンタクトセンターの報酬を1時間当たり4ドルアップした。これにより報酬水準は、従前は地域の平均的な報酬（中央値）を10%下回っていたのが、引き上げ後は15%以上も上回るようになった。その結果、離職率が75%下がった。

　カスタマーサービス部門の責任者の報告によれば、同社は人材不足に頭を悩ませることなく、必要となれば仕事に熱心な人材をさらに採用できるとしている。また、カスタマーロイヤルティを測るNPSも2桁台の伸びを示し、責任者は人材採用への投資が成功要因だったと語っている。

▶仕事における成功

　従業員は、仕事での成功を収めるためのツール、トレーニング、権限委

譲（エンパワーメント）を求めている。第4章で扱ったデジタルツールなどに関する議論も含まれるが、従業員は、どんな状況においてもペナルティなどを気にせず、自分なりの意思決定ができる環境を求めている。彼らは、自分が働く会社、そのミッション、さらに企業として顧客を大事にしていることを誇りにしたいと考えている。

▶正当な評価

　個人の貢献を評価して認めることは周囲にも知らせるべきだし、同僚の前で共有することが望ましい。スタッフを褒め称えることは口頭で行ってもよいが、それが将来のキャリアアップにつながるなど、評価が実質的であることが重要だ。

　グループを褒め称えるとき、カスタマーセンターの業績目標を達成した月末に開催する。米国でおなじみのピザパーティーなどは人間関係やチームビルディングに役立つが、個人を評価することにはつながらない。

▶キャリアアップできる環境

　ほぼすべての従業員にとっての優先事項は、自らのキャリアをどう築き上げていくかという点だろう。会社を辞める際の面談結果では、キャリアアップの機会が見えなかったことが退職理由として多く挙げられている。従業員にとってのキャリアパスを具体的な形で示せることが大事だ。

　理想をいえば、カスタマーセンターを経験した後に社内の他部門にもつながっているパスが望ましい。それが難しい場合、少なくともカスタマーセンター内の職層は上がれるようにしておくべきだろう。他のスタッフの昇格を目の当たりにして、初めて自分も同じことをめざすようになるスタッフが多い。

　スタッフの将来的なキャリアを実現するうえでは、相談相手となるメンターの存在が重要になってくる。スーパーバイザーがメンターになるケースもあれば、組織内の指示系統から外れた、信頼できる同僚がメンターに

なる場合もある。

　スタッフにとって重要なことは、自分自身が企業の成長に貢献していると実感することであり、会社の事業や目的が社会貢献につながっていると感じられることである。

　ここまでに挙げた4点に積極的に投資していくことが、企業、従業員、顧客の三者にとってウィン・ウィン・ウィンの結果をもたらすだろう。

　これを裏づけるデータとして、ポール・ザックの論文「高信頼性組織の神経科学」がある。[3)] 米国内で就業する成人を対象にした調査から、信頼を醸成するマネジメント行動を特定した研究である。過去20年間の調査データをもとに、神経生理学の観点から、人間関係における信頼がオキシトシンという物質を増やし、それに伴ってエンパシー（他人を思いやる共感）が助長され、ストレスが減ることが判明した。

　ザックが突き止めたマネジメント行動のうち、信頼を強化する5つのファクターを挙げると、①抜きん出た業績を表彰する、②仕事の進め方について従業員に自由裁量を与える、③情報を幅広く共有する、④意識的に関係を築く、⑤全人的な成長を促す。

　これらのファクターは、先に述べた従業員が望む4つの要素のうち、報酬面を除いた3つ、②仕事における成功、③正当な評価、④キャリアアップできる環境、とほぼ一致している。

　ザックによると、高い信頼度と従業員の喜びとの関係は0.77ときわめて強い相関度を示しており、「あなたは普段、仕事をどのくらい楽しんでいますか？」という単純な質問で測定できる。

　人事部門は報酬の額を心配するだろうが、その必要はない。ザックの論文で紹介されている、2014年にシティバンクで実施したアンケートでは、およそ半数の従業員が「仕事の進め方に関して自由裁量が大きく与えられるなら、それと引き換えに20%の昇給はあきらめる」と答えている。[4)]

2 ▶ 実行力のある
企業文化をつくり上げる

現場スタッフへのエンパワーメントを推進し、顧客中心の企業文化をつくり上げるために必要とされる4つの構成要素と組織的な特長を表10-1に示す。

この表は、カスタマーサービスの責任者が、実行力の高い、顧客中心の企業文化をつくり上げるためのチェックリストになるだろう。組織的な特長として23項目を並べたが、右端の自己診断にイエスが入れば、エンパワーメントを推進するための基礎が整ったと考えてよいだろう。

エンパワーメントを推進するためには、これらの必須要件以外にも求められるものが2つある。これらの活動を支持するスーパーバイザーと経営層の存在だ。これらについては、本章の3節にまとめた。

適切な人材を採用する前に、組織としてまず職務定義を用意し、そこにエンパワーメントの推進を含める。あらゆる状況においてスタッフが、顧客優先で考えて判断できるようにトレーニングを行うとともに、さらに継続的な育成と動機づけが求められる。

応対スタッフやサービスの現場業務に就くスタッフが、リスクを恐れることなく、革新的なことに積極的に取り組める環境づくりも欠かせない。応対評価とインセンティブをあえて一緒の項目にしたのは、これらが密接に結びついているからだ。

カスタマーサービスのスタッフを支援する活動は、人事がそのほとんどを担当し、カスタマーサービスの責任者が、その結果を受け入れるという形になると難しくなってしまう。カスタマーサービスの責任者が積極的に関与し、行動力のある、顧客中心のチームへと育てていかなければならない。

では、実行力のある、エンパワーメントを推進する組織に必要とされる4つの要素を見てみよう。

表10-1 エンパワーメントが進み、
実行力のある応対スタッフ育成のチェックリスト

構成要素	必要とされる要件 （組織的な特長）	自己診断 （イエスまたはノー）
職務定義	① 「柔軟な解決の余地」を持っておく	
	② 与えられた裁量を使って顧客対応を行う	
	③ 顧客とつながるように働きかける（コネクションをつくる）	
	④ VOC活動とカスタマーインサイトへのフィードバックを行う	
採用	⑤ 業務で頻繁に使うチャネルを使って面談を行う	
	⑥ 同僚による面談を通じて応募者の自信やエンパシー（共感性）を確認する	
	⑦ 自らの判断で実行し、革新的なことを行った事例を挙げてもらう	
トレーニングと 人材育成	⑧ トレーニングを通じて、必要なシステムやスキルを習得するだけでなく、企業のビジョンや目的をしっかりと伝える	
	⑨ 難しい対応にフォーカスする	
	⑩ 顧客とつながるタイミングやテクニックを取り上げる	
	⑪ 顧客にアドバイスするタイミングやテクニックを取り上げる	
	⑫ キャリアパスを成功させる上で必要なことを伝える	
	⑬ 集中的なネスティング（OJT成長を見守るプロセス）を実施する	
	⑭ メンターをつける	
	⑮ 次のキャリアアップにも向けたトレーニングを実施する	
応対評価と インセンティブ	⑯ 自己評価および同僚による評価を加える	
	⑰ スーパーバイザーからのフィードバックと評価を頻繁に実施する	
	⑱ 難しい案件対応を評価する	
	⑲ 難しい案件対応のアンケート結果をレビューする	
	⑳ 顧客とつながり、適切なアドバイスができたかを評価する	
	㉑ アンケート評価と内部評価の両面からの評価を行う	
	㉒ 人前で褒め称える	
	㉓ すべてのパフォーマンスにおいて向上が見られたポイントを称賛する	

▶職務定義（ジョブディスクリプション）

　カスタマーサービスの業務に就くスタッフの一般的な職務定義を見ると、書かれているのは業務に関連することばかりで、CXに関係するものがあるとすれば、礼儀正しさや迅速な対応が求められる、くらいだろう。

　効果的な職務定義を作成するのであれば、エンパワーメントの推進、エモーショナルコネクションの実践、VOC活動へのフィードバックの3つについて、当事者としての責任（アカウンタビリティ）を明記しておく必要がある。

　トム・スミスとロジャー・コナーズは、アカウンタビリティを発揮することについて「期待される結果を達成するためには、まず結果を定義すること」だとしている。[5]

　もし、あなたの組織でエンパワーメントを推進したいのであれば、まさにそれを職務定義に含めるべきだ。そこには、「難しい例外的な状況にあっても、ガイドラインに沿って、個人の想像力を働かせ、スーパーバイザーの承認がなくても、お客様が満足されるように対応する」ことを、組織における要求事項として明記するのが望ましい。

　リゾート型高級ホテルのポイント・ヒルトン（アリゾナ州フェニックス）では、組織文化を浸透させる目的で、組織がめざすべき姿をまとめた文書がスタッフに配られている。そこには、顧客のニーズを先読みして行動すれば必ずこのリゾートに戻ってきてくれるし、友人や知人にも薦めてくれるはずだ、という主旨が綴られている。

　その一部を引用しよう。「私たちは従業員の皆さまの判断を信頼しています。（中略）その判断を支持します。ミスを恐れずに行動すべきであり、唯一のミスは何もしないでいることです」

　同様に、顧客とのつながり（コネクション）をつくり出し、社内のVOC活動や継続的改善活動への提案やフィードバックをスタッフに求めるのであれば、それらに伴う要件を職務定義に持ち込む必要がある。

　コンタクトセンターの職務におけるアカウンタビリティを具体的に表せ

ば、たとえば次のようになる。

「スタッフは、業務中にXX人の顧客を選び、コネクションを試みること。さらに、その50％において成功させること」。少し厳しく感じるかもしれないが、スミスとコナーズの基準に照らせば、これくらいの具体性が必要だ。

同様に、VOC活動やカスタマーインサイトへのフィードバックを職務定義に含めたいが、それについては2つの要件が求められる。まず応対スタッフは、問合せの理由別コードを正確に入力すること。次に、組織のプロセス改善につながるような機会を特定し、報告や提案をすることが求められる。

全国的に物流事業を展開するライダー・トラックス・ロジスティックスの倉庫担当のゼネラルマネジャーは、カスタマーインサイトへのフィードバックを倉庫担当と関連するすべてのスタッフに求めている。スタッフは6カ月ごとにゼネラルマネジャーと面談し、プロセス改善に向けた提案を出さなければならない。清掃員も例外ではない。ゼネラルマネジャーは全員とのミーティングに集中し、出された提案に対して真摯に対応している。これが影響し、生産性やモチベーションが劇的に向上したという。

▶採用

採用において面接は非常に重要だが、スーパーバイザーにとっては時間を奪われる原因になっている。面接の大半を、現場の応対スタッフに任せることが解決策になるだろう。

面接の最初の段階は短く、電話で可能だ。候補者が電話口でどのような印象かを確認することができる。ザッポスやGEのような革新的な企業では、電話と対面の面接を担当するのは、同僚となる応対スタッフだ。最強のチームをつくるための仲間を採用するとなれば、日々一緒に仕事をするスタッフにとっても大きな動機づけとなるに違いない。

候補者にとっては、スーパーバイザーよりも同僚との面接のほうがオープンに話しやすいという利点もある。実際に面接官を経験したスタッフか

ら、こんな話を聞いた。1人の応募者が、応対業務の合間に学校の宿題ができたりするものかと質問してきたという。スタッフが面接メモに、フルタイムで働くつもりがないようだと書き入れた結果、その候補者は採用されなかったようだ。

　面接を通じて見つけ出すべき人材は、物事を率先して行えるセルフスターターだ。常識にとらわれず、革新的な取組みが行える、自信を備えた人材が欲しい。経営人材教育などを手がけるコーポレート・エグゼクティブ・ボード（CEB）が2017年に発表した論文では、しっかりと意見を伝えられるコントローラータイプが、共感性を強みとする人よりも、顧客に対して自信を持って最善の解決案を伝えられるので成功する、とされている。[6]

▶ トレーニングと人材育成

　顧客対応で権限をスタッフに委譲するエンパワーメントは、例外的な状況、つまり、顧客との難しいやり取りに役立つだろう。こうした状況は同時に、プロセス改善の必要性を見つけ出すきっかけになる。さらに、エンパワーメントによって、顧客とのコネクションをつくり出すタイミングを察知し、社内の継続的改善プロセスに積極的にフィードバックすることにもつながるかもしれない。

　後半の2つ、コネクションをつくることと、VOC活動やカスタマーインサイトへのフィードバックは、難しい顧客対応でエンパワーメントを発揮することよりも、自由裁量の行為であり、評価するのが難しいと考えられているようだ。私たちは、応対スタッフに対しては、3つすべてについて集中的なトレーニングを実施すべきだと考えている。

　スティーブ・カーティンは、ほとんどのトレーニングが、「仕事における職務について扱っており、仕事の本質を教えていない」と主張している。[7] 職務内容に関するトレーニングも重要だが、顧客中心の行動を奨励するためには、それだけでは不十分だ。すべてのトレーニングは、具体的な状況を想定したうえで、目的意識を持って顧客中心で考え、行動するこ

とにフォーカスするのが望ましい。トレーニングプログラムに含むべき項目としては、次の要素が考えられる。

- 企業の方向性……ビジョン、目的、歴史、伝統、さらに社会に対する貢献について示す。
- 基本的な顧客対応……全体の7〜9割の顧客対応をこなせる基本的なスキルとシステムを習得させる。
- 難しい顧客対応……難しい状況に陥った際に必要とされるソフトスキル（顧客とのエンパシー、顧客の怒りを和らげるなど）の習得。典型的な難題を10程度取り上げて、「柔軟な解決の余地」の概念を顧客対応に応用する具体的なやり方について示す。
- エモーショナルコネクションとラポール……顧客との間に情緒的な関係をつくり出し、顧客の信頼感を醸成する方法について伝える。
- フィードバック……VOC活動とカスタマーインサイトへのフィードバックの必要性と方法を伝える。

ザッポスのトレーニングは、CEOのトニー・シェイが会社の歴史や目的を語る動画で始まる。彼は、顧客中心（カスタマーフォーカス）を強調し、コミュニティへの貢献や、顧客とスタッフに対して絶えず正しいことを実践する大切さについて語っている。

クイッケン・ローンズのCEOダン・ギルバートは、本社機能をデトロイト市内に移転させたが、ザッポスのシェイも同様に、地域貢献のために本社をラスベガス北部の貧困地区に移転した。彼は従業員に対して、コミュニティ活動への参加や支援、数多くの慈善活動への貢献を奨励している。シェイは、企業が掲げるさらに高い目標である「良いことをして、世界を良くしていこう」を訴えている。

第3章と第5章で触れたが、顧客対応の中でも例外的で難しい状況下における対応ガイダンスをつくるにあたり、2つの注意点がある。

1つは、どのような案件であっても、対応に柔軟性を組み込んでおくことが望ましいからだ。本書でも紹介している「柔軟な解決の余地」をデザ

インするのである。

　2つ目は、すべての状況に対して試みようとするべきではないからだ。そんなことをすれば、ガイダンスが膨大な量になってしまう。ベストプラクティスは、難しい案件の代表的な上位10に絞って柔軟性を発揮する具体的な事例を示し、あとはスタッフの判断に委ねることを伝えればよい。

　柔軟な解決の余地をつくるには、複数の解決案が必要になる。ほとんどの場合、1つの案件に4つの解決策があれば十分だろう。この考え方は、応対スタッフが顧客と交渉を行うとき、企業と顧客のそれぞれの言い分に添った解決案を練るうえで、検討すべき条件に幅を持たせようとしている。

　個々の顧客の状況に合わせて現場で調整できるように、具体的な解決案の選択肢の幅を広げておくためには、事前に社内のコンプライアンス部門や法務部の合意を取り付けておく必要がある。つまり、現場のスタッフが「ルールに縛られずにルールを守る」方法ともいえる。

　例外対応についてのトレーニングは、解決の余地を応用できる状況を想定し、顧客の問題を解決する道筋を、ストーリーテリングの手法を使って訓練するのが効果的だ。訓練を受けるスタッフは10程度の具体的な事例を参考にしながら、自分なりの判断と調整を考えながら訓練を重ねることで、ガイダンスに示された以外の応用力を身につけられる。

　カスタマーサービスについて数多くの画期的な書籍の著者であるロン・ゼンケは、5〜10の優れた典型事例とガイドラインがあれば、スタッフは必要に応じて実践できると実感するだろうと語っていた。

　自らの判断でリスクを取れるようになるには、まずトレーニングにおけるロールプレイングと、それに加えてスーパーバイザーや経営層からのメッセージがなくてはならない。現場スタッフにエンパワーメントを推進する方針を伝える際は、次の4つの要素を盛り込みたい。

- ●基本的な対応……基本的な顧客対応および標準的な解決方法
- ●問題解決の幅……問題を解決する条件に幅を持たせていることや、解決または救済のためのシナリオの限界を示す。解決または救済案決定

後の、必要に応じたフォローアップ措置などのガイダンスを含める。重要なポイントは、解決策を練るための柔軟性の幅や制約条件は必ずしも絶対的なものではなく、あくまでも参考とすべき事例であり、応対スタッフ自身が自己の裁量で決めていいことを伝えなければならない。もし、応対スタッフが判断に迷った場合は、メンターやスーパーバイザーに支援や指導を求める。

- **明確で納得のいく説明**……解決の余地を実践するうえで必要なものとして、顧客が言いそうな主張や反論の短いリストを用意する。たとえば、「私は聞いていない」「なぜ私はそんな説明を受けたのか」「このトラブルは前にも発覚していたのではないか」など、顧客から想定される主張に対して、スタッフは明確で納得のいく対応ができるように武装しなければならない。

- **エスカレーション対応**……最後に、顧客が上司や担当部署へのエスカレーションを要求した場合に備えて、スタッフには問題解決の背景情報や参照データ、社内のエスカレーション先一覧などを提供する。

スタッフには、顧客とのコネクションをつくり出し、自らの想像力を発揮するためのトレーニングと時間が必要だ。スティーブ・カーティンが言うところの「仕事の本質が重要であって、職務内容だけでは十分ではない」である。[8]

そこで、顧客とのコネクションを計画するためには、次の2つの戦略が必要になる。

- **密な対応**……ペットスマートの事例を第9章で紹介したが、顧客との密な関係性が本質的に求められる。効果的なコネクションは、うまく実践できれば成果につながるだろう。たとえば、顧客が愛犬をデイケアに預けるために来店したとしよう。対応するスタッフが飼い主とペットの双方に親しく接すれば、この段階で好意的なコネクションをつくり出せる確率は高い。さらに、ペットを預かっている期間中に飼い主が不安にならないように、愛犬が他の「お友だち」と遊んでいる

写真を添えてメールを2通送る。この時点でコネクションは、ほぼ確実になるだろう。

- **シンプルな対応**……シンプルで標準的な顧客対応の場合は、顧客の印象に残らず忘れられてしまうだろう。しかし、それでもしっかりと印象深いものにする方法がある。効果的なエンゲージメントにするためには、準備に十分時間をかけるか、顧客についての情報を集めておく必要がある。前もって計画し、顧客の気持ちを察しながら、チャンスを狙って仕掛ける。たとえば、客室乗務員は乗客に何か無料のプレゼントをするように奨励されている。男性であればネクタイ、女性であればスカーフやショールなどだ。顧客が喜ぶものをうまくプレゼントできれば、15秒でエンゲージメントが成功する。

トレーニングの好事例をもう1つ紹介しよう。私の地元にもある写真館チェーンのモトフォトでは、エンパワーメントとコネクションの組合せで素晴らしいCXにつながった。同社のウェブサイトには、「モトフォトの各店は、独立オーナーによる経営です。地元コミュニティに対して誇りを持ってサービスを提供する写真ファンのチームで運営しております」と書かれている。

メリーランド州ベセスダの小さな店舗だが、写真撮影の技術レベルもさまざまな顧客がヘルプを求めてくるのだろう。なかにはズブの素人もいるはずだ。私の妻が料理本をつくりたいと考えて、このお店に助けを求めたときのスタッフの対応が素晴らしい。店舗はクリスマスシーズンで忙しそうだったが、スタッフの1人は、妻がレシピブックを制作するためのソフトウェアをダウンロードするところから始まって、たっぷり2時間かけて彼女のプロジェクトを手伝ってくれた。その結果、申し分のないコネクションが生まれた。おそらく、かなりの好意的なクチコミが拡散したはずである。

しかし、顧客の中にはコネクションをありがたく思わない人もいることを忘れてはいけない。性格的なものかもしれないし、単に急いでいただけかもしれない。スタッフはまず顧客の気持ちを読んで、コネクションを仕

掛けることが間違っていないかを判断する必要がある。

　順番待ちの顧客がいるときには、1人ひとりの顧客にコネクションを仕掛けるよりも、速やかな対応に切り替えるべきだろう。顧客の貴重な時間を大切にすることと、顧客が求めるもの両面から、コネクションを仕掛けるかどうかをスタッフ自身が判断するようにしなければならない。

　ただし、顧客とのコネクションをつくり出す時間は、スタッフと上司にとって最も制御しにくいことの1つに挙げられる。たとえば、天候が崩れたために20分間隔で出発する予定のフライトが、5つキャンセルになったとする。ゲート付近にいる6人の地上係員だけでは、乗客の気持ちを気遣いながらコネクションする時間などありそうにない。

　しかし、搭乗係員とバックオフィスのスタッフを駆り集めれば、6人を20人に増やし、顧客対応や他のフライトへの振替手配ができるかもしれない。この事例からも、いつ、どのようにコネクションをつくり上げるかは、スタッフやマネジメントの裁量次第だ、ということは間違いない。

　エンパワーメントについてさらに加えておきたいポイントは、プロセス改善に対するフィードバックの権限だ。第2章でも触れたように、顧客は同じトラブルが繰り返されないことを望んでいるが、スタッフも同様に、再発防止できるトラブルは、企業として予防または回避の手を打つべきだと考えている。スタッフにとってVOC活動やカスタマーインサイトにフィードバックできることは、エンパワーメントを推進するうえでも重要な要素だ。

　ベストプラクティスとしては、ベテランスタッフがこれまでに行ったフィードバックの実例を新人スタッフに伝えるという方法が挙げられる。改善の機会を見つけたところから、プロセス改善提案に至るまでの具体的な体験談を、ベテランスタッフ自ら語ることが、新人のモチベーションにつながるだろう。さらに、そのような場でフィードバックをしたスタッフを褒め称えることで、全員にとってウィン・ウィンの機会をつくり出せる。

　人材育成は、初期研修の期間が終了しても終わるものではない。経営人材教育サービスのコーポレート・エグゼクティブ・ボードの調査による

と、エンパワーメントを使い、成果につなげ、「自信を持たせる」ことが重要だとしている。9)

　スタッフに自信を持たせるベストアプローチは、初期研修を終了した新人スタッフに対するネスティングだ。職場に配置されたばかりの新人に付くメンターの役割は、監督というよりもトレーナーである。ネスティングの段階では業務量を控え目にして、新人は1時間ごとにフィードバックを受けるのが望ましい。難しい問合せが入ると、新人は自分が考えていた対応について、トレーナーまたはメンターから指導や確認を受けることができる。

　ネスティングの期間は特に決められていないが、だいたいは2週間程度だ。この間に新人スタッフはエンパワーメントする自信を身につけ、必要なときにはサポートを求めることができるようになる。フォードでは、ネスティングをより進化させた形で実践している。技術に詳しいテクニカルスタッフのサポートが必要になると、3者間通話に切り替えて対応する。応対スタッフはテクニカルスタッフの対応を体験を通じて学び、次回以降に活かせるようになる。

　人材育成に対する十分な投資は、従業員と会社の双方にとって良い結果をもたらすだろう。なかでも個々のキャリアゴールを達成するための育成プランを作成するうえでは、スーパーバイザーの役割が重要になる。

　米国トヨタ自動車販売のサービス責任者を務めたリック・デュフレーヌは、スタッフに「5年後にどうなっていたいか」と質問し、回答に応じてスキル獲得プランを作成している。これこそがポール・ザックのいう「全人的な評価をするための質問」であり、こうしたプランニングが、スタッフ自身のキャリアアップへの動機づけへとつながっている。スーパーバイザーは、部下に対して、「私は、あなたの将来の仕事に役立つことをしていますか」と質問すべきなのだ。10)

　育成プランが、将来的なトレーニングの基礎資料となる。従業員のキャリアアップに必要なトレーニングを提供することは、企業として彼らの価値を認めていることを示すものであり、彼らが実際にキャリアアップに成功する可能性も高まる。

人材育成の決定的な要素に、メンターの存在がある。メンターは現場の仕事についての具体的なアドバイスもできるが、組織の中でどのように生きていくかについてアドバイスし、励ますこともできる。メンターは、スタッフが自信を持って成功できる方向への助けになるだろう。

▶応対評価とインセンティブ

採用と同様、評価のプロセスは自動化できず人手を要しがちになる。しかし、皮肉なことにスタッフの応対評価は、時間をかけすぎないほうが効果的である場合が多い。

従来の評価はスタッフの弱みや欠点に的を絞り、優れた面や、次のキャリアアップに向けた育成ポイントにあまり目を向けてこなかった。7つの効果的な評価方法を有効性が高い順に並べたものが次のリストである。

- 第1位：応対スタッフによる自己診断……スタッフが実際に行った顧客対応の録音を1件または複数件選び、2、3の重要な評価項目に沿って自己評価してもらい、その結果をスーパーバイザーや同僚と共有する。7つの中で最もコストがかからない方法である。
- 第2位：同僚の評価……スタッフ自身が選んだり無作為に選ばれた同僚が、そのスタッフの顧客対応を聞いて評価する。
- 第3位：スーパーバイザーによるスポット評価……スーパーバイザーが電話またはメールをピックアップしてモニタリングし、その評価をスタッフにフィードバックする。
- 第4位：スーパーバイザーによる正式な評価……社内で定められた評価シートに基づいて、スーパーバイザーが評価する正式な評価
- 第5位：対応直後の顧客による評価……顧客対応直後の顧客アンケートの結果
- 第6位：1週間後の顧客による評価……顧客対応1週間後の顧客アンケートの結果
- 第7位：品質評価……品質チームが、一定件数をモニタリングして行

顧客アンケートと品質評価が下位に並んでいるが、全く不要というわけではない。応対スタッフの自己評価には、特にエンパワーメントを実践したものに対する顧客の検証が必要になる。

7つの評価方法を示したが、フィードバックの実施も重要である。ただし、時間が経過してからのフィードバックや、評価の的が絞られていなかったり、応対スタッフのエンパワーメントや顧客満足度の維持向上につながっていない場合、フィードバックの効果が薄れる可能性がある。

顧客満足度の向上は重要だが、不満をつくり出すのは、必ずしも応対スタッフの能力のせいではなく、むしろプロセス上の制約に起因している場合も多い。それらについては、通話内容の評価と顧客アンケートの結果を組み合わせることで見つけ出せるものも多く、応対スタッフ自身にとっても納得感のある情報となる。

顧客とのコネクションをつくり出すことを評価するためには、スタッフがコネクションを試みた結果を対象に含める必要がある。これらは全体の顧客対応の一部になるが、スタッフ自らがコネクションを試みたものにフラッグを立てるか、または音声分析を使って特定することができる。

店舗内でのコネクションが成功したかどうかは、上司による観察、顧客からのお礼の言葉、アンケート結果で特定できる。たとえ成功したのが1件だけだったとしても、それを認めて称賛することは、この先の動機づけになるだろう。

効果的なVOC活動とカスタマーインサイトへのフィードバックが行われたかどうかの評価は、カスタマーサービス部門内の原因分析担当者またはカスタマーインサイト分析の担当者へのスタッフからのメールをモニタリングすることで可能となる。

フィードバックの評価において私たちが懸念するのは、スタッフがせっかくフィードバックしていても、上司であるスーパーバイザーが現場で解決するべきだと判断したり、余計な仕事が増えるのを嫌って上層部に報告しないことだ。

現場からのフィードバックに対して適切な評価をしたいのであれば、受け入れられた提案をレビューするだけでなく、提案自体に熟考の余地が残っていても、提案した行為自体を褒めるべきだ。前向きに評価することがスタッフの次の提案につながり、内容的にも改善に役立つものが期待できるようになる。まさにザックが主張する、エンパワーメントにおける最も重要な側面である「承認（レコグニション）によるインセンティブ」につながる。

　私たちだけでなく、ギャラップの調査でも、優秀な従業員の離職理由の1位に挙がるのは、スーパーバイザーが正しく評価して褒めてくれないことだ。[11]表彰をするのにコストがほとんどかからないにもかかわらず、である。優れたスーパーバイザーであれば、周囲の目があるところやミーティングの場で、スタッフにアドバイスする場合、評価や表彰を最優先に考えている。応対評価で最も低い結果が出たスタッフでも、仕事をさぼっているわけではないのだから。

　継続的な育成のベストプラクティスを挙げると、「ヴィクトリーセッション」と呼ばれる催しがある。2週間に1回開催するセッションでは、参加メンバーがこれまでの2週間で最も難しかった顧客対応をいかにうまくやり遂げたかを、1人当たり60〜90秒使って仲間と共有する。スタッフにとって、自らの成功に対して同僚とスーパーバイザーからの称賛を受ける機会であると同時に、全員が難しい対応について学んだりヒントを得る場になる。

　エンパワーメントとリスクを負った「冒険」を奨励するためには、このように周囲の承認、称賛、さらなる強化を繰り返すことが望ましい。ヴィクトリーセッションは、非常に対応が難しい顧客の場合でも、「より一層頑張ろうとする」行動へのインセンティブにつながるだろう。難しくてもあきらめずに対応し成功すれば、ヴィクトリーセッションで共有できるエピソードになる、とスタッフが考えることが重要だ。

　ある会社では、スタッフの許可を得てヴィクトリーセッションを録画し、優れた事例はイントラネットに掲載して社内共有している。YouTubeのような形で自らのエピソードが公開されることについては、

ほとんどのメンバーが好ましいと思っているようだ。

　日々の業務におけるスキルや習慣を個人レベルで改善することに関して、誰もが持つ承認欲求をうまく使いたい。ゲーミフィケーションが役立つのは、まさにこの理由によるものだ。

　ゲーミフィケーションは、ソフトウェアを使って個人のさまざまな側面のパフォーマンスを観察する。そのデータを個人にフィードバックし、場合によってはスーパーバイザーやメンターとも共有しながら、改善向上の見られたポイントを示すことができる。

　ゲーミフィケーションを使う個人やグループに改善の成果が知られる一方で、ランキングはスタッフ本人とスーパーバイザーにしかわからないのも、このアプローチの利点である。たとえば、あるスタッフのランクが12人中9位だったとする。まだ下位レベルではあるが、個人として大きく向上していることが、本人とスーパーバイザーにはわかるようにする。

　大抵の場合、ゲーミフィケーションは、応対評価において平均を下回るスタッフに対して非常に効果的なツールになるだろう。UPSでは、配達を担当するドライバーがトラブルや事故を事前に察知して回避するためのトレーニングに使った結果、ドライバーのけがに伴うコストは56％削減した。[12]

　カスタマーサービスの責任者は、表10-1のチェックリストに記載されている23の各項目を人事担当者と一緒に自己診断してほしい。その内容に合意できれば、右列を埋めてギャップを特定しよう。取り組みやすさのレベルに応じて優先度が決まれば、すぐに着手することをお勧めしたい。

3 ▶ 浮き沈みを乗り越えて　企業文化をつくる

　企業文化は良くも悪くもリーダーによって決定づけられてしまう。経営幹部が方向性と基調（トーン）を決定し、CX部隊の軍曹ともいうべきスーパーバイザーが顧客にCXを確実に届ける。組織の中ではどちらも重要

で、整合性が図られていなければならない。

▶軍曹としてのスーパーバイザー

　顧客対応にあたるスタッフのエンパワーメントを成功させるうえでは、スーパーバイザーの役割が非常に重要になる。スーパーバイザーの職務定義には「期待される成果」として、応対スタッフの職務定義と整合性の取れた形で、次の4つの要素を明確に盛り込むのが望ましい。

①スタッフの成功を正しく評価する（レコグニション）

　スタッフが顧客対応でスキルやエンパワーメントを発揮することにおいて自信を持たせたいのであれば、スーパーバイザーは、スタッフの具体的な対応や、リスクを恐れずに新しいチャレンジに取り組む行動を絶えず支援しなければならない。なかでも、コストをかけずに簡単にできる支援が、応対スタッフを正しく評価・表彰することだ。

　具体的には、スタッフの顧客対応の中からサンプルを選んでモニタリングし、対応直後に良かった点を褒める、同様にミーティングでも褒め称えることが非常に役立つはずだ。これは、一般的には嫌がられている査定とは違い、短時間で簡単にできることだ。

　ブラインドの販売から設置までのフルサービスを売りにするブラインズ・ドットコムでは、スーパーバイザーは、少なくとも1日に1回は部下の行動を評価し、褒めるように決められている。彼らは、応対スタッフの対応を日々1、2本モニタリングしたうえでポジティブなフィードバックをする。また、カスタマーセンターの中を歩き回り、スタッフがたくみに顧客対応している姿を見つけると、声掛けなどを行っている。フィードバックも現場での声掛けも、周囲の同僚が見ている前で行っている。

　さらに、スタッフのスキル強化のための研修を、スーパーバイザー自身が毎週実施している。研修は、業務に求められるスキルセットの中から、直近の評価で弱点と評価されたスキルや、過去3カ月の間にトレーニングしていないものに的を絞って行う。どんなに優秀なスタッフでも、継続的

なスキル強化プログラムが必要だと彼らは考えている。

②権限を委譲する（エンパワーメント）

権限を委譲することが苦手なスーパーバイザーもいるが、やはりエンパワーメントが適切に行われると、その見返りは非常に大きい。エンパワーメントがうまく作用すれば、応対自体が効率面でも顧客にとっても満足のいくものとなり、顧客と応対スタッフの双方にとって嬉しい成果につながる。さらに、スタッフレベルで完結することで、スーパーバイザーの介入が要らない分だけ時間の節約にもつながる。

ロードアイランド州に本社を置くナビガント・クレジット・ユニオンのCOOリサ・ダンデノウは次のように言っている。

「小切手の現金化における承認プロセスを省略するために窓口のスタッフのエンパワーメントやトレーニングをやめたとき、一部のスーパーバイザーやリスク管理部門は、損害額が増えるのではないかと懸念しました。しかし、エンパワーメントの実施後も低い損害額は変わらず、チェックが不要になったことでスーパーバイザーの業務負荷も軽減され、全員が喜んでいます」[13]

スーパーバイザーが権限委譲をしたがらないのは、顧客とスタッフを信頼していないからだが、そうした考えは合理的な考えとは思えない。もしスタッフを信頼していないのであれば、スタッフの判断が厳しすぎるか、甘すぎるかのいずれかだろう。しかし、顧客を満足させる目的でスタッフを訓練していれば、判断が過度に厳しくなることはない。また、甘すぎるという事態も、正直なところ起きにくいだろう。

ポイント・ヒルトンの宿泊部門の前責任者マイケル・エリスは、フロントデスクにとって最も難しい事態は、顧客にオーバーブッキングであることを告げなければならないときだと話す。

解決策としては、ホテル側が費用を持って別のホテルへ移ってもらうのだが、長旅で疲れ果てた顧客を相手にすること自体がそもそも難しい。こ

の難しい対応をスタッフに任せるよう、責任者はスーパーバイザーを説得しなければならない。しかし、本当に難しいのはスタッフが実際に任されたときだ。

エリスは、スーパーバイザーに対して、スタッフにこの難しい対応を任せるように指示している。それと同時に、スーパーバイザーはビデオカメラを通じてオフィスから一部始終を観察していて、助けを求めたらすぐに飛び出していく体制を取っている。それでも、自分だけの力でこの困難な状況を乗り越えたときに、スタッフの自信も、スタッフに対するスーパーバイザーの信頼も高まるのだという。

③建設的なコーチングを行う

ブラインズ・ドットコムのクリス・ブレアのアドバイスを参考にしたい。教えることとコーチングは異なる。上司の考えをスタッフに教え込もうとしても、スタッフにとっての自己発見にはつながらないし、効果的なコーチングにもならないという。

「今回はうまくできたと思いますか」「どうすればさらに良くなると思いますか」と問いかけることによって、スタッフが自発的に改善する方向へと導くことができる。

サービス対応を強化したいスーパーバイザーは、週次や月次のフィードバックをするよりも、日々のコーチングやフィードバックに力を入れるように切り替えるべきだ。

フィードバックの内容自体も、マイナス面よりもポジティブなコメントの割合を増やし、みんなが見ている前で実施することで、同僚にとっても学習と称賛の場になるだろう。

④現場での発見を、VOC活動やカスタマーインサイトにフィードバックするように奨励する

会社で決められた方針や手順に対するスタッフからのフィードバックを集め、それらを活かしていくことは、スタッフ全員の士気に大きく影響するだろう。

フィードバック自体は、社内の原因分析チームやカスタマーインサイト分析担当者に直接メールをさせることが望ましいが、スタッフからのフィードバックの件数や頻度はスーパーバイザーによって左右されるといっていい。

先に述べたが、たとえフィードバックの提案が改善につながらなくても、提案するという行為を評価することが重要だ。また、現場スタッフからの提案が受け入れられ、プロセス改善やトラブル回避の取組みにつながれば、スーパーバイザーはその成果をスタッフと共有する。この一連のプロセスが効果的に機能すれば、スタッフ1人ひとりが事業全体に関与している意識が強くなり、フラストレーションも低減するはずだ。

第7章で事例として紹介したVOCやカスタマーインサイト担当チームの編集によるわずか1ページの社内向けの月刊ニュースレターなどは、VOCの組織的な取組みへのフィードバックを奨励するツールになるだろう。

▶経営層が取るべき行動

エンパワーメントや顧客とのコネクションづくりを推進する企業文化を醸成するためには、経営層は特に次の4つの行動を取る必要がある。

①CXの重要性を強調する

経営層がスタッフにコミュニケーションを取る際は、重要性の高いものから順番に伝えていくのが一般的だろう。

ある大手通信会社のCEOは、四半期ごとに実施する会議にアナリストを招く際、最初に顧客満足度指標（CSI）の推移について意見交換をして、その後に財務状況について話すことにしている。顧客満足度が上昇していれば、長い目で見て業績にも好影響が出ると考えているため、顧客満足のテーマを優先しているのだ。

フェデックスの創業者フレッド・スミスは、「すべての人に最高のフェデックス体験を」で始まる行動指針の「パープル・プロミス」を使って同

社独自の価値観を強調している。

スミスはまた、ある年のフェデックスのアニュアルレポートの冒頭の、株主に向けたメッセージの中で4人の現場業務に就く顔写真とともにスタッフを取り上げ、彼らが行った素晴らしいサービスのエピソードを紹介している。

その1つが、壊れやすい品物を配送するために、特別な梱包を自腹で調達したスタッフのエピソードである。スタッフは送り主のことを考え、リスクを冒してまで梱包を工夫したのだ。感動した顧客は、その後のほとんどの配送業務をフェデックスに依頼するようになったという。

株主に宛てたCEOメッセージ全体の3割が、こうしたスタッフのエピソードに費やされている。企業として実行力のある企業文化を奨励していることは、スタッフや市場に対して強いメッセージとして伝わったはずだ。

ザッポスは、スタッフ同士で称賛する仕組みを設けている。たとえば、顧客のトラブルを解決するために素晴らしい創造性を発揮したスタッフを褒め称えている。本社の1階にはガラスでできたショーケースがあり、最近の受賞者全員のトロフィーが飾られている。

②大事だと言っていることは、自らも実行する

ディズニーでは、経営幹部を含む従業員全員が現場に足を運び、ゲストと話し合ったり、パーク内でゴミを見つけたら片づけるなどの行為が奨励されている。

ポイント・ヒルトンの経営幹部は誰もが日常的に、ロビーで宿泊客と会話を交わしたり、従業員のユニフォームの清潔さをチェックしたり、顧客アンケートの回答に目を通すなどしている。経営幹部自らが、苦情を申し出た顧客と対応をする姿を目の当たりにすることで、従業員のモチベーションも高まる。

③スタッフに当事者意識を持たせて、応対評価やインセンティブにCX強化を盛り込む

スタッフに当事者意識を持たせるために、カスタマーセンターの応対スタッフの職務定義には、エンパワーメント、顧客とのコネクション、トラブルの予防と回避、VOCのフィードバックを必ず盛り込むようにする。明確にしていないことは、決して組織内で広がらない。

ブラインズ・ドットコムでは、当事者責任、評価、インセンティブのいずれにおいても、素晴らしい取組みを行っている。たとえば、同社の職務定義と応対評価シートは大きく2つのパーツに分かれている。1つは目標設定だ。どのような行動がスタッフに求められているかを説明している。次に、その行動をどれだけうまく実践するかについて書かれている。

重要な点は、期待される行動は例外なく職務定義に含めることである。それぞれの微妙な解釈に関しては、応対評価やインセンティブを通じて伝えられるだろう。

職務定義に書かれている内容を実行する責任がスタッフにあるとするならば、それを推進する責任はスーパーバイザーにある。経営幹部は、現場を監督するスーパーバイザーの職務定義の中身を見て、自社のサービスカルチャーを推進するものとしてふさわしい内容かどうか確認すべきだ。もし監督者のレベルで明確に記載されていなければ、望んでいるようなサービスカルチャーをつくり上げるのは難しいだろう。

④現場の成功を妨げる障壁を壊す

ヤフーの元CEOマリッサ・メイヤーは、最近のスピーチの中で、従業員が成功するためには「障害物を取り除くべき」だと主張している。この目標を実現するために彼女は、「PB&J」（プロセス［Process］、官僚的体質［Bureaucracy］、機能しない［Jams］）と題された社内サイトを立ち上げた。これは、従業員の推進するプロジェクトを阻むものがあれば、それが何かを明らかにすることを従業員に求めている。

もし50人以上の従業員が指摘する問題点があれば、経営陣は速やかに解決するとコミットしている。現場の従業員は、顧客に対してより素晴ら

しいサービスを提供し、企業の成功につながることであれば、どんなことでも変えられると確信しているに違いない。[14]

4 ▶ カスタマーサービスを 戦略的に捉える責任者になる

　ある企業のカスタマーサービスの責任者から、CXの重要性が注目されているが、自社でどう取り組むべきかと質問された。彼女の心配は、CXは一時的な流行りであり、落とし穴でいっぱいかもしれない、というものだった。同時に、カスタマーサービスは、常に必要とされているとも考えていた。

　こうした懸念に対しては、短期的にも、中期的にも、2つのアプローチを取る必要がある。1つは、彼女は、自身に期待されている役割に対してより戦略的になるべきであり、担当するカスタマーサービス部門内にCXを強化するための基盤をつくり始めること。もう1つのアプローチは、すでにCX強化のタスクを担っているマーケティングや品質の担当役員と連携すること。そう私は、彼女に助言した。

　CX強化の基盤をつくるには、まずカスタマージャーニーマップの作成、重要な痛点の特定、そしてそれが収益に与えている影響を可視化する必要がある。

　さらに、社内のサービスプロセスを強化しなければならない。そのために、複数のメンバーに品質改善プロセスや分析手法のスキルを持たせ、分析力のあるチームを育てる必要がある。こうしたスキルを習得するには、3〜5日間程度のコースやオンライン講座を受講すればよいだろう。

　次にIT部門と連携し、カスタマーサービスの業務をより能動的で、予知的なものへと発展させる必要がある。それによって入電件数が減り、コスト削減につながるはずだ。新しいアイディアを試すにはA/Bテストモデルを使い、成果を測定しながら慎重に進めるのが望ましい。サービスを強化するためのパイロットテストは数値で検証可能なため、早い段階で検

証結果が明らかになるだろう。他部門に迷惑がかかるわけでもない。

　戦略的なCXプロジェクトを展開しようとしている経営陣に対しては、カスタマーサービスとして分析業務を支援できることを申し出るべきだ。カスタマーサービス部門には、すべてのCXデータが自然に集まってくるといっても過言ではない。これに対して営業や業務部門には、カスタマージャーニーの初期フェーズの情報が集まってくる。

　カスタマーインサイトやアンケートは、カスタマージャーニーの最後のフェーズに位置づけられる。情報は力なりで、カスタマーサービス部門にはCXの起点から完了までのデータが集まり、それらをCXプロジェクトのために活用できると考えれば、CX強化に不可欠な存在になるのは明らかだろう。

　長期的には、カスタマーサービス責任者はCXを担当役員として、経営陣のポジションをめざすべきである。おそらくマーケティング担当や品質担当のマネジャーは、自分のキャリアを離れたくないと考えているはずだからだ。実際、多くのCX担当役員は、カスタマーサービスの集約・分散を繰り返し、そのマネジメントを継続した延長線上にいる。

　ただし、他の誰かがCX担当役員に就任した場合は、カスタマーサービス担当としてのキャリアを継続するのが最善の戦略となる。そのうえで、カスタマーサービスをできるだけ広い範囲で再定義することが望ましい。

　戦略的なカスタマーサービスの役割として、CXに必要なすべての情報のデータソース、テクノロジーを活用した能動的・先読み的なサービスの展開（ウェブサイトのコンテンツ管理、ソーシャルメディアを使ったコミュニケーション、ナレッジマネジメントのコンテンツ開発の支援）、さらにオンボーディング活動までを引き取ってしまっても許されるだろう。CX戦略に対しては口出しせず、CX担当役員を背後から支援しながら、カスタマーサービス部門の業務範囲と影響力を拡大し続けるべきである。

　表10-2は、戦略的なカスタマーサービス責任者をめざすのに必要な、キャリア強化のための活動リストである。前述のカスタマーサービス責任者にアドバイスした具体的な内容をまとめたものだが、本書内の各章で論じた内容からも引用している。各項目が実施できるかどうか自己診断をし

表10-2 　　マネジメントキャリア強化のためのチェックリスト

データソース	難易度	未実施	実施中	実施済み
① カスタマージャーニーマップを作成する	中			
② 平均的な顧客価値（1人当たりの収益など）と解約率を算定する	低			
③ サービスの現状を維持した場合の収益損失（大雑把な推計値）を明らかにする	中			
④ 投資対効果の高い、説得力のあるサービス強化計画を作成する	高			
⑤ サービス上の最重要課題3つを明らかにして、その総対応件数を数値化する	低			
⑥ ⑤の課題を少なくとも1つ選び出して改善に着手し、ある程度まで改善する	中〜高			
⑦ 最低3人の部下を対象に、基本的な品質改善手法の教育研修を行う	低			
⑧ 課題を解決するために、ある特定の部門を支援する	中			
⑨ IT部門と連携し、能動的なサービス機能を1つ実施する	高			
⑩ マーケティング部門と品質部門向けに、カスタマイズしたVOCレポートを作成する	中			

てほしい。

①カスタマージャーニーマップを作成する……マップを作成する場合は、まず主な顧客や製品（のグループ）を対象にして描く。カスタマーサービスに寄せられる問合せから主な痛点を特定してマップに配置した後、カスタマージャーニー全体に広げて痛点を考え、各痛点にストーリーを与える。顧客視点から、カスタマーサービス部門に対しても他の部門と同様に厳しくあるべきだ。

②平均的な顧客価値（1人当たりの収益など）と解約率を算定する……基礎となるデータは、マーケティングや財務部門から取得できるだろう。顧客1人当たりの収益と解約率（非継続率など）のデータを作成する。

社内の2、3人にヒアリングすれば、確実なデータが作成できるだろう。

③サービスの現状を維持した場合の収益損失（大雑把な推計値）を明らかにする……②で作成したデータを使って解約率から推定される解約者の人数を算出し、顧客価値を掛け合わせる。想像以上に大きな数値になり、経営層の関心を引くはずだ。

④投資対効果の高い、説得力のあるサービス強化計画を作成する……③をさらに分解するために、CX調査（顧客アンケート）から得られたデータをもとにするか、または推計値を使って、投資対効果の高いサービス強化を計画する。第6章で論じた顧客損失モデルを応用する。

⑤サービス上の最重要課題3つを明らかにして、その総対応件数を数値化する……カスタマージャーニーマップとサービス部門内部のデータを組み合わせ、3つの重大な、改善可能な課題を特定する。カスタマーサービス部門が自らの業務改善に取り組み、大掃除できる能力を組織内に示す。

⑥⑤の課題を少なくとも1つ選び出して改善に着手し、ある程度まで改善する……改善を成功させて実績をつくることで、カスタマーサービスが内部コンサルタントとして他部門の支援ができることを示す。

⑦最低3人の部下を対象に、基本的な品質改善手法の教育研修を行う……自らの部門内に品質改善手法を理解したメンバーを備えることで、部門の信頼度と潜在的な影響度が高まるだろう。他部門の改善に関与することで、スタッフの経験値も上がる。

⑧課題を解決するために、ある特定の部門を支援する……顧客からの問合せや苦情対応を通じて特定の痛点を選び、その解消のために他部門への支援を申し出、痛点分析をサポートするスタッフを提供する。同様に、痛点を解消したことによる成果測定などにも支援できるだろう。改善プロジェクトは、他部門にとってもカスタマーサービスにとってもメリットのあるウィン・ウィンの関係をもたらすはずだが、手柄のほとんどは他部門のマネジャーに差し上げよう。

⑨IT部門と連携し、能動的なサービス機能を1つ実施する……第4章で

紹介したアフラックの事例を参考にしてほしい。テクノロジーで自動化または簡素化できる3つのシンプルな機能を特定し、IT部門との連携を通じて最も簡単なものから取り組む。テクノロジーの導入により、業務負荷の軽減と顧客満足度の向上にどれだけ成果が出たかを慎重に測定する。繰り返しになるが、手柄はIT部門に譲ろう。

⑩マーケティング部門と品質部門向けに、カスタマイズしたVOCレポートを作成する……各部門向けの報告書を作成するために、まず打合せを行い、彼らがレポートをどのように活用し、CXの強化につなげたいかを理解する。⑧⑨と同様、定量的な成果が期待できる改善ポイントを少なくとも1つ特定し、社内部門を支援する形で改善活動を推進する。

　チェックリストに挙げた10項目のうちで少なくとも6つは、私たちがこの手法を提案したどの企業にも当てはまった。まず、1つでも2つでも選んで実践すれば、戦略的なカスタマーサービス責任者に向けて、確実な一歩を踏み出せるだろう。

5 ▶ 3つの取組みを定量化する評価基準

　エンパワーメント、コネクション、VOC活動へのフィードバックについて、個人および組織（または部門）レベルでの評価基準を紹介しよう。レベルの違いに左右されない測定基準もあれば、応対スタッフ、スーパーバイザー、部門全体などのレベルに応じて変わる評価基準もある。

▶困難な課題に対応するエンパワーメント

　エンパワーメントの効果を把握する従来の評価基準は、苦情対応の結果、不満足のままで終わった顧客の割合や、問合せが一度で解決できずに

複数回にわたってしまった案件を可視化し、改善する方向で使われてきた。

つまり、顧客アンケートの結果と苦情件数を組み合わせて、スタッフのエンパワーメントがまだ十分ではないと判断されてきたわけだが、問題は上の2つの基準の分母は、顧客対応の総件数を対象にしている点にある。実際には、コンタクト総件数の80〜90%がエンパワーメントを必要としない問合せなので、これは合理的とはいえない。できれば、エンパワーメントが求められる困難な案件に絞って分析するほうが、意味があるだろう。

しかし、評価対象にしたい問合せのみを特定し、そのうえでエンパワーメントが効果的に行われたかを検証するためには、問合せの理由や通話時間の長さから特殊なケースだけを抜き出して確認する必要がある。これだけでも、スーパーバイザーにとっては相当な負担になる。

マネジャーは、チーム単位での満足度やエスカレーション率を検討することで、スーパーバイザーがエンパワーメントに積極的であり、エンパワーメントを奨励しているかどうかを確認できる。

エンパワーメントが適切に行われれば、エスカレーションされる案件は、ほとんどなくなるだろう。不必要なエスカレーションを測定し、減らす方向で取り組むことが、エンパワーメントを測定する効果的なプロセス指標になりうる。ただし、ここに語弊が生じる可能性もある。

スーパーバイザーにエスカレーションされる案件のほとんどは、エンパワーメントによる一次解決ができなかったか、応対スタッフがスキル不足のせいで自信を持って対応できなかったものと考えられる。

しかし、エスカレーションがないからといってエンパワーメントが効果的に行われていると考えるのも間違いである。顧客が納得していなくてもあきらめるまで、スタッフがエスカレーションを断固として拒否している可能性もある。苦情に対して適切な対応がされているかどうかは、実際に観察するか、アンケート結果で検証する必要がある。

効果的なアプローチの1つとして考えられるのは、問合せをエスカレーションした場合、なぜエスカレーションせざるをえなかったのかを、

CRM上に履歴として残させる方法だ。たとえば、権限、スキル、情報の
いずれかが不足していたためにスタッフが解決できなかったなどの理由を
残す。

　スタッフの対応が顧客に受け入れられない理由は、コミュニケーショ
ンの訓練不足、または顧客が理不尽であるかの2つに大別される。エスカ
レーションとアンケートの結果を見れば、何らかの課題が浮き彫りになる
だろう。

　さらに、特定された案件の通話やメールのやり取りをモニタリングする
ことで、根本的な原因に的を絞って十分に理解することが可能になる。音
声やテキスト分析のツールも活用できるだろう。

　スーパーバイザーが犯す過ちは、顧客対応の最中に飛び込んで、対応自
体を引き取ってしまうことだ。結果的に他のエスカレーションが受けられ
ない状態に陥ってしまう。現場で顧客対応にあたるスタッフをサポートす
ることは必要だが、その判断が最終的により大きな損失につながるおそれ
がある。

　スタッフには、自力で対応できなかったことについて、何が問題だった
のか、感じたことを就業後に話し合う場が必要だ。エスカレーションにな
りそうな案件は見直しを行い、スタッフがどう対応すればよかったのかを
明らかにしたうえで補強していく必要がある。

▶顧客とのコネクション

　顧客とのコネクションをつくり出す最善の機会は意外にも、定型的な対
応や取引に潜んでいる場合が多い。まず、どんな単純な対応であっても、
トラブルを回避する情報提供なども含めて、顧客とのコネクションがどれ
くらいつくられたのか、その頻度や件数を調査する必要があるだろう。

　コネクションがたまにしか起きない場合、応対スタッフがコネクション
を実施したときと、自己判断で成功したと思われるときにフラグを立てて
記録する。こうすることでスーパーバイザーは、コネクションの成果を検
証できる。電話対応の環境では、音声認識のツールを使って件数を把握し

ているケースもある。

　顧客からの謝辞などがあった場合、スタッフが問題解決においてクリエイティブな行為をしたことの証しになるだろう。コネクションを測定する効果的なアンケート設問として、次の2つを参考にしてほしい。

- あなたのトラブルや疑問に対して、スタッフは真摯に対応していましたか。
- 私たちの会社に対して感じていることを一言で表してください（自由記載）。

　店舗の環境下では、マネジャーは来店数ばかりを心配しているが、どんなに忙しくてもエモーショナルコネクションの小さな喜びの渦をつくることは可能だ。実際、1時間に1、2件の渦をつくるように指示されているケースもある。ありがたいことに、コネクションの成功はスタッフと顧客の両者にとって嬉しいことなのだ。

▶VOC活動やカスタマーインサイトへのフィードバック

　個々の応対スタッフとスーパーバイザーの影響度について、フィードバックの件数と内容（クオリティ）を測定することでVOC活動の有効性を評価できる。

　まず、最初に必要な評価基準として、コンタクトの理由別コード入力を正確に、完全に行ったかどうかを測定する。品質監査などの結果を見ると、スタッフによる入力率が96%以上ならば、改善活動に使える状態といえる。コードシステムが操作しやすいものなら、入力率はさらに高くなる。

　次の評価基準は、個人やチームがフィードバックしたもののうち、プロセス改善に結びついた件数を対象にする。数値的にははるかに小さくなるが、VOCの原因分析を担当するチームからの報告で確認できる。

　VOC活動とカスタマーインサイトへのフィードバックの組織的な有効

性は、サービスシステムやアンケートで報告された特定のトラブル件数が減ることで確認できる。短期的には、入電件数が減るなどの成果につながり、長期的には顧客の不満足度が下がるという成果につながるだろう。

実践のポイント

☑ 現場の顧客対応にあたるスタッフには、4つのものを与えなければならない。平均的なレベルよりも高い報酬、仕事で成功するためのエンパワーメントとトレーニング、個人に対する正しい評価、キャリアアップできる仕組み。

☑ 顧客中心の企業文化とスタッフの成功を実現するためには、エンパワーメントとマネジメントの信頼が不可欠となる。それがあれば、顧客対応のスタッフは少なくとも95％は解決できるようになるだろう。

☑ 応対スタッフの職務定義には、エンパワーメント、顧客とのコネクションをつくり出す、VOC活動およびカスタマーインサイトへのフィードバックを組み込まなければならない。

☑ スーパーバイザーはスタッフへの信頼を示す形でコーチングとポジティブな称賛に注力し、能力開発を支援し、同時にサービスシステムのプロセス自体を強化しなければならない。

☑ 経営幹部は、エンパワーメント、応対スタッフに対する信頼、コネクションをしっかりと支援するというメッセージを伝える。スーパーバイザーは、同様にエンパワーメント、コネクション、VOC活動およびカスタマーインサイトへのフィードバックを積極的に支援するためのトレーニングを積み、また、それを評価されるべきである。

☑ 組織として、エンパワーメントとコネクションの活動が適切にマネジメントされていることを測定する必要がある。エスカレーション

第**10**章

顧客中心の企業文化をつくり上げる

は、エンパワーメントが弱いことを示す1つの指標になるだろう。

☑ エンパワーメントの効果を測定するためには、定型ではない、エスカレーションされた対応に的を絞るべきである。

☑ カスタマーサービスの責任者はCX活動をサポートし、CX強化の支持者として活動すべきである。

1 ▶ 競争優位の源泉としてサービスを捉える

▶カスタマーサービスをめぐる誤解

　皆さんはカスタマーサービスについて、どのようなイメージをお持ちだろうか。実は、カスタマーサービスに対する印象は、その役割をどのように理解しているかによって、大きく異なるのではないかと思う。

　それを象徴する知人のエピソードを紹介したい。大手家電メーカーの情報システム部門で長年にわたって活躍した彼は、思うところがあってあるとき、自ら志願してカスタマーサービス推進部門へ異動した。そんな彼を待っていたのは、周囲の人間の微妙な反応だった。仲の良い同僚からは、「お前、何か悪いことをしたのか？」と真剣に問いただされたという。

　これは、企業組織やカスタマーサービスにまつわる「あるある」の1つといってよいだろう。実際、カスタマーサービスを左遷先だと考えている方々がいるのも事実。しかし一方で、ここが企業の生命線だと胸を張って頑張っている方々も大勢いるのである。

　そんな周囲の見方はともかく、カスタマーサービスが難しい仕事であることは間違いない。トラブルや疑問を抱えて困っている顧客を、企業としてサポートをすることによってブランドを使い続けていただくのが役割だが、持ち込まれるトラブルや疑問は、製品の瑕疵やサービスの不具合などの問題にとどまらない。顧客が勘違いしているケースもあれば、広告コピーにだまされたとクレームを寄せる消費者もいる。

　ひと口に顧客といっても、問題解決する案件の内容も背景も深刻度も多岐にわたる。また、その対応は、コミュニケーション能力だけで何とか乗り越えられるような簡単な問題ではない。それでも顧客対応の最前線に

立つ方々は、収益の源泉である顧客に真摯に向き合い、企業のバリュー
チェーンを支える生命線としての役割を果たしている。

　このように考えれば、カスタマーサービスの役割を顧客の苦情や質問に
対応し、謝罪するのが仕事だと限定することが、いかに偏ったものかがわ
かるはずだ。もちろん、顧客対応における問題解決力を上げることは重要
なことには違いないが、それと同時に顧客の声を組織内部、特に経営層に
フィードバックして、同じようなトラブルの再発防止策や回避につなげる
ことが必要である。さらには、顧客の声に耳を傾け、深い洞察力を発揮し
て顧客のニーズや期待を発見し、新たなサービスなどを提案することに、
顧客接点を担うカスタマーサービスのより本質的な意義がある。

　カスタマーサービスの存在意義の再考は、近年ますます重きを置かれる
ようになった。その社会的背景には、消費者の関心が「モノ」から「コ
ト」へと大きくシフトしていることがある。その結果、企業は「モノ」と
して商品性を訴求するだけでは不十分であり、その先にある「コト」、つ
まり、顧客がなぜ、どのように自社の商品を購入したのかに始まり、その
顧客は実際に誰で、どのように自社のサービスや商品を使っているのか、
そこから何を得て、何を感じ取っているのかを理解するということであ
る。すなわち、顧客の体験や感情の流れにまで踏み込んで、より豊かな体
験を提供していくことが求められるようになっている。

　この前提に立てば、カスタマーサービスが日々対峙する顧客の声には、
単なる苦情や疑問とは全く別の側面があることがわかる。仮に、表面的に
は苦情や疑問に見えても、そこから顧客の潜在的なニーズや期待までを読
み取ることができれば、商品やサービスの改良だけでなく、CXの強化、
製品開発やビジネスモデルのイノベーションにつなぐこともできる。顧客
接点としてのカスタマーサービスのあり方が、大きく進化しようとしてい
るのだ。

　サービスマネジメントの研究と数多くの著作で知られるチップ・ベルが
本書（英語版）に寄せたメッセージからサービスをめぐるパラダイムシフト
について語っている箇所を引用したい。

「サービスには2つの側面がある。成果と体験だ。たとえば、あなたを乗せた飛行機が目的地に予定時刻どおりに、荷物も失わず到着した。これはサービスの成果だといえる。約束どおりに目的を達成したのだが、できて当たり前。顧客のロイヤルティをくすぐる要素は特にない。

もし、フライト中のキャビンアテンダントがとてもフレンドリーで、あなたの期待に応えようと努めてくれたとしたら、それはサービスの体験といえる。サービスの成果が満たされても、それを誰かにわざわざクチコミすることはないが、サービスで受けた素晴らしい体験は、誰かに、時には事細かに伝えたくなるのではないだろうか。現代はこのサービス体験への期待値が大きく変化してきているのだ」

「今日の顧客は、日常的な生活の場で素晴らしいサービス体験を享受できるようになってきた。その体験に基づいて、すべての企業の評価を下すようになってきている。あなたの企業のサービスに対しても同様だ。UPSやフェデックスの配達員がてきぱきと仕事をしているのを見れば、他の企業の配達員にも同じことを期待してしまうだろう。ディズニーのテーマパークで働くキャストたちの素晴らしい顧客対応ぶりを体験すれば、地球上で顧客対応するすべての従業員も同様にできるはず、と期待したとしてもおかしくない。

つまり、CXに関していえば、あなたの競合相手はもはや同じ業界だけにとどまらず、素晴らしい体験を生み出すすべての企業との競争にさらされるのだ」

これはBtoCだけでなく、BtoBでも全く同様だ。技術力や価格だけで勝負がつく時代は過ぎ去った。消費者であろうが法人であろうが、顧客が求めている価値を理解し、その価値の実現に成功しない限り、そして、サービスを競争優位性として磨き上げなければ、企業は生き残れない時代に入っている。

▶本書(初版)が登場した時代背景

　まさに、そうした転換期にジョン・グッドマンが提示したのが本書の初版である。リーマンショックの翌年にあたる2009年に上梓された *Strategic Customer Service* においてグッドマンは、1000を超えるプロジェクトと実証データに基づき、顧客に対して適切なサービスを提供することの重要性だけでなく、能動的なサービスやコミュニケーションの必要性、クロスセルの有効性、サービスの良し悪しによって収益が左右されるメカニズムを具体的に説いた。本書はその改訂版という位置づけではあるが、10年以上の時を経て、新しい変化とサービスのこれからのあり方を示す内容になっている。

　私たちが今立っている位置を再確認するうえでも、約10年前、初版刊行時のカスタマーサービスを取り巻く時代背景について触れておきたい。国内では、コンタクトセンターなどの顧客対応業務へのIT投資が一段落したところだった。電話のアクセス解析をするコールトラッキングシステムやCRMの導入が進んだ結果、多くの企業で顧客業務が集約され、コンタクトセンターを新たに設置・拡大するケースが増えた。

　一方で、こうした顧客業務の集約化とそれに伴う積極的なIT投資は、効率化へのプレッシャーとなってサービスを担当するマネジャーたちに押し寄せていた。そこに襲いかかった出来事が、リーマンショックである。未曾有の経済危機は、当時、米国に本社を置く消費財企業でカスタマーサービス&受注センターの運営を担当していた私(畑中)にとっても忘れられない経験となった。今にして思えば、あの出来事がターニングポイントだったので、グッドマンとの出会いも含めて、少々個人的なエピソードになるが、触れておきたい。

　リーマンショックの直後から、本社から20%のコスト削減が全部門に求められた。カスタマーサービス部門を担当していた自分はオロオロしたことを今でも鮮明に思い出す。フロント業務に就くスタッフの多くを解雇し、効率化に向けた戦略を昼夜問わず考え続けた。同じようにカスタマーサービスの仕事に就く知人たちにも相談したが、誰もが人員整理以外にこれといった打ち手を見出せないままに困り果てていた。

リーマンショック以前は、ホームページに記載されたカスタマーサービスの電話番号を見るたびに、企業を代表する窓口を担っているのだという覚悟と自負を新たにしたものだが、それさえも隠してしまいたい衝動に駆られたことを覚えている。

当然のことながら、サービスレベルは落ち、顧客からは電話がつながらないとお叱りを受ける状況が続く。一方で会社の収益も低迷を続け、効率化が何よりも優先された。当時の私は、カスタマーサービスと収益の低下にはっきりとした因果関係があるとまでは考えていなかったが、無関係でないことは何となく気づいていたように思う。

そんなときに偶然に手にしたのが、米国で出版されたばかりの*Strategic Customer Service*だった。米国本社から出張で来日したサービス部門のディレクターが、手土産として空港内のブックストアで買ってくれたのだ。読み進めていくうちに、頭の中のモヤモヤとした霧が晴れていくような気がしたことを今でも鮮明に覚えている。経費が削減されても、戦略的に取り組めばカスタマーサービスとしての機能をしっかりと果たしていく道はあるのではないか。その可能性は、当時の私にとって非常に魅力的だった。

このようにして、グッドマンの初著*Strategic Customer Service*は私自身のバイブルとなった。数カ月は自力で試行錯誤を続けていたが、結局、ビジネスインテリジェンス部門を担当していた同僚と相談して予算を工面し、グッドマン自身を日本に招聘することにした。私が担当していたカスタマーサービス本部の戦略立案を手伝ってもらったが、示唆されたアドバイスはきわめて実践的だった。戦略を実行に移すために、CFOを説得し、財務部門のスタッフに協力してもらいながらサービスへの投資提案を作成した。さらに、VOC委員会を立ち上げ、CXチームを結成するなど、グッドマンのアドバイスに対して生真面目に取り組んだ。

▶ジョブズが着目したカスタマーサービスの戦略的価値

*Strategic Customer Service*に話を戻そう。グッドマンが伝えたかった内容を一言で表せば、カスタマーサービスの再定義を迫ったといえるだろ

う。それまで顧客の苦情や問合せへの対応という、組織全体から見れば、必要ではあるが収益を生み出さない一部門と見なされていたカスタマーサービスの役割を根本的に見直すことを求めたのである。

　では、カスタマーサービスの新しい位置づけとは何か。それは、顧客から見れば企業の正面玄関であると同時に、経営からすればプロフィットセンターとしての役割を担うものであり、成長戦略の中核に位置づけられるべきものだということが、グッドマンの重要なメッセージだった。

　リーマンショックで多くの企業がカスタマーサービス部門の省力化を加速させたのは、コストセンターと位置づけていたからにほかならない。しかし、カスタマーサービスの強化が収益と密接に関連するのであれば、企業のバリューチェーン全体の中でカスタマーサービスを捉え直し、戦略的に取り組む必要があることを、グッドマンは長年にわたる顧客行動や市場調査の分析から得た知見とコンサルタントとしての実践経験を積み重ねたうえで、60歳を超えて発表した初著で説いたのである。

　グッドマンはカスタマーサービスがプロフィットセンターだと主張しているが、そんな夢のような世界はありえない、と思ってしまう人も少なからずいると思う。私自身も長年にわたってその1人だった。しかし、何事にもロジックがあり、解き明かされた根拠をなぞっていけば、同じ考えにたどり着くだろう。

　いうまでもなく、カスタマーサービスの戦略的価値を主張したのは、グッドマンだけではない。カスタマーサービスの重要性に気づき、企業の成長戦略に組み込んで成功した経営者は少なくない。その1人にスティーブ・ジョブズがいる。

　1997年に業績低迷に苦しんでいたアップルにCEOとして復帰したジョブズが、アップルの再生と成長を担う3つ目の柱として打ち出したものが、カスタマーサービスである。アップルというと、創業時からマーケティングとプロダクトデザインにおいて突出した存在であったことは、誰もが認めるところだろう。しかしジョブズは、それだけではもはや勝てないと判断し、今後の成長のカギを握るのはカスタマーサービスであると考えた。自社製品のユーザーが地球上のどこにいても、どんな時間帯だろう

と、何か困りごとがあれば常にサポートしていくべきだと、ジョブズ自身が21世紀の成長戦略を語る重要なメッセージとして、1999年頃に世界中の全従業員に向けて送っている。

　現在のアップルストアの店内は、プラザのようなデザインコンセプトで、あちらこちらでスタッフと顧客が膝を交えて話し合い、ユーザーが必要なサポートを受けたり、アップル製品を使ってより豊かな経験をするためのヒントをもらったりしている。これは従来のカスタマーサービスの概念を完全に書き換えるものだった。

　アップル製品を誰でも安心して快適に使いこなせるようにした。同時に顧客接点も再設計した。アップル製品の存在を知り、購入し、実際に使って生活するというCXのすべての過程で、顧客を満足させ、時には期待を上回るサプライズを提供しようとしたのである。一般的な販売店の多くは商品を売るために店舗を設計しているが、アップルはここがCXの出発点だと位置づけているようだ。

2 ▶ CX3.0の誕生秘話

▶データに基づく実証的アプローチから生まれた革新

　本書は、消費者行動の研究とカスタマーサービスやカスタマーエクスペリエンスを専門領域にコンサルタントとして活躍してきたジョン・グッドマンと、彼が副会長を務めるCCMCの社長スコット・ブロッツマンの共著である。

　ここで、主著者であるグッドマンの経歴と合わせて彼の実証的アプローチが誕生した経緯についてたどっていこう。

　消費者行動の研究における彼のキャリアは、ハーバード・ビジネス・スクール在学中の1970年代にまでさかのぼる。当時の米国社会では、消費者運動が盛り上がりを見せる中、企業のどのような対応に消費者が満足し、また不満に思っているのか、政府として把握する必要があると考えたホワイトハウスは複数の調査機関に委託研究を打診する。客観性・公正さの面で、ビジネススクール在学中のグッドマンらに委託するのが妥当だと

最終的に判断したようだ。

委託事業の契約上、グッドマンらは在学中にTARP社を立ち上げた。同社が実施した消費者の苦情に関する大規模調査「企業と行政機関におけるクレーム処理の調査」は大きな反響を呼び、これを機にグッドマンは、その後、約半世紀にわたり、研究者およびコンサルタントとしての活躍を続けることになる。

この調査の経緯について、本書の刊行を目前に控えた2021年7月に、グッドマン自身に詳しく話を聞く機会があったので紹介する。

彼は調査の設計にあたり、大学時代に近くのMIT（マサチューセッツ工科大学）で受講したシステムズアプローチ理論を思いついたようだ。分析の対象範囲全体をシステムとして捉え、インプットとアウトプット、重要な構成要素の関係性を解き明かす、というシステムズアプローチの方法論を応用することで、企業の苦情対応（カスタマーサービス）の持つ意味合いをシステミックに考え、科学的に把握しようとした。

調査の対象となる消費者をインプットとして捉え、CXの中で起こりうるトラブル発生の有無、トラブルで困ったときの顧客の行動、そして、企業にクレームなどを申し立てた際の顧客対応に関する満足や不満が、アウトプットとして顧客の総合的な満足やロイヤルティ、購買行動やクチコミの推奨にどう影響するのか、全体像をシステムとして捉えて、そのメカニズムをモデル化することに成功した。ここで、顧客損失モデルが誕生する。

グッドマンの実証的アプローチがベースとなって、トラブルを体験してもサービスで回復（リカバリー）した顧客のロイヤルティは、トラブルが何もなかった顧客のロイヤルティよりも高くなるというサービスリカバリー・パラドックス理論につながり、その後のカスタマーサービスやカスタマーサポートを実践する数多くの人々の理論的支えになる。実際、グッドマンらTARP社の調査が1980年代以降の米国市場において、企業がフリーダイヤルを導入する動きを後押しした。

▶ DIRFTへと進化するCXマネジメント

　その後グッドマンは、1970年代後半にコカ・コーラの依頼で実施した市場調査を通して、顧客痛点のリスク度を算出する顧客離反リスクモデルを開発する。前述の顧客損失モデルをさらに進化させ、顧客が体験するトラブルのタイプごとに顧客の離反リスクを数値化する手法へと発展させた。

　顧客満足をマネジメントする原則として、グッドマンは、顧客の期待というインプットに対して満足度や不満足度というアウトプットが決定づけられると考えた。顧客の期待が高すぎると、いくら素晴らしい成果だったとしても不満につながってしまう可能性がある。その逆もしかりだ。顧客の期待を裏切るような出来事は、重大なものでも些細なものでも、原因を特定して排除するというアプローチにつながる。これはプロセス改善によって欠陥やエラーを撲滅するゼロディフェクト（ZD）に通じる考え方である。

　顧客満足を保証したいのであれば、顧客の期待を適切に設定するべきだ、というグッドマンの主張は、改善手法としてDIRFT（Do It Right the First Time）の概念にたどり着く。そもそも「物事を最初に正しく実行する」ことができていれば、その後のトラブルも起きないし、顧客の不満につながらない。顧客からの苦情や問合せに対応する事後コストも発生しない。クオリティマネジメントの源流にあるDIRFTのシンプルな概念を使って、顧客の期待を適切に設定し、発生した痛点の予防と回避に努めるべきだと説く。

　痛点マネジメントの実践を視察する目的で、今から4年前にグッドマンと一緒にシスコシステムズ本社のCX部門を訪問したが、担当ディレクターは、同社製品の販売・工事を担当するビジネスパートナーとのカスタマージャーニー・ワークショップを繰り返して1万カ所以上の痛点を特定したと語ってくれた。私自身は、その実践を目の当たりにして、カスタマーサービスや品質管理の枠組みが大きく変化していることを痛感した。先に触れたように、グッドマンらは、顧客離反リスクモデルを使って痛点タイプごとのリスク度を定量化したことで、痛点の構造化が進み、優先度

の高いトラブルや痛点が深刻化していく流れを数値的に可視化できるようになった。

このアプローチは、1980年代にスカンジナビア航空を再建に導いた名経営者のヤン・カールソンが説いたMOT（Moment of Truth）の概念とも重なる。

闘牛士がとどめの一撃を刺す決定的瞬間（Moment of Truth）にたとえ、顧客のロイヤルティを左右するものとして顧客対応に潜むMOTを特定し、適切な行動や施策を取ることを訴えたカールソンの同名の著作（邦題『真実の瞬間』）はあまりにも有名だが、グッドマンはMOTの影響度を数値化することに成功したといってもよいだろう。

顧客にとっての深刻な痛点が何かを理解し、同時に痛点を体験しても申し出ずに黙ったままという顧客行動が明らかになると、当然ながらサービスは受け身から能動的、予知的な形へと進化する。

顧客が困って問い合わせてくることへの対応が従来のカスタマーサービスだったが、企業は顧客が困って申し立ててくるのを待つのではなく、トラブル発生の直後から能動的コミュニケーションを取りながら早期段階での問題解決案を提示する、トラブルが起きることを予知し、それを回避するためのメッセージを顧客へ伝えるなど、サービスはよりプロアクティブな方向へと進み始める。このプロアクティブなサービスを実現したいという目的意識が生まれると、その効果的な手段としてデジタル化やテクノロジーを選ぶ。そう考えると、本書が終始一貫テーマとする人とテクノロジーの融合がイメージしやすくなるのではないかと思う。

▶カスタマーサービスとCXの現在位置と未来

ここで改めて、「カスタマー」と「サービス」の定義を再確認したい。

まずカスタマーについて本書では、個人の消費者だけでなく、BtoBにおける法人顧客も加えている。さらに、行政などの公的サービスにおける受益者（市民など）や医療機関における患者も顧客と捉えている。企業内の関係に目を向けると、情報システムなどの利用者（ユーザー）を社内顧客とすることも一般的だ。つまり、あらゆる業種業態や事業においてカスタ

マーというものが存在する。

　一方のサービスも、その対象範囲は拡大傾向にある。従来は、販売した製品に対する苦情を受け付ける消費者対応の窓口を意味していたが、「顧客の困りごとを助ける」という観点から製品の操作説明や修理対応など、購入後のサービス全般を対象とする幅広いユーザーサポートへと広がっていく。

　近年は、顧客がコンタクトセンターなどに問い合わせなくても情報検索から自己解決できるセルフサポートが増えてきた。チャットボットやアプリを使って、顧客自身が問題解決をできるようにする仕組みを導入するケースが増え、また、その手軽さは顧客からも支持されるようになった。

　さらに、顧客のトラブルが深刻化しないように、顧客が問い合わせてくる前からトラブル解決を図る能動的サービス、そして、トラブルを事前に回避する予知的なサービスなど、企業はテクノロジーを駆使して、サービスの高度化を図っている。

　本書の初版が2009年、改訂版が米国で上梓されたのが2019年という流れは、すでに触れたが、この2つの著作の間の2014年にグッドマンは *Customer Experience 3.0*（邦題『顧客体験の教科書』）を米国で発表している。

　本書が、先の *Customer Experience 3.0* の内容を受け、その「実践の書」的な位置づけにもなると思われるので、もう少し本書が誕生する歴史的背景に触れたい。同時に、著者が未来をどのように見ているのかもふまえ、これからのカスタマーサービスがどこに向かうのか。未来を展望する視点で本書を読み解きたい。

　まずは、この領域における中心概念となっているCXの進化の過程と現在地を確認しておこう。カスタマーサービスを取り巻く環境は、時代の変遷とともに進化を遂げてきたが、グッドマンは企業と顧客の関係マネジメント、すなわち、CXのあり方が約20年周期で進化してきたという。

　まず、企業が顧客を理解しようと「顧客の声」に耳を傾けることが重視された1970年代をグッドマンはCX 1.0の時代と定義している。顧客の声に耳を傾けることが重視され、顧客満足向上こそがゴールとする考え方は、1980年代に提唱されたTQM（総合的品質管理）へと受け継がれる。前

述のカールソンのMOTが注目されたのも1980年代だ。

　CX 2.0は、1990年代に始まるCRMブームを指す。サービスやサポートをコンタクトセンターに集約化する動きが広がる一方、顧客対応を効率的にマネジメントするテクノロジーやツールが大きく進化した。グローバリゼーションを背景に、規制緩和の時代に突入すると、特に金融市場は、銀行、証券、保険の垣根が失われ、国境を超えた競争がスタートする。外圧に押される形で、国内の金融機関がこぞってCRM導入に踏み切る。それまでは金融市場の顧客は簡単に他社に移らないと思っていた経営者も、顧客を維持し囲い込むためのIT投資が不可欠だと気づかされた時代だ。1990年代から2000年代前半には金融だけでなく、ITや通信業界、さらに製造業にもCRM導入が進み、同時にコンタクトセンターへの集約化が進んだ。

　CX 3.0が登場するのは2010年頃だとグッドマンは同名の自著で定義している。すでにCRMや集約化されたコンタクトセンターへの投資は一段落していたが、周りを見渡すと、1990年代にCXの旗印を掲げて産声を上げたアマゾンやスターバックスなどの急成長が止まらない。特に米国市場ではサービスこそが企業の競争優位性の要であり、成長戦略の源泉であることに気づき始めた。

　2010年代に入り、顧客へのサービスを「収益強化の手段」として位置づける企業が次々と登場し、グッドマンはその流れをCX 3.0と定義した。顧客がトラブルや疑問を感じて申し立てるのを待たずに顧客へのコミュニケーションを展開するのが特徴で、従来の受け身から能動的なサービスへとシフトした。

　およそ20年周期でステージを上げてきたCXだが、次の4.0が20年後の2030年だとすると、私たちは、まさに今CX 4.0へ移りつつある移行期にいるのかもしれない。そのような予感に基づいて、本書を捉え直すと、テクノロジーと人の融合による能動的コミュニケーション＆サービスがCX 4.0を特徴づけるキーコンセプトになるだろう。

3 ▶ CX4.0の実践に向けて

▶DX──テクノロジーと人の融合

　他の多くの領域と同様にカスタマーサービスにおいても、テクノロジーを用いた革新、すなわちDX（デジタル・トランスフォーメーション）の必要性が叫ばれている。しかし、デジタル化というのは、単純にアナログからデジタルに置き替わるということではない。

　今後ますますデジタル化が進むことは疑いのない事実であり、人が行っていた活動がテクノロジーで代替されていくことはもはや珍しいテーマではなくなった。カスタマーサービスも、すべての問合せをチャットボットに移行させたいと願う経営者は多いはずだ。なぜかと尋ねれば「効率化」だという返事が戻ってくるだろう。しかし、チャットボットが100％人の代わりをできるわけでもない。反対に、使いづらいチャットボットでは顧客離れを引き起こす可能性もある。

　本書を通じてグッドマンが終始説く世界は、テクノロジーと人（アナログ）をいかに効果的に融合させるかにある。もしもそうした視点を持たずに効率化だけを目的としたDXを推し進めれば、結果は残念なものになるだろう。素晴らしいデジタル体験もある一方で、使いづらいテクノロジーが世の中に氾濫していることも確かだ。テクノロジーで便利になったと喜んでばかりいられない。使いづらさで時間を奪われたという顧客の嘆き声が聞こえてくる。顧客視点に立ったサービスどころか、顧客を維持することさえ困難になるかもしれない。

　先日、国内の大手金融機関でアプリ開発を担当するチームリーダーに、彼らが手がけるデジタルプロジェクトの目標設定は何かを尋ねたところ、少し言いにくそうに「効率化です」という回答があった。しばらく雑談すると、顧客に気に入ってもらえるアプリの開発に注力したいという彼の本音が切々と伝わってくる。そんな熱い想いが、いつの間に効率化を目的とする案件にすり替わってしまったのか、率直な疑問をぶつけると、「顧客に気に入ってもらえる」だけでは社内の予算承認が下りないという。

　社内稟議と開発者の本音は別物とクールに割り切ることもできるだろう

が、アプリ開発のゴールが顧客満足、ひいては収益に貢献するという道筋を経営陣に伝えるには、慣習的な予算承認基準も含めてハードルは高く、もうしばらく時間がかかりそうな気配だった。効率化は、多くの企業にとって手をつけやすいところだろう。しかし、そこに顧客視点が欠けていると、プロジェクト自体は中途半端な方向に外れていきそうで心配だ。このギャップを埋めるために「戦略的」視点が必要になってくる。

　顧客に提供するサービスをデジタル化することの目的と成果を確かめる作業には、雲をつかむような難しさがあるせいか、人はどうもテクノロジーに目を奪われてしまうようだが、ツールはあくまでも戦術であり、先に来るべきではない。DXの本質的課題だ。

▶これからの顧客接点が創り出す新たな価値

　CX 4.0の方向性に話を戻そう。将来を考えるうえで、現実を直視すると、どうしても外せないファクトが何かというと、顧客接点の変化である。スマートフォンの普及により、企業と顧客の接点はかつてないほど多様化し、複雑なものとなっている。消費者はSNS広告で商品と出合い、実際に店舗を訪れて商品に触れ（または全く触れずに）、ネットで決済して手に入れる。こうしたオンラインとオフラインをまたがった消費行動は、すでに当然のものとなっている。

　消費者が選択できるチャネルの多様化が進む中、いずれのチャネルであっても顧客が望むものを、適切なタイミングとチャネルを通じて企業から提供する。これがめざすべきカスタマーサービスの姿だと考えられる。

　本書を読み進めていくと、もはやカスタマーサービスは、購買後のアフターケアだけを指す言葉ではないということがはっきりと理解していただけるはずだ。購買前、さらにいえば、消費者のブランド認知が始まった瞬間から、カスタマーとのリレーションは始まっており、ゆえにカスタマーサービスも必要とされる。グッドマンが主張するように、オンボーディングやアダプション（契約前後のオンボーディング）はもちろん、自社ブランドの商品やサービスを使い終わるタイミングまでが含まれる。企業と顧客のすべての接点が、カスタマーサービスの対象となるのである。

顧客がサービスを使い終わった、または解約したいというタイミングも、なぜサービスの対象になるのか。ブランドへの愛着という観点で見れば、同一顧客が再び自社ブランドに戻ってきてくれる可能性もあるし、その顧客のクチコミの影響力も無視できない。

　オンボーディングに対して、いかに気持ち良く解約などの手続きを進めるかというオフボーディングの概念もサービスの重要な対象になってくる。顧客離れを怖がって解約手続きを難しくしている企業もいまだに多いが、顧客に愛されることで収益を守る経済的ロジックがますます重要になるとグッドマンは主張している。

　チャネルの選択肢が増え、対象範囲が広がることによって、カスタマーサービスの再定義が進む。それに伴いカスタマーサービスの範疇には、カスタマータッチポイントであるコンタクトセンターや小売店舗でのオペレーションも含まれるようになる。

　コンタクトセンターなどの現場は、従来は自社運営であれアウトソーシングであれ、守るべき指標が上から与えられ、それに則って粛々と顧客業務を行うのが、求められた役割だった。

　しかし、こうした受け身の組織のままでは、グッドマンが提唱しているCX強化に貢献できないどころか、時代の変化に取り残されてしまいかねない。デジタル化が進めば進むほど、多様なチャネルから集まる顧客の声が現場に蓄積されていく。そしてそこにこそ、カスタマーロイヤルティを高めるうえでの貴重なインサイトが潜んでいる。ウェブやチャットだけでは得られない深いインサイトを求めるのであれば、顧客接点の最前線であるコンタクトセンターの現場でも、常に戦略的に思考され、実行されていかなければならない。

　これからのコンタクトセンターに求められるのは、より主体的なカスタマーサクセスへのかかわりである。顧客を成功に導くために何を提供すべきか、何を指標とすべきかなどを積極的に提案し、その実行をリードする。こうした提案型のコンタクトセンターこそが、今後のあるべき姿であろう。

▶ センター・オブ・エクセレンスとしてのコンタクトセンター

カスタマーサービスをレベルアップさせることがロイヤルティ強化に、ひいては収益につながることはわかった。デジタル化の推進も、「顧客をどのようにもてなしたいのか」を明らかにするという目的意識を持つことが、戦略的に考える最初のステップになることも理解できる。では、具体的にどこから始めればよいのか。

グッドマンのアプローチは、まず明らかな痛点を探し出し、そこから顧客の期待との間に生じているギャップの正体を理解すれば、あとは埋めるだけだ、と説く。自称ミニマリストで実践主義者の彼らしい助言だ。

顧客がどこにストレスを感じ、企業に対してどんな改善を求めているのか、そのポイントを見つけ出して改善をすることの積み重ねが、CXを最適化し、ロイヤルティを最大化していく組織活動につながる。企業のCX戦略も、日々の戦術的な活動と結びついていなければならない。本書の第3章では、カスタマーサービスの現場における戦術的な活動をプロセスレベルまで分解したうえで、戦略的に何をすべきかを浮き彫りにして明確な定義を与えている。

グッドマンの組織論を一言で表せば、カスタマーサービスの機能を果たすべき担当は、顧客との日常的な接点を担うコンタクトセンターの現場であり、戦略と戦術の役割が表裏一体となっていることが求められる。つまり現場は、企業における顧客接点の戦略的役割を理解したうえで戦術を実行することが重要となる。

戦略的という言葉が出たので、本書で何度も使われる、戦略的（strategic）と戦術的（tactical）という言葉について触れたい。組織がめざすゴールを達成するための方法論が戦略だが、戦略を実現するものとして戦術がある。実行部隊としてコンタクトセンターは、従来、戦術的な活動を担うところなのだが、その一方で、戦略的な思考と行動が現場に求められる、とグッドマンは説く。

コンタクトセンターのセンターという言葉には、「集約される場所」という意味がある。物理的な業務や人材の集約もあるが、デジタル化が進み、さまざまなチャネルを通して情報が集約される。そこから顧客の理

解（インサイト）へとつながり、経営への戦略的な提案や部門連携をより強化していく取組みが求められる。そのための具体的な方法論が第3章にある。これからのコンタクトセンターには、単なる集約業務の実行者ではなく、センター・オブ・エクセレンスとして企業成長の重要な柱を担うことが求められるだろう。

第3章は、サービスデリバリー・フレームワークとして初版でも紹介されたが、グッドマンが企業の成功事例をベンチマーキングしながら、サービス組織のあるべき姿としてまとめた体系的サービスシステムといえる。その体裁は、初版時のものと大きく変わらないが、内容的にはナレッジマネジメントやVOCの組織全体へのフィードバックを重視するなど、進化していると同時に、人材マネジメントについて書かれた第10章も、このサービスシステムに呼応する形になった。つまり、全体的なマネジメントシステムをより意識してのことだろう。

▶明日からの実行・運用に向けて

目的を明確にした顧客接点のDX化が進む中、ますます現場に従事する人の役割が重要になってくる。エフォートレスなCXの提供に向けてテクノロジーを活用するのは他でもない人であり、一方で顧客と真摯に向き合い、エンゲージメントやディライトを築いていくことは、いかにテクノロジーが進歩しようとも人にしかできない温かみが求められる。

本書の中でグッドマンは、EX（従業員体験）という言葉を多く用いてはいないが、顧客対応の最前線に立つスタッフの採用、育成、キャリアプラン、インセンティブ、裁量などについて、かなりのページを割いている。ここでもグッドマンは徹底した顧客視点からスタートする。顧客が求めているものは何かを軸として、人材育成の制度設計や運用を行うことを勧めているのだ。

実は、本書の翻訳で特に苦労したのが、第10章のこの部分だった。もし私たちの苦労が実を結び、グッドマンが伝えたい内容が十分に伝わっていれば、多くの読者は明日からすぐに、自社、そして協業パートナーのスタッフの人材育成プログラムに、これまで以上に注目するに違いない。

それは採用基準に始まり、初期研修、現場でのOJT、応対評価につながる。しかし、まず取り組むべきは、人材の評価ではなく、人材を開発する組織の自己診断であり、その管理プロセスの評価である。もし本書を読んだ方々が、そうした観点から改善に取り組もうと思ってくださるならば、私たち翻訳チームも、いくばくかの役目を果たしたといえるだろう。

　カスタマーサービスの重要な役割は、顧客の声を経営に伝えること。組織設計と同様に、そこに従事する人がその意義を認識して働く環境が重要になる。改訂版で新しく加わった第5章では、顧客マネジメントのアウトソーシングと販売経路を担うリテールチャネルについて述べられているが、顧客へのサービス事業が外部に委託されても、そこで働く人々の役割は変わらない。

　アウトソーシングの手法は、自社の事業領域を明確にしたうえで、得意でない分野（ノンコア事業）は外部の専門企業に委託するという考えで、1980年代に採用され始め、1990年代にはビジネスプロセスの一部をそのまま外部に委託するBPO（ビジネスプロセス・アウトソーシング）として注目されて拡大した。そこで対象の1つとされたのがカスタマーサービスである。つまり、顧客対応は付随的な業務だと見なされたのだ。

　しかし皮肉なことに、前述のとおり、同じく1990年代以降、アマゾンやスターバックスといったサービスを競争優位の源泉とする企業が、米国を中心に誕生して大成功を収める。ここで、カスタマーサービスをノンコア業務と位置づけるのが本当に正しいのかという疑問が生じる。グッドマンも本書において、いくつかの事例を挙げながら、アウトソーシングのメリットとデメリットを論じている。

　その趣旨を私たちなりに読み解くと、委託する側が、「業務の一部を、ベンダーやBPO事業者に委託しているにすぎない」と捉えている限り、顧客業務が発揮すべき本来の価値を生み出せないということになる。重要な顧客接点を任せているプロフェッショナルとして位置づけ、協業パートナーとして戦略から戦術までをともに取り組む体制があって初めてCX強化は実現される。

　また、受託するBPO事業者の側も、与えられた指標に基づいてただ業

務を行うのではなく、顧客ロイヤルティの向上に能動的に取り組み、クライアント企業のKPIやビジネスゴールの達成に貢献していくことが求められる。この提案型の取組みこそが、「顧客接点の伴走者」としての要件といえるだろう。

本質的には、カスタマーサービスを「アウトソーシングする」と表現すること自体から脱却するべきなのだろう。グッドマンが本書でも述べるように、BPOサービス事業者は、カスタマージャーニー全体における顧客接点の位置づけやサービスを再定義したうえで、協業パートナーとしての役割を果たすことが求められる。

▶最近の出来事

最後になるが、2021年5月に米国の消費者が選ぶ企業ブランドのランキング「Axios Harris Poll 2021」が発表された。Excellent（最優秀）と評価されたトップ10ブランドの中に、本書で事例として何度も登場するチックフィレとペットスマートのEC事業Chewyが選ばれている。

いずれの企業もグッドマン理論の積極的な実践者であり、そのサービスの特徴は、従来のチェーンオペレーションにありがちなマニュアルに基づく一貫性ではなく、1人ひとりの従業員が工夫して顧客とのコネクションをつくり上げるという自社の行動指針を実践している。

チックフィレとペットスマートは、いずれも2010年代に入って自社のサービスシステムを徹底的に強化することで飛躍的に成長した企業だが、クチコミによるマーケティングを重視している点も共通している。いずれも消費者から圧倒的な支持を得て、ブランドランキングの最優秀に選ばれた事実からも、本書で訴えている方法論の明らかな実証事例になるだろう。

本書で示されるグッドマンのアプローチは、実はシンプルである点が特長だ。しっかりとした厳密な品質マネジメントシステムとそれを維持する監視体制とも異なる。顧客の痛点を理解すれば、それを収益回復のチャンスとして取り組んでいく。小さな成功を繰り返していくことが、実践的かつアジャイルなアプローチだと、グッドマンは奨励している。

顧客の痛点とDIRFT。痛点を体験した顧客に対するサービスの提供と問題解決、そのためのアクセス、という3つのゴールを現場と経営の両面に活かすことができれば、貴社のカスタマーサービスは、企業全体における戦略的な位置づけへと転換できるはずだ。

＊　　　　＊　　　　＊

　以上、やや駆け足で、本書やグッドマン理論の背景から今後の方向性について、個人的な見解を含めて概観を試みたが、読者の皆さまにとって、本書を役立てるうえでの一助となれば幸いである。また、本書内の訳注については、普段はカスタマーサービスになじみのない読者の方々にも配慮した結果、数的に多くなってしまったが、個々の説明を簡潔にしたことが物足りなかったかもしれない。

　キザな言い方だが、私たち翻訳チームにとっては「Labor of love」から出た仕事だ。誰に頼まれたわけでもなく、好きで続けた仕事だが、本書が日本で紹介されることによって、顧客・消費者が企業への信頼感を深めたり、企業が顧客・消費者の真の意図を理解して、健全な発展を遂げるきっかけとなることを心から願っている。

　最後に、翻訳にあたっては、初版の原稿がある程度使えると思った私たちの見通しは甘く、一から下訳をつくり、米林、井上、畑中の3名、そこにラーニングイットの浅野美奈が全体的な調整役として校正から一部翻訳に加わり、チームが重ねた読み合わせの回数はコロナ禍ということもあり、ほぼオンラインではあるが77回に及んだ。

　日本語版の制作にあたっては、原著に訳注を加えたほか、日本の読者が本書の内容を実践されることをイメージしながら、グッドマンとも相談したうえで、章立てを入れ替えるなど、全体の構成を変更した。また、第8章は新しい内容に差し替えた。

　翻訳チームは翻訳作業以外にも、市場調査を含めてグッドマン理論を数社のクライアント企業において実践していたので、それも含めると会議の回数はカウントできない数にのぼる。

グッドマンの初版の翻訳を開始した2012年からほぼ10年が経ち、グッドマン理論を実践される企業の経営者や実務者の方々も国内で増えてきた。グッドマンと共同開発したマネジメント・ワークショップを通じて出会った多くの方々には、この場を借りて深くお礼申し上げたい。新しいマネジメントの実践には多くの困難が伴うものだが、果敢に挑戦される皆さまとの出会いやフィードバックがあったからこそ、今もこうして続けることができていることに心から感謝している。

原注

序文

1) Melanie Ehrenkranz, "Amazon Confirms Alexa Heard a Couple's Background Conversation as a Command to Record Them," Gizmodo.com, May 25, 2018.

2) Scott M. Broetzmann, Marc Grainer, and John A. Goodman, *2017 National Customer Rage Study* (Alexandria, VA: Customer Care Measurement & Consulting, 2017).

第1章

1) John A. Goodman and Marc Grainer, *Measuring the Grapevine Word of Mouth Study* (Atlanta: The Coca-Cola Company, 1978).

2) Broetzmann, Grainer, and Goodman, 2017.

3) ジョン・グッドマンによるザ・チーズケーキファクトリー社長，デイビッド・ゴードンへのインタビュー，2013年10月15日．

4) ジョン・グッドマンによる米国トヨタ自動車販売（カリフォルニア州トーランス）前カスタマーケアマネジャー，リック・デュフレーヌへのインタビュー，2009年．

5) Broetzmann, Grainer, and Goodman, 2017.

6) Joseph Juran and Joseph De Feo, *Juran's Quality Handbook*, Sixth Edition (New York: McGraw-Hill, 2010), p.69.

7) Roland T. Rust, Valarie A. Zeithaml, and Katherine N. Lemon, *Driving Customer Equity: How Customer Lifetime Value is Reshaping Corporate Strategy* (New York: Simon & Schuster, 2000) ［近藤隆雄訳『カスタマー・エクイティ——ブランド，顧客価値，リテンションを統合する』ダイヤモンド社，2001年］．

8) John A. Goodman and Ken Feldman, Ph.D., "Quality's New Frontier, Applying Continuous Improvement to Marketing and Sales," *Quality Progress* (June, 2016).

第2章

1) Broetzmann, Grainer, and Goodman, 2017.

2) Broetzmann, Grainer, and Goodman, 2017.

3) Janelle Barlow and Claus Moller, *A Complaint Is a Gift* (San Francisco: Berrett-Koehler Publishers, 2008) ［井口不二男『苦情という名の贈り物（増補新装

版)』生産性出版，2006年].

4) "Making Service a Potent Marketing Tool," *Business Week*, June 11, 1984, pp.164-170.

5) Broetzmann, Grainer, and Goodman, 2017.

第 3 章

1) Broetzmann, Grainer, and Goodman, 2017.

2) Brad Cleveland, *Call Center Management on Fast Forward: Succeeding in the New Era of Customer Relationships* (Colorado Springs: International Customer Management Institute, 2012) [CCA訳『コールセンターマネジメント ――戦略的顧客応対 (理論と実践)』ファーストプレス，2008年].

3) Chip R. Bell, *Kaleidoscope: Delivering Innovative Service That Sparkles* (Austin, TX: Greenleaf Book Group Press, 2017).

4) ジョン・グッドマンによるコルゲート・パーモリーブ社グローバル・コンシューマー・アフェアーズの前ワールドワイド・ディレクター，チップ・ホーナーへのインタビュー.

5) John A. Goodman, "Nice Doing Business with You," *Six Sigma Forum Magazine*, Schofield Media, Chicago, January/February 2011, pp.43-46.

6) Matthew Dixon, Karen Freeman, and Nicholas Toman, "Stop Trying to Delight Your Customers," *Harvard Business Review*, Cambridge, MA, July 2010.

7) Jeanne Bliss, *I Love You More Than My Dog* (New York: Penguin Group, 2009).

第 4 章

1) John A. Goodman and Crystal Collier, "Point/Counterpoint: Universal Rep vs. Skills-Based Routing to Specialized Splits," *Contact Center Pipeline*, January 2013.

2) Carla Marshall, "Cat Videos on YouTube: 2 Million Uploads, 25 Billion Views," Tublarinsights.com, October 29, 2014.

3) ジョン・グッドマンによるインテュイット社チーフカスタマーオフィサー，ジェニファー・ホールへのインタビュー，2016年.

4) ジョン・グッドマンによるネプチューン・フラッドのCEO，ジム・アルバートへのインタビュー，2018年6月29日.

5) Brian Naylor, "Facial Scanning Now Arriving at U.S. Airports," National Public Radio, March 16, 2018.

6) ジョン・グッドマンによる『ニューヨーク・タイムズ』，リテンション＆カスタマーエクスペリエンス部門のエグゼクティブディレクター，ベン・コットンへのイン

タビュー，2018年6月17日.

7) ジョン・グッドマンによるエデュケーショナル・テスティング・サービス社テクノ
ロジー副社長，ダン・ウェイクマンへのインタビュー，2018年6月.

8) Nathan Gehman and Jamon Horton, "Lean AGILE and Voice of the Customer: Aligned for Success!" presentation at American Quality Institute, Lean Six Sigma World Conference, Las Vegas, April 2018.

第 5 章

1) チャールズ・シュワブ・アドバイザー・サービス，ビジネスコンサルティング＆
フィールドエクスペリエンスの副社長リサ・サルヴィによるプレゼンテーション.
2017年11月3日，サンフランシスコにて.

2) ペットスマートの地域マネジャーによるプレゼンテーション.2017年11月2日，
カリフォルニア州トーランスにて.

3) Broetzmann, Grainer, and Goodman, 2017.

第 6 章

1) CCMCが実施した現状診断（ベースライン）アンケート調査の集計結果から.金
融，観光，医療機器，保険，自動車，通信など多岐にわたる業界から50社以上を
対象に，トラブルが初回時または複数対応において解決した際の顧客（エンドユー
ザー）満足度の比較を行った.

2) Phillip Schmitt, Bernd Skiera, and Christophe Van den Bulte, "Referral Programs and Customer Value," *Journal of Marketing*, January 2011, pp.46-59.

3) John Rossman, *The Amazon Way* (Clyde Hill, WA: Clyde Hill Publishing, 2016), pp.28-30.

4) CCMCが実施した現状診断（ベースライン）アンケート調査の集計結果から.電子
ゲーム，小売，eコマース，医療機器，その他複数業界の企業を対象に，顧客による
クチコミが購買などにもたらす影響度を調査した.

5) Andrew M. Baker, Naveen Donthu, and V. Kumar, "Investigating How Word of Mouth Conversations About Brands Influence Purchase and Retransmission Intensions," *Journal of Marketing Research*, Chicago, April 2016, p.235.

6) CCMCが複数企業で実施したクチコミの影響分析調査の集計データを使用.

7) John A. Goodman, "Examining the Myths and Costs of Agent Disengagement," White Paper, CustomerCaremc.com, Alexandria, VA, September 2016.

第 7 章

1) John A. Goodman, Cindy Grimm, and Joshua Hearne, "Improving the

Customer Experience," *Contact Center Pipeline* Pipeline Publishing Group, Inc., Annapolis, MD, January 2012, pp.28-30

2）ジョン・グッドマンによるAARPの会員コミュニケーション担当のシニアバイスプレジデント，エド・オデイへのインタビュー，2018年6月29日.

3）IntelliResponse, "Consumer Use of Social Media for Customer Service," White Paper, Toronto, Canada, 2011.

4）Scott M. Broetzmann and Marc Grainer, *2011 National Customer Rage Study* (Alexandria, VA: Customer Care Measurement & Consulting, 2011).

5）Broetzmann, Grainer, and Goodman, 2017.

6）Eduardo Laveglia, *Complaint Behavior in Argentina* (Buenos Aires, Argentina: Proaxion, May, 2012).

7）CCMCとラーニングイット（東京）による2クライアント企業のための市場調査（各サンプル数は2000以上），2017年.

8）John Rossman, 2016.

第 **8** 章

1）David Beinhacker and John Goodman, "Researchers, Bad News is Inevitable, Set Expectations," Quirk's Marketing Research Review Online, September 11, 2017.

2）John Goodman and David Beinhacker, "No News Is Not Good News," *Customer Relationship Management*, SOCAP, Fall 2017.

第 **9** 章

1）Cynthia Grimm and Carla Barker, "Getting to the Next Level of Customer Engagement," *Customer Relationship Management Magazine*, SOCAP International, Arlington, VA, Spring 2017, p.24.

2）Grimm and Barker, "Getting to the Next Level of Customer Engagement," p.24.

3）Chip Bell, *Sprinkles: Creating Awesome Experiences through Innovative Service* (Austin, TX: Greenleaf Books, 2015).

4）Jeff Toister, *Service Failure: The Real Reason Employees Struggle with Customer Service* (New York: AMACOM, 2013), p.145.

5）Tom Peters, *The Excellence Dividend: Meeting the Tech Tide with Work That Wows and Jobs That Last* (New York: Vintage Books, 2018), pp.131-132 ［久保美代子訳『新エクセレント・カンパニー——AIに勝てる組織の条件』早川書房，2020年].

6）John A. Goodman and Crystal Collier, "Skills-Based Routing Versus

Universal Rep, Which Is Best?," *Call Center Pipeline*, January 2013, p.5.

7） ペットスマートの地域マネジャーによるプレゼンテーション．2017年11月2日，カリフォルニア州トーランスにて．

8） Toister, 2013, p.139.

9） Jack Mitchell, *Hug Your Customers: The Proven Way to Personalize Sales and Achieve Astounding Results* (New York: Hyperion, 2003).

10） Chip Bell, 2015, p.58.

11） Jeanne Bliss, *Would You Do That to Your Mother?: The "Make Mom Proud" Standard for How to Treat Your Customers* (New York: Penguin Random House, 2018).

12） Chip Bell, 2017, p.43.

13） Tom Peters, 2018.

14） Darsana Vijay, "23 Ideas for Marketers Wondering What to Post on Instagram," Unmetric.com (https://unmetric.com/things-to-post-on-instagram), February 28, 2018.

15） Kevin Freiberg and Jackie Freiberg, *Nuts!: Southwest Airlines' Crazy Recipe for Business and Personal Success* (New York: Broadway Books, 1996) ［小幡照雄訳『破天荒！——サウスウエスト航空－驚愕の経営』日経BP，1997年］．

16） Tom Peters, 2018, pp.208‒209.

17） Amy Gallo, "A Refresher on A/B Testing," *Harvard Business Review*, June 28, 2017, https://hbr.org/2017/06/a-refresher-on-ab-testing, "A/B testing, at its most basic, is a way to compare two versions of something to figure out which performs better."

18） Ron Kohavi and Stefan Thomke, "The Surprising Power of Online Experiments," *Harvard Business Review*, Cambridge, MA, Sept/Oct 2017, p. 76 ［「A/Bテストの効果的な実施法——マイクロソフトの分析チームに学ぶ」『DIAMONDハーバード・ビジネス・レビュー』2018年7月号，pp.92‒102］．

19） Steve Curtin, *Delight Your Customers: 7 Simple Ways to Raise Your Customer Service from Ordinary to Extraordinary* (New York: AMACOM, 2013), p.120.

20） Andrew M. Baker, Naveen Donthu, and V. Kumar, "Investigating How Word of Mouth Conversations About Brands Influence Purchase and Retransmission Intentions," *Journal of Marketing Research*, April 2016, p.225.

第 10 章

1） Amy Elisa Jackson, "7 Types of Companies You Should Never Work For," Glassdoor.com blog, October 12, 2016.

2） John A. Goodman, "Examining the Myths and Costs of Agent Disengagement," Customer Care Measurement & Consulting, White Paper, Customer

Caremc.com, Alexandria, VA, September 2016.

3) Paul J. Zak, "The Neuroscience of Trust, Management Behaviors That Foster Employee Engagement," *Harvard Business Review*, Cambridge, MA, January–February 2017, pp. 85-90［「高信頼性組織の神経科学──従業員エンゲージメントを高める8つのマネジメント行動」『DIAMONDハーバード・ビジネス・レビュー』2017年9月号，pp.112-121］.

4) Paul J. Zak, *Trust Factor* (New York: AMACOM, 2017), p.66［白川部君江訳『TRUST FACTOR トラスト・ファクター──最強の組織をつくる新しいマネジメント』キノブックス，2017年］.

5) Roger Connors and Tom Smith, *Change the Culture, Change the Game* (New York: Portfolio/Penguin, 2011), p.33［髙田稔監訳『会社をどこから変えるか？──Change the Culture, Change the Game』クロスメディア・パブリッシング，2018年］.

6) Matthew Dixon, Lara Ponomareff, Scott Turner, and Rick DeLisi, "Kick-Ass Customer Service," *Harvard Business Review*, Cambridge, MA, January–February 2017［「カスタマーサービスの現場は何を求められているか──サービス自動化時代の最適解」『DIAMONDハーバード・ビジネス・レビュー』2017年10月号，pp.106-117］.

7) Steve Curtin, 2013, pp.9-10.

8) Steve Curtin, 2013, pp.9-10.

9) Dixon, Ponomareff, Turner, and DeLisi, 2017.

10) Zak, *Trust Factor*, 2017, p.143.

11) James Harter, Amy Adkins, "What Great Managers Do To Engage Employees," *Harvard Business Review*, Cambridge, MA, April 2015.

12) Zak, 2017, p.149.

13) ジョン・グッドマンによるナビガント・クレジット・ユニオン，COOリサ・ダンデノウへのインタビュー，2018年6月5日.

14) Patricia Sellers, "How Yahoo CEO Mayer Fixed 1000 Problems," *Fortune*, October 22, 2013.

原注

※CX 3.0は、CCMCおよび株式会社ラーニングイットの登録商標である。

著者紹介 ▶ ジョン・グッドマン（John A. Goodman）

経営コンサルタント。カーネギーメロン大学ケミカルエンジニアリング学部卒業。1972年ハーバード・ビジネス・スクール卒業後にマーケティング調査・コンサルティングのTARP社を設立し、ホワイトハウスより「米国企業の苦情処理の実態調査」を受託。その調査報告書が、米国の大手企業を中心にフリーダイヤルの導入とあわせて苦情対応の顧客相談窓口の設置を促したことで知られる（日本では、その調査結果が「グッドマンの法則」として紹介される）。以降、消費者行動分析をベースに約半世紀にわたって1000社近くのコンサルティングと1200を超える調査プロジェクトに従事。フォーチュン100社中45社が同社の手法を導入している。現在、CCMC（Customer Care Measurement and Consulting）のバイス・チェアマン。著書に*Customer Experience 3.0*（邦題『顧客体験の教科書』）のほか、270本超の論文・レポートを発表している。

▶ スコット・ブロッツマン（Scott M. Broetzmann）

ウィスコンシン大学マディソン校コミュニケーション学部卒業。89年にTARPに入社。ジョン・グッドマンやマーク・グレイナーとともにCXやサービスの改善コンサルタントとして活躍している。共同創業者としてCCMCの設立にかかわり、現在、同社CEO。本書でも紹介されている全米消費者不満調査をはじめ、業界を超えた数多くのプロジェクトや企業支援におけるアドバイザーであるほか、専門誌への論文寄稿なども多い。

訳者紹介 ▶ **畑中伸介**（はたなか・のぶすけ）

株式会社ラーニングイット代表取締役。1957年大阪府生まれ。79年関西外国語大学卒業、81年創業時のベルシステム24に入社。翌年に米国法人（ニューヨーク）を設立。85年ロサンゼルスに移り、アイディアリンク・ジャパンを創業し、日欧米間の新規事業支援＆コンサルティングに従事。滞米16年を経て、帰国後の98年にプロシードのCOPC事業を設立。BPOのグローバルスタンダードであるCOPC規格を国内で普及させ、200社を超える顧客サービスやサポート事業の品質審査、パフォーマンス強化を支援。2011年ラーニングイットを創業。09年よりジョン・グッドマンとの共同調査や組織診断を開始し、12年にCCMCと業務提携。CXやカスタマーサービスをテーマに戦略立案から構築・運用までのマネジメントワークショップやプロジェクト支援を行う。共著書に『コールセンターマネジメント』（生産性出版）、『コールセンターの改善手法　COPC入門』（日本能率協会マネジメントセンター）、訳書に『顧客体験の教科書』（東洋経済新報社）などがある。

▶ **米林敏幸**（よねばやし・としゆき）

株式会社NTTマーケティングアクト シニアプロデューサー。1982年大阪府生まれ。2005年同志社大学卒業、NTT西日本入社。05年よりNTTマーケティングアクトで営業および営業企画に従事。07年よりNTT西日本で光IP電話サービスのオペレーション統括として、VOC活動やBPRに注力。11年より事業会社での採用・育成・人事に携わり、EX向上や組織力強化の事業変革を推進。15年からはNTT西日本で事業開発業務に従事。多様な業界パートナーとのアライアンスにより、データ・AIを活用する8つの新規事業を創出。18年よりNTTマーケティングアクトにて戦略および開発業務に従事。コンタクトセンターのDX推進に加えて、デジタルマーケティングやCXコンサルティングなどのビジネスを立ち上げ、顧客接点の最適化に向けた新たなBPOビジネス戦略を推進している。

▶ **井上雅博**（いのうえ・まさひろ）

株式会社NTTマーケティングアクト チーフプロデューサー。1989年福岡県生まれ。2011年西南学院大学卒業、NTTマーケティングアクトに入社。BPO事業の営業に従事。14年より営業企画・事業開発として、VOCやFAQの特化センターを立ち上げ、音声データの利活用ビジネスを推進。また、訪日外国人向けサポート「多言語コンシェルジュ」を事業開発し、地方創生・観光事業促進のコンサルティングに注力。17年より顧客接点のDX推進コンサルティングに従事し、LINEと連携した粗大ごみ受付DX化を日本初で実現。19年より顧客接点最適化に向けたBPOビジネス戦略の推進に従事。デジタルマーケティング、CXコンサルティングの事業開発およびコンサルタントとして、さまざまな企業のCX・DXをサポートしている。

デジタル時代のカスタマーサービス戦略

2021 年 10 月 21 日発行

著　者――ジョン・グッドマン／スコット・ブロッツマン
訳　者――畑中伸介／米林敏幸／井上雅博
発行者――駒橋憲一
発行所――東洋経済新報社
　　　　　〒103-8345　東京都中央区日本橋本石町 1-2-1
　　　　　電話＝東洋経済コールセンター　03(6386)1040
　　　　　https://toyokeizai.net/
装　丁………………竹内雄二
本文デザイン・DTP…米谷　豪(orange_noiz)
印刷・製本…………丸井工文社
編集協力……………相澤　摂
編集担当……………佐藤　敬
Printed in Japan　　ISBN 978-4-492-55802-7